Jingdian Mingyan

青少年受用一生的经典名言

胡胜林 ◎ 编著

中国纺织出版社

内 容 提 要

经典名言蕴含着深刻的寓意，是知识的积淀、智慧的浓缩。诸多成功人士的经验和阅历是青少年最缺少也是最需要的东西，本书就是通过收集众多经典名言，集合众多智者的思想，给青少年成长的帮助。

图书在版编目（CIP）数据

青少年受用一生的经典名言 / 胡胜林编著. --北京：中国纺织出版社，2014.3 （2024.4重印）

ISBN 978-7-5180-0260-3

Ⅰ.①青… Ⅱ.①胡… Ⅲ.①格言—汇编—世界—青年读物②格言—汇编—世界—少年读物 Ⅳ.①H033-49

中国版本图书馆CIP数据核字（2013）第314754号

策划编辑：闫 星　　责任编辑：曲小月　　责任印制：储志伟

中国纺织出版社出版发行

地址：北京市朝阳区百子湾东里A407号楼　邮政编码：100124

邮购电话：010—67004461　传真：010—87155801

http：//www.c-textilep.com

E-mail：faxing@c-textilep.com

北京兰星球彩色印刷有限公司印刷　各地新华书店经销

2014年3月第1版　2024年4月第2次印刷

开本：710×1000　1/16　印张：19.5

字数：228千字　定价：85.00 元

前言

人人都向往成功，成功意味着拥有精彩的人生，这也是每个青少年朋友的梦想，但有人一生孜孜以求却收获甚微，有人却在许多领域均有斩获。看来，是否成功不仅与我们的才智、勤奋和执着等自身因素有关，还与我们的心态以及能否得到有指引意义的心灵指导有莫大的关系。积极健康的心态可以成就人生，具备阳光一样明朗的心态，才能拥有幸福。

其实，我们不难发现，那些成功者和名人都拥有不同的成功经历和对成功的独特理解，他们的处世心态和积极的人生观，他们的话语和人生经验都是留给我们智慧结晶，阅读这些名言，犹如得到他们的亲自点拨，学习他们的经验和阳光心态能够让我们在起伏的命运中行走得更加顺畅。相信书中总会有一个人或一段故事让我们顿悟，也许是一点启发，一点星光，却能使我们受益一生，照亮我们的明天。

《青少年受用一生的经典名言》就是这样一本书，它是一本名人智慧的荟萃，在寥寥数语中，蕴含着丰富的人生经验和深广的文化内涵。它以幽默亲和的语言、趣味性强的故事娓娓道出心态对一个人命运、人生的决定性作用，让你在品名人故事、醒世寓言中领悟、摆正自己的心态。它能激活个人的潜能，使你永不满足、永不懈怠，永不疲倦、永不怯懦，始终保持坚定的意志、良好的状态。它还跨越了国界、跨越了语言，也跨越了岁月的鸿沟，向一代又一代的孩子们和曾经是孩子的大人们讲述着美丽而动人的故事，成为人类文学史上一个不朽的经典。

本书用睿智的语言告诉每一个渴望成功的孩子，保持阳光的心态才能找到生活和学习中的快乐。有人说，阅读经典，可以让我们的心灵变得高贵，每一个人青少年朋友，都应该将这本书当成自己的枕边书，经常阅读。通过阅读本书，你会感受到什么是爱，什么是尊重，什么是坚强，怎样获得知识，怎样获得成功。相信无论面对人生的何种境遇，你都不会轻易气馁和厌倦，保持阳光的心态，找到生活和学习中的快乐，从而走向人生的顶峰。

编著者
2013年8月

目录

第1章

人生篇：从容面对人生路

人生在世，我们的生活都是千变万化的，悲欢离合，生老病死，天灾人祸，喜怒哀乐，都在所难免。一次被拒绝的失望，一场伙伴的误会，一句过激的话语，都会影响我们的心情，生活中的不顺心事总是很多，这就需要我们每个人学会调节自己的心态。青少年朋友，你的人生才刚刚开始，现阶段的你也一定要学会这一点。为此，你需要记住以下十条激励你的人生格言，每当你遇到人生烦恼和挫折时，它们能给你正能量，从而帮助你拥有一个充满阳光的青春期。

每个人都是自己的命运建筑师

在西方，有一句家喻户晓的名言——每个人都是自己的命运建筑师，它出自于克劳狄乌斯（A.Claudius）。这句话的含义是：要成为什么样的人，拥有怎样的人生，是取决于我们自己的。任何一个青少年朋友，都应该牢记这句话，并学会为自己的人生添砖加瓦。

我们先来看下面一个故事：

欧洲有一位艺术家，要画一幅耶稣的画像。由于耶稣是上帝的儿子，代表着神圣的形象，应该画得庄严肃穆，因此这位画家便四处寻找一位相貌很好的模特儿，并且完成了这幅千古佳作，受到举世的赞扬。

过了几年，有人提议，光有这幅惟妙惟肖的耶稣画像还不够，不能显现耶稣的伟大，如果再画一张魔鬼撒旦的像和此相比照，效果一定更好。可是面貌长得像魔鬼的人要到哪里去寻找呢？最后只好到监狱找一个面相凶恶的囚犯。

当画家为囚犯画像时，这个囚犯突然掩面哭泣起来。画家就问他说：“你怎么哭了呢？”

“我是触景生情，忍不住悲伤才哭的。”

“什么事让你如此痛心呢？”

“几年前我也曾经当你的模特儿，想不到数年后我又遇到你，可是人生的境遇却完全两样！”原来，这个囚犯就是先前充当耶稣画像的模特儿。

画家听了大吃一惊：“你的相貌怎么变得如此凶狠可怕呢？”

囚犯说，当时他当模特儿得了酬金后，吃喝嫖赌，做尽坏事，甚至触犯法律，坐进牢狱，相貌也因此变凶恶了。

相随心转，你的心可以让你变成耶稣，也可以让你变成撒旦，就看你自己了。

这个故事告诉生活中的所有人，命运的主动权掌握在我们自己手里，最终成为耶稣还是撒旦，也由我们自己决定。

可能有些青少年朋友会认为，命运是客观的，但命运只是一个大方向，比如你是能成为一幢楼，还是能成为一棵树，或是只能是一块石头。但你能成为什么样的楼、怎样的树、哪一种石头，就取决于你自己了。

其实命运是很公平的。如果上帝没赋予你美貌，那一定会赋予你智慧；如果没赋予你智慧，那一定会赋予你美德；如果没赋予你逻辑思维能力，那一定会赋予你形象思维能力；如果没赋予你动脑能力，那一定会赋予你动手能力。每个人都是上帝的宠儿，上帝一定赋予了你很闪光的优点，只是你要能认识到，并把它发挥出来。

实际上，那些成功者，比如企业家、科学家、名作家等他们的成功都是来自于他们在自己岗位上的努力付出，他们成功也都有个相同点，就是都沿着自己命运的方向，努力地建筑自己。而不成功的人都有两个共同点，就是不知道自己能成为怎样的房屋，也没努力地为自己添砖加瓦。

为此，青少年朋友们，你需要记住的是，千万别好高骛远，异想天开。更不要自暴自弃，怨天尤人，每天就是混日子，不思进取，不学无术，不务正业。如果这样，即使你命中注定能成为高楼大厦，你也会是一片废墟。一分耕耘一分收获，但不耕耘肯定没有收获。

作者链接

克劳狄乌斯，是罗马帝国朱里亚·克劳狄王朝的第四任皇帝，公元41~54年在位。

克劳狄乌斯是意外而登基为元首的。公元41年，皇帝卡利古拉遭到刺杀后，近卫军拥立这位克劳狄乌斯家族的中年男子，并受到元老院的承认而继位为罗马皇帝。他的统治力求各阶层的和谐，凡事采取中庸之道，修补了卡利古拉时期皇帝与元老议员之间的破裂关系，提高行省公民在罗马的政治权力，并兴建国家的实业。

生活是锻炼灵魂的妙方

美国著名的轻武器设计师勃朗宁曾经说过一句话："生活是锻炼灵魂的妙方。"这句话的含义是，一个人若想获得成长，他就要接受来自生活的种种考验，比如，磨难、挫折、失败等，但无论遇到什么，我们依然要保持一颗积极向上的心。只有这样，我们才得到了历练。

的确，人生短短数十载，困难和挫折都在所难免，我们不能预知未来，但我们可以以一颗坦然的心面对。只要做到积极乐观、永不绝望，就一定能渡过逆境。

处于成长阶段的青少年朋友们，也应该学会在日常生活中培养自己乐观的精神，无论遇到什么事，都不要忧郁沮丧，无论你有多么痛苦，都不要整天沉溺于其中无法自拔，不要让痛苦占据你的心灵。

富兰克林·德拉诺·罗斯福总统39岁时，一场高烧使他患上了小儿麻痹症。这突如其来的灾难差点把他打垮，开始他不肯接受这一残酷而不容改变的事实，不断做着一些无谓的挣扎，结果带给他的是一个又一个无眠的夜晚。在经过一段时间的自我斗争后，他无奈地接受了现实，开始以顽强和乐观态度适应它。他下肢瘫痪并从此终身与支架或轮椅相伴，他把这飞来的横祸当成上帝早已预定的命运之约。生理的残疾没有使他性格乖戾和愤世，在他此后的生命中的各个时段里，他以乐观和坚强赢得了人们包括那些政敌的肯定。

尘世之间，变数太多。事情一旦发生，就绝非一个人的心境所能改变。伤神无济于事，郁闷无济于事，一门心思朝着目标走，才是最好的选择。相反，如果跌倒了就不敢爬起来，就不敢继续向前走，或者就决定放弃，那么你将永远止步不前。

由此看来，一个人的处世态度，可以说是人生观、价值观直接影响着他的人生经历，人生体验。即使出生背景一模一样的两个人，如果人生态度不同，人生历程将会迥然不同。同样，固然人生命运多舛，只要有积极向上的处世态度就能享受成功的快乐，或是品味生活的乐趣。心态是我们成功的关键，生活中每一个成功者无不是心态的主人。不管我们做什么，首先我们应该学会保持良好的心态。人的心态对于一个人的生活是幸福还是不幸，是快乐还是忧伤，是成功还是失败具有很重要的作用。决定人心态的是人的理想、人生观、世界观。正确的人生观，就是要胸怀宽广，执着进取，挑战自我，不屈命运，坚信自己，积极思想。即使生活给予我们挫折，我们也要怀着理解的心态给它一个微笑！

心理学的研究发现，对于成长期的孩子来说，如果他能对自己持正面的看法，对未来有乐观的态度，那么，他这辈子不会离幸福太远。乐观的重要表现之一，就是懂得对事情做正面的思考。

青少年朋友们，在生活中，你也可能遇到某些困难，遇到某些不顺心的事，你可能会因此变得沮丧。其实，应告诉自己，困境是另一种希望的开始，它往往预示着明天的好运气。因此，你只要放松自己，告诉自己希望是无所不在的，再大的困难也会变得渺小。

作者链接

约翰·摩西·勃朗宁是美国著名的轻武器设计师，勃朗宁一生中设计研制成功的手枪、步枪、轻重机枪和大口径机枪等武器多达37种。勃朗宁众多成果中为后世传诵的经典武器产品包括：M1911 /0.45手枪、M1918/0.30自动步枪、M2/ 0.50重机枪和9mm口径大威力手枪。其中，M1911/0.45手枪是第二次世界大战时期最著名的美国手枪。

冬天来了，春天还会远吗

英国著名浪漫主义诗人雪莱的《西风颂》中有这样一句话：“冬天来了，春天还会远吗？”字面意思不难理解，当寒冷的冬天来临时，寒风瑟瑟，万物凋零，给人萧瑟之感。但我们不要忘了，在冬天之后，就是春天的降临，到那时，阳光明媚，草长莺飞，万物复苏，生机勃勃。在黑暗、痛苦中的人，不要忘记寻找希望的光明，不要忘记，黑暗之后就是黎明。

这首诗写于英国革命时期，因此，“冬天如果来了，春天还会远吗”是写给那些生活在黑暗社会的人们，不要放弃希望，要勇于与黑暗的现实作斗争，迎接胜利的曙光。

同样，处于成长期的青少年朋友们，也要记住雪莱的这句诗，并以此为人生路上的座右铭。你的人生才刚刚开始，难免会经历冬的严寒，这对于你来说就是人生中的挫折，在度过整个冬天的过程中或许会很不容易，也许是充满坎坷的。这个冬是蜕变——把人从低谷推到高峰的蜕变，但并不完全如此，它还有可能让人从低谷陷入更深的深渊，主要在于你是否会去坚持。挫折并不可怕，挫折来了，那么离成功就不远了。因此，不妨把那些挫折当成磨炼自己的。

从前，有一个养蚌人，他想培育一颗世界上最大最美的珍珠。

这天，他来到大海边挑选沙粒。他问遇到的沙粒，愿不愿意经过磨炼变成珍珠。这些沙粒一听，变成珍珠要经受很多痛苦，没有阳光雨露，没有空气，远离海洋，它们就都摇头。

养蚌人一次次被拒绝，他都快绝望了。可就在这时，有一粒沙子答应了。因为，它一直想成为一颗珍珠。旁边的沙粒都嘲笑它，说它太傻。但这颗沙粒还是坚持和养蚌人走了。

一转眼，几年过去了，那粒沙子已经长成了一颗晶莹剔透、价值连城的珍珠，而曾经嘲笑它的那些伙伴们，有的依然是海滩上平凡的沙粒，有的已化为尘埃。

事实上，我们成长成才的过程又何尝不像这颗珍珠呢？你忍耐着，坚持着，当走完黑暗与苦难的隧道之后，就会惊讶地发现，平凡如沙子的你，不知不觉中已长成了一颗珍珠。

然而，现实生活中，总有人一味沉溺在已经发生的事情中，不停地抱怨，不断地自责。这样一来，将自己的心境弄得越来越糟。这种对已经发生的无可弥补的事情不断抱怨和后悔的人，注定会活在迷离混沌的状态中，看不见前面一片明朗的人生。之所以这样，是因为经历的磨炼太少。正如俗语说的那样：天不晴是因为雨没下透，下透了，也就晴了。

总之，青少年朋友们，生活给予我们挫折，我们要用理解的心态面对，用达观之心去包容现实的残酷，然后勇敢地接受挫折给予我们的挑战。我们要坚持，面对“冬天”不懈怠，要承受它的考验，战胜它，记住“冬天”既然到了，“春天”就在眼前。“冬天”并不可怕！

作者链接

珀西·比希·雪莱，英国文学史上最有才华的抒情诗人之一。威廉·华兹华斯曾称其为“我们当中最优秀的艺术家之一”，同时期的拜伦称其为“毫无例外地，他是我所认识的人当中最好、最不自私的人”，更被誉为诗人中的诗人。他一生见识广泛，不仅是柏拉图主义者，更是伟大的理想主义者。他创作的诗歌节奏明快，积极向上。8岁时雪莱就开始尝试写作诗歌，一生著有诗歌《麦布女王》《伊斯兰的起义》《致英国人民》

《1819年的英国》《暴政的假面游行》《云》《致云雀》《西风颂》等，雪莱在1822年7月驾小艇旅行途中，偶遇风暴，溺水于斯佩齐亚海湾，时年30岁。

只有现在是真实的

“过去的事早已消失，未来的事更渺不可知，只有现在是真实的。”这句格言的作者是培根，这句话的含义是：人不能改变过去，也不能控制将来，人能控制改变的只是此时此刻的心念、语言和行为。一个人的生命不管能否长久，生命过程应该是丰富多彩的，无论人的生命长久与短暂，人生的道路应该是宽阔有风景的，享受过程应该是愉快幸福的。我们每个人都应该珍惜每一天的到来。

同样，生活中的青少年朋友，也应该学会珍惜现在，充分利用好每一天的时间学习，充实自我，而不应该沉溺于过去的悲喜和对未来的希冀之中。

的确，人不能活在未来，因为未来是未知的，非常神秘；人也不能活在过去，因为过去已经成为历史，一去不复返，无法改变；人唯一能够真切把握的就是今天，所以我们要活在当下。很多时候，人们无限憧憬美好的未来，把一切希望都寄托在虚无缥缈的未来上，因此浑浑噩噩地生活；很多时候，人们因为过去所犯的错误久久不能释怀，甚至因此而惩罚自己。其实，这两种做法都是不正确的，正确的做法是把握好今天，活在当下。假如一味地沉湎于过去的往事，特别是那些不愉快的经历，不仅会破坏你的好心情，还会损害你的身体和心灵的健康。

研究人员经过研究证实，那些总是沉湎于过去，特别是对自己以前的遭遇愤愤不平或者是懊悔自己曾经失去机会的人，健康状况远远不如普通人，对疼痛更加敏感，而且更容易生病。看到这里，也许有人会认为自己应该着眼于未来。研究人员同样证实，过于关注未来发展尽管不会损害你的健康，但是却会阻碍人们享受自己当下所拥有的一切。只有那些努力享受当下，从过去的经历中汲取经验并且合理地计划未来的人，才是最健康、最快乐的人。

有个年轻人叫包维尔，从小就很喜欢摄影。

在他大学毕业后，他把所有的精力都放到了摄影上，他也没有去找工作，他过着贫穷的、简单的生活，在他看来，只要能够摄影就好。他吃着粗糙的粮食，穿着破了洞的牛仔裤，但因为可以摄影，他过的非常快乐。

就在他27岁那年，他的摄影技术开始得到了业界的认可，尤其是他的人物摄影，他成为世界公认的人物摄影大师，并为英国首相拍摄人物照，从此一发而不可收。

至今他为全世界100多位总统、首相拍过人物照。请他摄影的世界名流更是数不胜数，排队等候一两年是常事。包维尔成为一个真正的世界顶尖级摄影大师。

从包维尔的故事中，我们得知，在人生目标的实现中，一个人只有内心平静、努力充实自己，等待时机、不骄不躁，日子才会过得悠然自得、从容不迫，不去羡慕别人，你才会找到自己的生活，完成你自己的事业。

每个青少年朋友都应该快乐、充实地生活。其实，快乐归根结底是一种心境，它并不在于其拥有多少、获得多少，生活质量如何，而是在于其怎样看待周围的人和事，怎样让自己有一颗接纳一切快乐事物的心。

作者链接

弗朗西斯·培根（1561—1626），英国文艺复兴时期最重要的作家、哲学家。他不但在文学、哲学上多有建树，在自然科学领域里，也取得了重大成就。培根是一位经历了诸多磨难的贵族子弟，复杂多变的生活经历丰富了他的阅历，他的思想成熟，言论深邃，富含哲理。他是一位理性主义者而不是迷信的崇拜者，是一位经验论者而不是诡辩学者；在政治上，他是一位现实主义者而不是理论家。

当你面对太阳时，阴影总是落在你的背后

美国盲聋女作家海伦·凯勒曾经说过一句话："当你面对太阳时，阴影总是落在你的背后。"这句话的含义是，面对太阳总是有希望的，它总给人温暖，只要向积极的方向看，一切都会好转。

有人说，积极的心态是创造人生，积极的心态是成功的源泉，是生命的阳光和温暖，而消极的心态是失败的开始，是生命的无形杀手。的确，对待同一样事物，几个人的看法不同是很正常的事，就像人也有两面性一样，问题在于我们自己怎样去审视，怎样去选择。面对太阳，你眼前是一片光明；背对太阳，你看到的是自己的阴影。

所以，每个青少年朋友，都要重视积极心态的力量，好心态能让我们心想事成，另外，它还能让我们在产生困难时激发我们的聪明才智，而消极的心态，就像蛛网缠住昆虫的翅膀、脚足一样，会遮住人们才华的光辉。

我们再来看下面一个故事：

有一天，在某个公交站牌处，一个小女孩和妈妈起了争执。

小女孩有点生气地对妈妈说："我就要去海边玩，为什么你不让我去！"

妈妈劝她："不是早说过了吗，今天出太阳了咱就去，但今天没有出太阳啊，而且天气预报说还可能要下雨呢，还是改天再去吧。"

“妈妈骗我，今天出太阳了……”

妈妈笑了起来，问道：“哪里有啊，不要骗人，你说说，太阳到底在哪儿。”

小女孩抬起头来，东看看西瞧瞧，然后指着天空喊：“那不是在那儿嘛。”

“没有啊，那只是乌云而已呀。”

“对呀！”没想到，小女孩一副非常认真的样子，“太阳就躲在乌云的后面呢，等一会儿乌云一走开，不就出来了吗？”

听到小女孩的话，所有等车的人都笑了。

对于积极的人来说，太阳每天都在天空中，虽然有的时候我们看不见它，那是因为它正躲在云的后面，而乌云总有散开的时候，就如人生总有诸多的幸福会接踵而来一样。那么，青少年朋友，乌云密布的时候，你是怎样看待的呢？如果你也能看到乌云后的太阳，那么，你也就是个积极的人。其实，积极的心理也是可以通过练习和学习而获得的。只要我们凡事往好的方向看，我们就能看到光明。

总之，积极的心态能使人看到希望，保持进取的旺盛斗志。消极的心态使人沮丧、失望，限制和扼杀自己的潜能。积极的心态创造人生，消极的心态消耗人生。积极的心态是成功的起点，消极的心态是失败的源泉。选择了积极的心态，就等于选择了成功的希望；选择消极的心态，就注定要走入失败的沼泽。

青少年朋友们，如果你想拥有快乐的人生，想把美梦变成现实，就必须摒弃这种扼杀你的潜能、摧毁你希望的消极心态。

作者链接

海伦·凯勒，19世纪美国盲聋女作家、教育家、慈善家、社会活动家，毕业于哈佛大学，她在19个月大时因为一次高烧而致失明及失聪。后来，她以自强不息的顽强毅力，在安妮·沙利文老师的帮助下，掌握了英、法、德等多种语言，完成了一系列著作，并致力于为残疾人造福，建立慈善机构，被美国《时代周刊》评为美国十大英雄偶像，荣获“总统自由勋章”等奖项。主要著作有《假如给我三天光明》《我的生活》《我的老师》等。

生活就是面对真实的微笑，就是越过障碍注视将来

“生活就是面对真实的微笑，就是越过障碍注视将来。”这句格言来自雨果。这句话的含义是，生活总不会一帆风顺，没有永远的平平坦坦，遇到些挫折和磨难在所难免。在失败中学会坚强，才能更好地感知生活，拥抱生活，创造生活，享受生活。

处于成长期的青少年朋友们，你的人生路才刚刚开始，无论发生了什么，你都要微笑面对生活，并学会放眼未来，积极面对，才能走出困境，看到希望。

有这样一则寓言故事：

雨后，一只蜘蛛艰难地向墙上已经支离破碎的网爬去，由于墙壁潮湿，它爬到一定的高度，就会掉下来，它一次次地向上爬，一次次地掉下来……第一个人看到了，他叹了一口气，自言自语：“我的一生不正如这只蜘蛛吗？忙忙碌碌而无所得。”于是，他日渐消沉。第二个人看到了，他说：“这只蜘蛛真愚蠢，为什么不从旁边干燥的地方绕一下爬上去？我以后可不能像它那样愚蠢。”于是，他变得聪明起来。第三个人看到了，他立刻被蜘蛛屡败屡战的精神感动了。于是，他变得坚强起来。

这里，也许你也会为蜘蛛的这种百折不挠的精神感动，可见，当人

生的不幸来临时，积极的心态是一个人战胜一切艰难困苦，走向成功的推进器。

“上天是明智的，他在赋予人类成长权利的同时，也给了他们许许多多的挫折。”这句名言告诉生活中的每个青少年朋友一个浅显而深刻的道理，人这一生要经历许许多多的挫折。我们所承受的挫折越多，说明你成功的机会就会越大。面对挫折和失败时，我们应该勇敢地、微笑地接纳它。如果你能鼓起勇气，尽自己最大的努力去战胜它，那么你就会发现，挫折和磨难的阴霾被驱散后，头顶上便是一片蔚蓝的天空。挫折和磨难对强者来说，是上天给予的奖励，可以从挫折和磨难中自省自悟、吸取教训、重整旗鼓，挫折就是一份财富，经历就是一份拥有；淬火洗礼，愈挫愈坚，愈挫愈勇，坚如磐石，我们从中得到淬炼，得到成熟，得到成长，得到收获，此时的挫折和磨难，只不过是其成功道路上的一块垫脚石。

成功和失败之间的区别在于心态的差异：成功者着意亮化积极的一面，失败者总是沉迷消极的一面。心态是个人的选择，有成功心态者处处都能发觉成功的力量。一个人有了积极的心态，成功就变得容易了。

总之，我们每个人的人生就如同大海里的船舶，随时都可能经历风浪，没有不受伤的船，也没有不经历磨难的人生。面对失败，我们不应该一味地怨天尤人和自暴自弃，而应该学会坚强，学会乐观，学会控制好情绪，更要学会调整自己的心态。保持好精神，拥有好心情，才是至关重要的。

作者链接

维克多·雨果，法国浪漫主义作家，人道主义的代表人物，19世纪前期积极浪漫主义文学运动的代表作家，法国文学史上卓越的资产阶级民主作家，被人们称为“法兰西的莎士比亚”。雨果一生追随时代步伐前进，是法国文学史上一位重要的作家，一生著作等身，涉及文学所有领域。评论家认为，他的创作思想和现代思想最为接近，他死后法国举国致哀，被安葬在聚集法国名人纪念碑的“先贤祠”。

人世间的任何境遇都有其优点和乐趣

美国著名文学家华盛顿·欧文曾有过这样一句名言：“人世间的任何境遇都有其优点和乐趣，只要我们愿意接受现实。”这句话的含义是，无论发生了什么，我们首先要做的就是学会接受它，然后学会适应它，只有这样，我们才能以崭新的面貌走出困境。

任何一个青少年朋友，都应该将接受现实的能力作为训练耐挫能力的一个重要方面。你要明白的是，万事如意只是一种美好的祈愿，没有十全十美的人生，所以有时候，你必须学会接受现实，珍惜当下，笑纳遗憾，这才是人生的一种大智慧。

在荷兰的阿姆斯特丹市，有一座宏伟的大教堂，它建于15世纪。教堂内有一句很醒目的题词：事已至此，别无选择。这句话在告诫世人，当厄运或不公正的待遇降临到人们头上时，如果无法改变它，就要学会接受它、适应它。

命运是个让人捉摸不定的怪物，它的性格喜怒无常。它会出人意料地给人带来惊喜，同样也会毫无来由地给人送来可怕的灾难。面对惊喜，每个人当然乐意笑纳，但面对灾难或不公平的待遇时，如果人们无法承受，它就会占据人们的心灵，让人们失去欢乐，永远生活在它的阴影里。

曾经有一对漂亮的孪生姐妹，姐姐叫凯蒂，妹妹叫伊娃。在她们10岁那年，她们遇到了一场火灾，所幸消防员从废墟里扒出了她们姐妹俩，她们是那场火灾中仅幸存下来的两个人。

醒来后，姐妹俩早已面目全非。妹妹伊娃无法接受眼前的现实，无法活下去的念头走进了她的心里，她总是自暴自弃地重复着一句话：“与其这样还不如死了算了。”于是，她偷偷服了50片安眠药，离开了人世。

妹妹的离去让凯蒂十分痛苦，但她仍然一次次地暗示自己：“我生命的价值比谁都大。”后来，她被一家快递公司聘为快递员。

一天，凯蒂和同事一起将一批快件送往加利福尼亚州。天空下着雨，路很滑，车子开得很慢。此时，她发现不远处的一座桥上站着一个年轻人。她赶紧让同事紧急刹车，汽车滑进了路边的一条小水沟里。她还没有靠近那个年轻人的时候，年轻人已经跳进了河里。年轻人被她和同事救起后还连续跳了三次，最后一次她自己差点被大水吞没。

后来凯蒂才知道，她和同事救的是位亿万富翁。亿万富翁感激她给了他第二次生命，便聘请凯蒂到自己的公司工作，后来，二人还擦出了爱情的火花，顺利步入婚姻殿堂。几年后，医学发达了，凯蒂整好了自己的面容。

一对孪生姐妹，为什么命运如此不同？因为她们的心态不同。面对毁容，妹妹伊娃无法接受，选择自杀结束了自己的生命，而凯蒂却始终告诫自己，自己的生命价值比谁都大，她努力活了下来并改变了自己的命运。

诗人惠特曼说：“面对黑暗、风暴、饥饿、意外的挫折，我们应该像树木一样顺其自然。”接受现实，这是我们走向乐观的第一步。在诸事不顺的环境中，发现现实存在的合理性、点滴变通的可能性，才能坚定信念，迎接成功的到来。

青少年朋友们，你也一定要用希望的力量来武装自己，勇敢地去翻越挡在自己面前的那一座座生活的高峰。所以，在生活中，无论遇到多么难办的事，你都要保持积极乐观的心态，相信一切问题都会解决的。

作者链接

华盛顿·欧文是19世纪美国最著名的作家，号称美国文学之父。1783年4月3日出生在纽约一个富商家庭。欧文从少年时代起就喜爱阅读英国作家司各特、拜伦和彭斯等人的作品。欧文的第一部重要作品是《纽约外史》。1820年，欧文的《见闻札记》出版，引起欧洲和美国文学界的重视，这部作品奠定了欧文在美国文学史上的地位。

坦途在前，何必因为一点小障碍而不走路呢

我国著名的文学家、思想家、革命家鲁迅先生曾经说过这样一句话：“我觉得坦途在前，人又何必因为一点小障碍而不走路呢？”意思很简单。就是前程远大，任何人都不应该因为一点障碍而不去闯荡。的确，人生路上，挫折总是难免的，很多时候，由于自然因素和社会因素，我们得到的不可能全是掌声和鲜花，成功和荣誉，更多的是泪水和挫折，比如天灾、人祸、疾病、朋友的背信弃义、理想的突然破灭，往往让我们本来很好的生活一夜之间没有了。而我们只有树立正确的挫折观，才能增强自己的抗挫折能力。

同样，对于青少年朋友而言，经历一些失败，是有利于逐渐增强心理承受能力的。面对学习上的种种失败，生活中的种种不如意，也就不会一蹶不振。

对于成长中的青少年来说，困难和挫折是一所最好的学校，在这所学校里，你能历经磨炼，“艰难困苦，玉汝以成”。没有尝过饥与渴的滋味，就永远体会不到食物和水的甜美，不懂得生活到底是什么滋味；没有经历过困难和挫折，就品味不到成功的喜悦；没有经历过苦难，就永远感

受不到什么叫幸福。处于这个阶段的你们，应该明白一个道理，意志薄弱者，最终都会与成功无缘，因此，即使你渴望人生的道路上充满笑脸和鲜花，但生活是无情的，每个人的人生路上都会有各种各样的苦难，畏惧苦难的人将永远不会有幸福。

其实，我们所谓的困难并没有那么可怕，我们之所以不敢勇敢跨出一步，是因为我们内心的恐惧在作怪。恐惧将困难放大，就会压倒我们自己；而如果你能勇敢一点，打倒恐惧，你就会发现，原来，所谓的困难只不过是只纸老虎。

作者链接

鲁迅，原名周树人（1881—1936）。浙江绍兴人，字豫才，17岁之前曾用名周樟寿，后改名周树人。以笔名鲁迅闻名于世。鲁迅先生青年时代曾受进化论、尼采超人哲学和托尔斯泰博爱思想的影响。1904年初，入日本仙台医院专门学医，后从事文艺创作，希望以此改变国民精神。鲁迅先生一生写作计有600万字，其中著作约500万字，辑校和书信约100万字。作品包括杂文、短篇小说、诗歌、评论、散文、翻译作品等。

对于不屈不挠的人来说，没有失败这回事

“对于不屈不挠的人来说，没有失败这回事。”提出这一个格言的是普鲁士“铁血宰相”俾斯麦，这句名言告诉我们，从哪里跌倒就要从哪里爬起来，永不气馁，永不言败。梦想是神圣的，而坚守梦想、不屈不挠的人已经成功了一半。梦想是那些不屈不挠的人屡败屡战，却坚持向前的原因。心只有饱受挫折才会变得更坚强，温室里的花朵一经受风吹雨打便会奄奄一息。

每一个青少年朋友都是新时代的主人，在未来社会都有可能遇到一些意想不到的困难，你只有从现在起锻炼自己的意志力，使自己成为一个不屈不挠的人，你才有可能在激烈的社会竞争中处于不败之地。其实，困难无处不在，而很多时候，打倒我们的不是这些困难，而是被我们内心放大的恐惧。事实上，困难如弹簧，你只要强大就能把它压下去，所以我们只有内心强大起来，才能克服困难。

有这样一个小故事：

有两个孩子比赛谁先跑到各自的妈妈身边，可在途中，两个孩子先后摔倒。其中一个妈妈立刻跑过去安慰那个孩子，摸摸头又抱在怀里。那孩子反而哭得更凶。而另一个妈妈呢？她只是站在原地鼓励着孩子继续跑来。孩子摇摇晃晃站起来，终于跑到了妈妈身边，露出甜甜的笑。这两个母亲的做法孰是孰非？前者是放大了困难，后者则鼓励孩子克服了困难。

的确，困难就是一条欺软怕硬的走狗，你越畏惧它，它越威吓你；你越不将它放在眼里，它越对你表示恭顺。这个简单的道理我们每个人都懂，但说到畏惧困难，似乎那些刚出世没多久的小孩反倒比大人勇敢。孩子们敢和鳄鱼拥抱，和巨蟒共舞。因为无惧，所以无畏。

事实上，人们驾驭生活的能力，是从困境生活中磨砺出来的。和世间任何事情一样，苦难也具有两重性。一方面它是障碍，要排除它必须花费更多的精力和时间；另一方面它又是一种肥料，在解决它的过程中能够使人更好地锻炼提高。

库雷曾说：“许多人的失败都可以归咎于缺乏百折不挠、永不放弃的战斗精神。”的确，我们发现，一些人或满腹经纶，或能力超群，但他们却同时拥有一个致命的弱点，那就是缺乏一种抗打击的能力，往往一遇到微不足道的困难与阻力，就立刻裹足不前，没有韧性，遇硬就回，遇难就退，遇险就逃。因此，终其一生，他们只能从事一些平庸的工作。一个人跌倒并不可怕，可怕的是跌倒之后爬不起来，尤其是在多次跌倒以后失去了继续前进的信心和勇气。不管经历多少不幸和挫折，内心依然要火热、镇定和自信，以屡败屡战和永不放弃的精神去对付挫折和困境。那么，你会不断强大起来。

总之，青少年朋友们，你应该记住：逆境总是吞噬意志薄弱的失败者，而常常造就毅力超群的事业成功者。磨难是魔鬼，它夺走了你的光明。磨难也是天使，它是一座深不可测的宝藏。要在逆境中赶走魔鬼、拥抱天使，最重要的美德就是坚韧。而你若怕苦，就不会成功，就不会搞好学习，遇到困难就后退，悲观的对待生活，这样很难适应社会的竞争。

作者链接

奥托·冯·俾斯麦（1815—1898），普鲁士宰相兼外交大臣，被称为“铁血宰相”。俾斯麦是德国近代史上一位举足轻重的人物，是普鲁士德国容克资产阶级的最著名的政治家和外交家。1862年上任时提出“铁血政策”，并于1866年击败奥地利统一德国（除奥地利），1870年击败法国使德意志帝国称霸欧洲大陆。俾斯麦结束了德国的分裂，完成了德意志的统一，这在历史上是进步的。但是统一后的德国实力逐渐强大，受“铁血政策”影响成为世界战争的策源地，这也是俾斯麦不可推卸的责任。他被称为“德国的建筑师”、“德国的领航员”。

微笑乃是具有多重意义的语言

瑞士诗人、小说家卡尔·施皮特勒曾有一句经典名言：“微笑乃是具有多重意义的语言。”的确，微笑就是人类最好的语言，它能给你增加很多人际关系，给你面对困难的勇气。如果说世界上有一种不会凋零的花朵，那就是微笑；如果人世间有一股不可战胜的魔力，那就是微笑；如果生活中有一份生生不息的真情，那就是微笑。微笑像一缕金色的阳光，射进每一个人的心灵，它可以使走入绝境的人重新获得生的勇气、爱的力量。

生活中的每一个青少年朋友，每当你遇到困难时，不妨以施皮特勒的话激励自己。人生旅途漫漫，难免会遇到很多困难，但幸福与否，绝对取决于我们的心态，如果你消极悲观，那么，任何一件小事都能让你痛苦万分。而如果你积极乐观，你会发现，一切都会烟消云散。

著名潜能开发大师迪翁常常用一句话来激励人们进行积极思考："任何一个苦难与问题的背后，都有一个更大的幸福！"他有个可爱的女儿，但一场意外，让这个可爱的小女孩失去了双腿，当迪翁从韩国的演讲赛上赶到医院的时候，他第一次发现自己的口才不见了。可是女儿却察觉父亲的痛苦，就笑着告诉他："爸爸！你不是常说，任何一个苦难与问题的背后，都有一个更大的幸福吗？不要难过呀！这或许就是上帝给我的另一个幸福。"迪翁无奈又激动地说："可是！你的腿……"

小女儿非常懂事地说："爸爸放心，腿不行，我还有手可以用呀！"

听了这样的话，迪翁虽有几分心酸，可也欣慰不已。

两年后，小女孩升入中学了，她再度入选垒球队，成为该队有史以来最厉害的全垒打王！因为她的腿不能走路，就每天勤练打击，强化肌肉。她很清楚，如果不打全垒打，即使是深远的安打，都不见得可以安全上垒。所以唯一的把握，就是将球猛力击出底线之外！

这是一个乐观积极的小女孩，在最艰难的时刻，她留给人们的依然是微笑，因为她相信父亲的那句话"任何一个苦难与问题的背后，都有一个更大的幸福"，于是，灾难变得不再可怕，而她本人也更有能力面对那场艰难的挑战。

的确，微笑的力量是巨大的，正如一首诗所说："微笑是疲倦者的休息，沮丧者的白天，悲伤者的阳光，大自然的最佳营养。"一个乐观开朗的人，无论面对什么样的生活，都有能力重新开始，即使在地狱中，也能重新走入天堂。对于任何一个人来说，这是比什么都重要的财富。

因此，每个青少年朋友，你都应该记住，在成长的路上，无论命运把你抛向任何险恶的境地，你都要毫无畏惧，用你的微笑去对付它！而如果你能选择不把挫折拿来当成放弃努力的借口，那么，或许你们可以用一个新的角度，来看待一些一直让你们裹足不前的经历。你可以退一步，想开一点，然后你就有机会说："或许那也没什么大不了的！"

作者链接

卡尔·施皮特勒（1845—1924），瑞士诗人、小说家，著有长诗《奥林匹亚的春天》。《奥林匹亚的春天》是一部约有2万行的巨型史诗。主要描写奥林匹亚王位从克罗诺斯向宙斯的转移。故事情节和众神的名字都来源于希腊神话，只是对赫拉进行了再创造，与神话传说不同，作者把她写成大王克罗诺斯的女儿，是他的王位继承者，是位至高无上的女神，谁能获得她的爱情，谁就可以当上奥林匹亚大王。于是，以此为中心矛盾，展开了错综复杂而又十分美妙的故事情节……

第2章

人生篇：会解人生关键题

有人说，人生犹如一张地图，必须找到目前你所在的准确位置并确定最终的目的地所在，才能描绘出一道清晰的生命轨迹。的确，只有明确自己想要的人生，找到自己的理想所在，才能掌握自己命运的钥匙。每一个青少年朋友虽然现阶段的重要任务是学习知识、充实自己，但如果你想活出一个不平凡的人生，如果你想成为一个成功的人，那么，从现在起，就要为自己树立一个理想的奋斗目标。

人类最大的悲剧是没有掌握有意义的人生

“人类最大的悲剧不是死亡，而是没有掌握有意义的人生。”列夫·托尔斯泰这句话的含义是，人生没有目的，就没有意义，也就变得毫无希望。人生才刚刚开始的青少年朋友，从现在起，你也要为自己树立一个人生目标，并为之努力奋斗，这样，你的人生才是充满意义的。

我们都知道，人的一生都在努力追求快乐，而真正的快乐是来自于灵魂的丰满，一个内心充实的人便是快乐的，而那些生活得毫无目标、浑浑噩噩的人则是痛苦的。一位20多岁的青年曾写过：“我觉得自己是个失败者，因为我努力挣扎想成为一个了不起的人物，却连那是什么都不知道，只能过一天算一天。除非有一天我真的找到我的人生目的，我才会觉得自己开始真正活着。”找不到人生目的的人是看不到希望的，人生最大的悲剧不是死亡，而是没有目的。

曾经有位叫希伯尼的医生发现，他能预知哪些癌症病人会痊愈，他只要问癌症病人：“你想活到100岁吗？”那些对于人生有明确目的的病人会说：“当然想。”而这些病人大多数可以痊愈，因为人生有目的就有希望。事实上，任何人的一生都是如此，只要你决定要过一个目的明确的人生，你的生命就会有奇妙的改变。

我们再来看下面一个故事：

很多年前，在美国有个叫史蒂文的残疾人，和很多残疾人一样，他的残疾是后天不幸所致。不能正常行走的他，陷入了极度的恐惧和无助之中。他也学会了喝酒度日。就这样，20年过去了。但这一切，又在另外一场意外中改变了。

有一天，他和往常一样从酒馆出来，照常坐轮椅回家，却碰上了三个连残疾人都不放过的劫匪，这群劫匪早就盯上了他的钱包。

当他的钱包被抢后，他拼命呐喊，试图找到一个能够帮助他的人，但这群劫匪在听到他的呼喊后，居然萌生了要杀人的念头，他们放火烧他的轮椅。轮椅很快燃烧起来，求生的欲望让史蒂文忘记了自己的双腿不能行走，他立即从轮椅上站起来，一口气跑了一条街。事后，史蒂文说："如果当时我不逃，就必然被烧伤，甚至被烧死。我忘了一切，一跃而起，拼命逃走。当我终于停下脚步后，才发现自己竟然会走了。"

现在，史蒂文已经找到了一份工作，他身体健康，与正常人一样行走，并到处旅游。

信念的力量是无穷的，大自然赐给每个人以巨大的潜能，但由于没有进行各种智力训练，每个人的潜能从没得到过淋漓尽致的发挥。人的潜能往往就是通过强力激发出来的。人人都是天才，至少天才身上的东西都有可能在普通人身上找到萌芽。

因此，生活中的青少年朋友们，虽然现阶段你的主要任务是学习，但你也应该学会正确地定位自己、认清自己，看到自己的价值，然后找准目标，挖掘到自己的内在动力，再朝着正确的方向努力，你就能充分发挥自己的价值。总之，我们要告诫自己，绝不做一个没有追求、漫无目的的享乐主义者！

作者链接

列夫·尼古拉耶维奇·托尔斯泰，俄国作家、思想家，19世纪末20世纪初最伟大的文学家，19世纪中期俄国伟大的批判现实主义作家，是世界文学史上最杰出的作家之一，他被称颂为具有"最清醒的现实主义"的"天才艺术家"。主要作品有长篇小说《战争与和平》《安娜·卡列尼娜》《复活》，也创作了大量的童话。他的作品描写了俄国革命时的人民的顽强抗争，因此被称为“俄国十月革命的镜子”，列宁曾称赞他创作了世界文学中“第一流”的作品。

人的活动如果没有理想的鼓舞，就会变得空虚而渺小

“人的活动如果没有理想的鼓舞，就会变得空虚而渺小。”车尔尼雪夫斯基的这句话道出了人的理想对行为的重要指导作用。任何一个青少年朋友都应该从中获得鼓舞，如果你还在毫无目的、浑浑噩噩地生活，那么，从现在起，你不妨也为自己找个明确的目标吧，具备强有力的信念，你就能找到前进的方向和动力。它能使你摆脱空谈主义，能帮助你挖掘你身体的所有潜能，能帮助你克服很多阻力。

人们常说 “思想有多远，就能走多远”，这句话虽然有点夸张，但却是道出了思想对行动的指导作用。同样，一个人能走多远，关键也取决于我们的思想，如果你是个使命感强的人，你希望自己活得伟大，那么，对于当下的行动，你就有自控意识，你就能坚持不懈的努力。因此，我们每个人，都应该找到自己的使命，明确目标，并为实现自己的目标而奋斗，最终才能成为你想成为的人。

许多年前，一位贫苦的牧羊人领着两个年幼的儿子以替别人放羊来维持生计。一天，他们赶着羊来到一个山坡，这时，一群大雁叫着从他们的头顶上飞过，并很快消失在远处。牧羊人的小儿子问他的父亲：“大雁要往哪里飞？”“它们要去一个温暖的地方，在那里安家，度过寒冷的冬天。”牧羊人说。他的大儿子眨着眼睛羡慕地说：“要是我们也能像大雁一样飞起来就好了，那我就要飞得比大雁还要高，去天堂，看妈妈是不是

在那里。”小儿子也对父亲说：“做个会飞的大雁多好啊!那样就不用放羊了，可以飞到自己想去的地方。”

牧羊人沉默了一下，然后对两个儿子说：“只要你们想，你们也能飞起来。”两个儿子试了试，并没有飞起来。他们用怀疑的眼神看着父亲。

牧羊人说，让我飞给你们看，于是他飞了两下，也没飞起来。牧羊人肯定地说，我是因为年纪大了才飞不起来，你们还小，只要不断努力，就一定能飞起来，去想去的地方。

儿子们牢牢记住了父亲的话，并一直不断地努力，等他们长大以后果然飞起来了，他们发明了飞机，他们就是美国的莱特兄弟。

哲人说：“梦想指引我们飞升。”莱特兄弟的成功靠的并不是一个梦想，而是在拥有梦想之后，为之坚持不懈地努力。他们几十年如一日，调动自己最大的激情和潜能，从自行车修理专卖店开始，一步步积累资金，并学习和研究前沿的机械制造技术，在一次又一次的试飞后，才实现了他们飞翔的梦想。

的确，梦想可以燃起一个人的所有激情和全部潜能，载他抵达辉煌的彼岸。但你若有了梦想，就不要把“梦”停留在“想”，一定要付诸行动，设定目标，这才可以带给你真正需要的方向感。

总之，每个青少年朋友都应该在年少时就为自己树立一个梦想。也许你会说，现在每天的学习和生活十分安逸，还需要什么梦想？但请记住，能用自己的力量去创造自己美好人生的人，一定拥有超大的梦想和超过自身能力的愿望。

作者链接

尼古拉·加夫里诺维奇·车尔尼雪夫斯基（1828—1889），俄国革命家、哲学家、作家和批评家，人本主义的代表人物。1828年7月生于萨拉托夫城一个神父家庭。18岁进彼得堡大学文史系，从此经常接近先进知识分子团体彼得拉舍夫斯基小组，潜心研究黑格尔唯心主义哲学和费尔巴哈唯物主义哲学，对法国空想社会主义也产生了浓厚的兴趣。1850年大学毕业，次年重返萨拉托夫，在中学教授语文，宣传进步思想。

在这个世界上的每个人都是一个财富的仓库

哈伯德曾说：其实，在这个世界上的每个人都是一个财富的仓库，只不过你没有发现而已。这句话的含义是，每个人都应该客观地认识自己，只有找到自己合适的位置，才能拥有不一样的人生。客观地认识自己当然是困难的，然而作为一个想正正经经做一番事业的人，对自己先要有个正确的认识，是一个起码的要求。

因此，任何一个青少年朋友，如果你想拥有一个精彩的人生，就应该学会认识自己，定位自己。人们常说："没有人能随随便便成功"，这句话是说，成功需要很多因素。而我们又发现，任何一个成功的人，他之所以成功的原因并不是都来自于他本人自身的勤奋，而是因为他们善于找到一条属于自己的成功路，他们有与众不同的思想，做最适合自己的事，其中就包括瓦拉赫。

奥托·瓦拉赫是诺贝尔化学奖获得者，他的成才历程极富传奇色彩。

瓦拉赫在开始读中学时，父母为他选择的是一条文学之路，不料一个学期下来，老师为他写下了这样的评语："瓦拉赫很用功，但过分拘泥，这样的人即使有着完美的品德，也绝不可能在文学上发挥出来。"

此时，父母只好尊重儿子的意见，让他改学油画。可瓦拉赫既不善于构图，又不会润色，对艺术的理解力也不强，成绩在班上是倒数第一，学校的评语更是令人难以接受："你是绘画艺术方面的不可造就之才。"

面对如此"笨拙"的学生，绝大部分老师认为他已成才无望，只有化学老师认为他做事一丝不苟，具备做好化学实验应有的品格，建议他试学化学。

父母接受了化学老师的建议。这不，瓦拉赫智慧的火花一下被点着了。文学艺术的“不可造就之才”一下子变成了公认的化学方面的“前程远大的高才生”。在同类学生中，他遥遥领先……

可见，成功是多元的，并没有贵贱之分，适合自己的、自己擅长的就是最好的，也便是成功的。

成功的人就是那些垂青于忠于自己个性长处的人。松下幸之助曾说，人生成功的诀窍在于经营自己的个性长处，经营长处能使自己的人生增值，否则，必将使自己的人生贬值。他还说，一个卖牛奶卖得非常火爆的人就是成功，你没有资格看不起他，除非你能证明你卖得比他更好。

的确，尚处于学习阶段的你，可能不会解答很多高难度的数学题，或者总是记不住那些英语单词，但你在处理事务方面却有特殊的本领，比如，你组织能力和沟通能力很强，为此，你很受同学欢迎；你物理、化学成绩都不理想，但你却能写出令人惊叹的文字；也许你一拿起画笔头脑就一片空白，但一听到音乐，你就能高兴得手舞足蹈起来……在认识到自己长处的前提下，如果你能扬长避短，认准目标，抓紧时间把一件工作或一门学问刻苦、认真地做下去，久而久之，自然会结出丰硕的成果。

然而，也许你会问，怎样才能做到准确地定位自己？威特勒教授的研究结果和经历证实，与其让双亲、老师、朋友或经济学家为我们制定长远规划，还不如自己来了解一下我们“擅长”做什么。你需要记住的是，把自己放在正确的位置，选择适合自己的人生，不要因为他人的看法而改变自己的定位，正确与否，只有自己才有发言权。

作者链接

阿尔伯特·哈伯德（1856—1915），美国著名出版家和作家。《菲士利人》《兄弟》杂志的总编辑，罗伊科罗斯特出版社创始人。哈伯德终生致力于出版和写作，除了为自创的两份杂志撰稿外，其主要著作还有《短暂的旅行》《现在的力量》《自己是最大的敌人》《一天》等。

你将来想获得什么成就才最重要

拿破仑·希尔曾说过："你过去或现在的情况并不重要，你将来想获得什么成就才最重要。"的确，无论做什么，有了目标，才会找到方向，漫无目标的努力或飘荡终归会迷路，而你心中的那座无价的金矿，也因得不到开采而与平凡的尘土无异。有目标才会成功，如果你对未来没有理想，就做不出什么大事来。

每一个青少年朋友要明白的是，从现在起，你就要明确自己的理想，目标与计划会让心更有方向，否则，你只能像一只无头苍蝇四处乱撞，无论你怎么努力，最终都会以失败告终。

丁磊自1993年7月大学毕业至1997年5月成立网易公司，在近四年的时间中跳了三次槽，也可以算是比较频繁的了。网易公司在他的带领下取得了一个又一个第一：第一家全中文检索，第一个大容量免费个人主页基地，第一个免费电子贺卡站，第一个网上虚拟社区，第一个网上拍卖平台。同时，刚到30岁的丁磊，其身价也已上升到两亿多美元。

后来，丁磊和徐新在广州一家狭小的办公室里见面。徐新主动问他一些问题："网易在行业内的情况怎么样？"

"我们会是第一。"丁磊第一句话就毫不犹豫地这么回答。

徐新当然知道网易并不是门户网的第一，但他就是觉得："他很有上进心，而不是吹牛，是有实质的自信。我觉得企业家有这种精神是很重要的，我投的就是他这个自信。"

有媒体说："丁磊只用了3年时间就完成了洛克菲勒、卡内基、福特等人一辈子才完成的原始积累。"丁磊的成功再次向人们证明了一个道理：你过去或现在的情况并不重要，你将来想获得什么成就才最重要。

的确，信念是一种无坚不摧的力量，当你坚信自己能成功时，你必能成功。自古至今，大凡成功者，无不具备一项品质，那就是拥有不被打倒的意志力。但让他们成功的最为重要的原因还有一点，那就是有计划、有目标，不打无准备之战。相反，那些失败者之所以迟迟不准备，是因为他们不知道自己从哪里着手，一个人看不到前方的路，看不到希望，又怎么有信心、有决心成功呢?

因此，青少年朋友们，你若希望自己在未来有一番成就，就必须要让你的心更有方向，也就是说，在下定破釜沉舟的决心前，你还要有缜密的思维和计划。

人生不能没有目标，如果没有目标，你就会像一只黑夜中找不到灯塔的航船，在茫茫大海中迷失了方向，只能随波逐流，达不到岸边，甚至会触礁而毁。而在做任何一件事前，我们也都必须做好计划，计划是为实现目标而需要采取的方法、策略，只有目标，没有计划，往往会顾此失彼，或多费精力和时间。我们只有树立明确的目标，制订出详尽的计划，才能投入实际的行动，才能收获成就感和满足感。

作者链接

拿破仑·希尔（1883—1969），全世界最早的现代成功学大师和励志书籍作家，曾经影响美国两任总统及千百万读者的成功学大师。

在美国，拿破仑·希尔家喻户晓，由于他创造性地建立了全新的成功学，他在人际学、创造学、成功学等领域比戴尔·卡耐基有着更高的地位。也是世界上最伟大的励志成功大师，他创建的成功哲学和13项成功原则，以及他永远的热情，鼓舞了千百万人，因此他被称为"百万富翁的创造者"。

世界上最快乐的事，莫过于为理想而奋斗

苏格拉底曾说过这样一句话：“世界上最快乐的事，莫过于为理想而奋斗。”这句话告诉生活中的每个人，只有理想能为我们带来快乐和激情。人的潜能是人的能力中未被开发的部分，它犹如一座待开发的金矿，蕴藏无穷，价值无比。一个人最大的成功，就是他的潜在能力得到最大限度的发挥。但前提是，潜能只有和崇高的理想结合在一起，才能发挥作用。十几岁的青少年，周身都散发着青春的气息，对于未来，他们也无不怀着远大的理想，并希望自己在未来有所成就。但是只有以此理想为动力，点燃自己的热情，并正确认识自己的潜能，充分地发挥它，勇敢地激活它，才能最终实现自己的理想。

我们熟知的乔布斯就是个从不放弃梦想的人。一个伟大的人，总有着不平凡的梦想。乔布斯也不例外。而他的梦想就是——改变世界。

对于乔布斯来说，正是要改变世界的这一梦想，让他带领着苹果创造了一个个的奇迹。首先是APPLEⅡ、iMac，然后是iPod、iPhone、iPad。而这每一个奇迹都曾让乔布斯欣喜无比。虽然在追求梦想这一路中，乔布斯也走得十分曲折，甚至曾经被自己所开创的公司遗弃。但没有风浪，就不能显示帆的本色；没有曲折，就无法品味人生的乐趣。正如他自己所说的，“我非常幸运，因为我在很早的时候就找到了我真爱的东西。”

乔布斯之所以能给世界这么多个奇迹，皆因为他不曾放弃自己的梦想，并终其一生都在为自己的梦想奋斗。人的生命有尽时，而梦想却可以永驻。我们的梦想也可以很平凡，可能不会像乔布斯的梦想如此伟大。但只要有梦想，只要有奋斗的目标，你就会是快乐而充实的。

可能很多学习成绩并不怎么优秀的青少年会认为，我不够聪明，我天资愚钝，我怎么可能会成功？在这种心态下，他们甘愿庸庸碌碌，看不到自身蕴含的潜能，也失去了学习的动力。而实际上，人与人在智力上并没

有多大差异。爱因斯坦是举世公认的20世纪的巨匠，他死后，科学界对他的大脑进行了一番研究。结果表明，他的大脑无论是体积、重量，还是构造或脑细胞，与同龄的其他人一样，没有区别。因此，青少年朋友，不要再认为自己天资愚钝而不可能成功了，你也是聪明的。因为我们绝大多数人在降临人世时，条件都是相同的，并无优劣之分，后来由于受到不同环境、不同人生经历的磨炼，给予大脑不同质量的刺激，才产生了人与人之间的差异。

总之，只有树立理想，点燃激情，才能激发出无限的潜能。为此，你需要重新唤醒自己的梦想。曾经的你可能有个属于自己的梦想，但紧张的学习生活、入学考试的压力，可能会让你搁浅心中的梦想。但正是因为你失去了梦想，你才会显得无力，没有热情。因此，不要犹豫了，为理想奋斗吧，你的人生才会有别样的精彩！

作者链接

苏格拉底（前469—前399），著名的古希腊的思想家、哲学家、教育家，他和他的学生柏拉图，以及柏拉图的学生亚里士多德被并称为“古希腊三贤”，更被后人广泛认为是西方哲学的奠基者。身为雅典的公民，据记载，苏格拉底最后被雅典法庭以引进新的神和腐蚀雅典青年思想之罪名判处死刑。尽管他曾获得逃亡雅典的机会，但苏格拉底仍选择饮下毒堇汁而死，因为他认为逃亡只会进一步破坏雅典法律的权威，同时也是因为担心他逃亡后雅典将再没有好的导师可以教育人们了。

自信是成功的第一秘诀

爱默生说：“自信是成功的第一秘诀。”一个人能否做成、做好一件事，首先看他是否有一个好的心态，以及是否能认真、持续地坚持下去。

信心大、心态好，办法才多。所以，信心多一分，成功多十分；投入才能收获，付出才能杰出。永远不要被缺点所迷惑。当然，成功卓越的人只有少数，失败平庸的人却很多。成功的人在遭受挫折和危机的时候，仍然是顽强、乐观和充满自信，而失败者往往是退却，甚至是甘于退却。我们应该学会自信，成功的程度取决于信念的程度。

青少年朋友，有时候，你可能自信心不够，可能一件事情还没做，便去考虑失败后的结果，这样，必然会导致内在潜能得不到充分的调动与发挥。要避免与摆脱这种心理上的失衡，就必须时时表现出一种强者的风范，敢于面对困难与挫折，并始终怀着必胜的信念去克服、战胜困难，坚定不移地朝着成功的目标迈进。因而有意识地培养自己的“强者”意识，可以说，这是度过心理危机的良方。

几年前，一个世界探险队准备攀登马特峰，在此之前从来没有人到达过那里。记者对这些来自世界各地的探险者进行了采访。

一位记者问其中的一名探险者：“你打算登上马特峰吗？”他回答说：“我将尽力而为。”

记者问另一名探险者：“你打算登上马特峰吗？”这名探险者答道：“我会全力以赴。”

记者问了第三个探险者同样的问题。他说：“我将竭尽全力。”

最后，记者问一位美国青年：“你打算登上马特峰吗？”这个美国青年直视着记者说：“我将要登上马特峰。”

结果，只有一个人登上了马特峰，就是那个说“我将要”的美国青年。他想象自己到达了马特峰，结果他的确做到了。

的确，信念上超前一些，行动就会领先一步，成功的概率也就越大一些。成功的秘诀就是，当你渴望成功的欲望就像你需要空气的愿望那样强烈的时候，你就会成功。

美国钢铁大王卡内基，少年时代从英格兰移民到美国，当时真是穷透了，正是“我一定要成为大富豪!”这样的信念，使得他于19世纪末在钢铁行业大显身手，而后涉足铁路、石油，成为商界巨富。洛克菲勒、摩根也都是满怀欲望，并以欲望为原动力，成为资本主义初期美国经济的胜利者。

威尔逊有句名言：“要有自信，然后全力以赴！假如具有这种观念，任何事情十之八九都能成功。”的确，在现代社会，一个人要想成就一番大业，单凭单枪匹马的拼杀是不够的，它更需要众多人的支持和合作，这样，自信就显得尤为关键。一个人只有首先相信自己，才能说服别人来相信你；如果连自己都不相信自己，那么这意味着你已失去在这个世界上最可依靠的力量。

作者链接

拉尔夫·沃尔多·爱默生（1803—1882），生于波士顿。美国思想家、文学家，诗人。爱默生是确立美国文化精神的代表人物。美国前总统林肯称他为“美国的孔子”、“美国文明之父”。1803年5月25日出生于马萨诸塞州波士顿附近的康考德村，1882年4月27日在波士顿逝世。他的生命几乎横贯19世纪的美国，他出生时候的美国热闹却混沌，一些人意识到它代表着某种新力量的崛起，却无人能够清晰地表达出来。

细节决定成败

华商网特约讲师汪中求先生曾多次提出一个观点——细节决定成败，并且著有一本以此观点命名的书，在书中，他这样说：“芸芸众生能做大事的实在太少，多数人的多数情况总还只能做一些具体的事、琐碎的事、单调的事，也许过于平淡，也许鸡毛蒜皮，但这就是工作，是生活，是成就大事的不可缺少的基础。”反复咀嚼这句话，我们发现，要做成大事，就必须先从小事做起，小事成就大事，细节成就完美。中国道家创始人老子有句名言："天下大事必作于细，天下难事必作于易。"意思是做大事必须从小事开始，天下的难事必定从容易的做起。西方也有句名言："罗马不是一天建成的。"再大的事都必须从小事做起，先做好每一件小事，才能成就大事业。

将任何有意义的事情做好，是你成功的预示。因为你比别人多付出，你在实际工作中也比别人想的更周到。成就绝非朝夕之功，凡事必须从小做起，只要有意义。

因此，青少年朋友们，抛弃所有的借口吧。记住：你不会一步登天，但你可以逐渐达到目标，一步又一步，一天又一天。别以为自己的步伐太小，无足轻重，重要的是每一步都踏得稳。

古英格兰有一首民谣："少了一枚铁钉，掉了一只马掌，掉了一只马掌，丢了一匹战马，丢了一匹战马，败了一场战役，败了一场战役，丢了一个国家。"这是发生在英国查理三世时期的故事，查理准备与里奇蒙德决一死战，让一个马夫去给自己的战马钉马掌，铁匠钉到第四个马掌时，差一个钉子，铁匠便偷偷敷衍了事。不久，查理和对方交上了火，大战中忽然一只马掌掉了，国王被掀翻在地，王国随之易主。

百分之一的错误导致了百分之百的失败，一钉损一马，一马失社稷，你是否听到一个远去的王朝风中的悲鸣——细节决定兴亡！

青少年朋友，要做一个注重细节的人，现阶段的你首先就要重视学习。我们深知，学习从来就不是一件一蹴而就的事，学习是点滴的积累，我们每多读一本书，在不经意间，就已增长了你的阅历、经验。量积累到一定程度必然将引起质变。很多成功者正是在不断地学习中厚积薄发的。你们要踏踏实实学习，端正好学习态度，才会实现以后的腾飞。要知道，随着社会竞争的加剧，只有学习，只有获得更多的知识和能力，我们才能在竞争中占有有利的位置。

另外，你还要有追求完美的心态，“没有最好，只有更好”，十全十美的事做不到，也不存在，但你首先应该有一个追求完美的心态。“取法其上，得其中也；取法其中，得其下也；取法其下，不足道也”。只有与时俱进，以高标准的要求和精益求精的态度，聚精会神抠细节，才能实现突破。

总之，认真是任何人要做好一件事情的前提，如果对什么事情都敷衍了事，草草出兵，草草收兵，必然做不好。然而是否重视细节是一种习惯，要形成这种习惯，不能光说不练，要靠平日里的培养，久而久之，你也就有了自我控制的能力，把重视细节当成一种习惯。

作者链接

汪中求，被誉为2005年培训市场最受欢迎的大师之一。2004年至今，在全国各省市巡回讲座数百场，接受培训的学员总数超过37万人。

讲座课程：《细节决定成败》《科学管理与领导艺术》《执行力的境界》《危机管理的7个关键细节》《大学生的自我营销》《读书是一生的工作》《浪费的都是利润》。

自制是一种秩序，一种对于快乐与欲望的控制

古希腊哲学家柏拉图曾提出一个观点：“自制是一种秩序，一种对于快乐与欲望的控制。”这句话道明了自制的本质。自律是一种心态。如果我们懂得自制，就能时常反省自己，让自己始终拥有不断进取的动力。

对于青少年朋友来说，你们已经开始有了一定的思维模式，懂得用一种规范来约束自己的行为，你要明白，那些成大事者，都有“动心忍性”的自制力，使其能守得云开见月明，走出逆境。自制就是自我管理、自我

控制；自制就是战胜自我、超越自我。金无足赤，人无完人，人最大的敌人是自己。只有能够战胜自我的人，才是真正的强者。

美国著名的心理学家米卡尔曾经做过一个著名的“糖果实验”。

实验的对象是一群4岁的孩子。米卡尔将他们留在一个房间里，然后发给他们每人一颗糖，然后告诉他们：“你们可以马上吃掉糖，但如果谁能坚持到我回来的时候再吃，就能得到两块糖。”他离开后，大概有30%的孩子因为经受不住糖的诱惑而吃掉了糖；有一部分孩子一再犹豫、等待，但还是忍不住诱惑，将糖塞进嘴里吃了；而另外一部分孩子却通过做游戏、讲故事甚至假装睡觉等方法抵制诱惑，坚持了下来。20分钟后，实验者回到房间，坚持到最后的孩子又得到了一块糖。

实验者跟踪研究了14年后，发现前后两种孩子的差异非常显著。坚持下来、自制能力强的孩子社会适应力较强，较为自信，人际关系也较好，也较能面对挫折，会积极迎接挑战，不轻言放弃。相反，那些自制能力差的孩子怯于与人接触，优柔寡断，容易因挫折而丧失斗志，经常否定自己，遇到压力容易退缩或不知所措，更容易嫉妒别人，更爱计较，更易发怒且常与人争斗。这些孩子在中学毕业时又接受了一次评估，结果表明，4岁时能够耐心等待的孩子在校表现更为优异，他们学习能力较好，无论是语言表达、逻辑推理、集中精力、制订并实践计划、学习动机等都比较好。更让人意外的是，这些孩子的入学考试成绩普遍较高；而最迫不及待吃掉糖果的那三成孩子，成绩则最差。

由此，我们可以看到，一个人要想成功，跟他能不能自制有着非常紧密的联系。我们可以看到的是：古往今来，凡是成功人士，他们往往具有一个共性特质：善于自制，以达到某种目标。如儿童时期的德国音乐家巴赫多次徒步行走90多里路，就是为了去汉堡听一位管风琴大师的演奏，这么长时间的坚持，除了他对音乐的热爱以外，便是他的自制力支撑着他；越王勾践卧薪尝胆的故事相信大家都听过，他能够一雪前耻灭掉吴国，除了他心中强烈的复仇意愿之外还有他令人钦佩的自制力。

事实上，自制对于成长期的你们也显得尤为重要。在你们的学习和生活中，自制在很多方面都发挥着巨大的作用：它能督促自己去完成应当完成的学习任务；能抑制自己的不良行为。相反，如果没有或缺少自我控制，不良的行为和情绪就会反过来控制你，你将失去意志力、信心、执着和乐观，失去获得成功的机会，甚至会偏离人生的方向，误入歧途。

作者链接

柏拉图（约前427—前347），古希腊伟大的哲学家，也是全部西方哲学乃至整个西方文化最伟大的哲学家和思想家之一，他和老师苏格拉底，学生亚里士多德并称为“古希腊三贤”。

习惯形成性格，性格决定命运

现代经济学家约翰·凯恩斯曾提出一个观点：“习惯形成性格，性格决定命运”，所谓习惯，一种行为习惯，是人们成长过程中，在很长一段时间内逐渐形成的一种行为倾向。从某种意义上说，“习惯是人生最大的指导”。世界著名心理学家威廉·詹姆士是这么说的：

播下一个行动，收获一种习惯；

播下一种习惯，收获一种性格；

播下一种性格，收获一种命运！

可见，好的习惯是十分重要的，它可以让人的一生发生重大变化。满身恶习的人，是成不了大气候的，唯有有好习惯的人，才能实现自己的远大目标。

青少年朋友们，你若想拥有一个成功的人生，就必须改掉当下存在的一些坏习惯。改变了你的那些瑕疵，你的命运也会如美玉般透亮。

有专家说：养成习惯的过程虽然是痛苦的，但一个好习惯的养成，将是我们终生的财富。因此，短时间暂时的痛苦，又算得了什么？根据西方人文科学家研究，一个习惯的培养平均需要21天左右，只要我们认真去做，就等于说我们吃了21天的苦，却得到了一辈子的甜，这是一个很值得和很高效的事情。此外，任何一个习惯一旦养成，它就是自动化的，如果你不去做反而会感觉很难受，只有做了才会感觉很舒服。因此，关于好习惯的培养，我们不妨给自己订一个计划，然后用日程本记下自己执行计划的过程。

的确，任何习惯的改变和形成，都是艰难的，但只要我们经历一段时间，一旦习惯形成后，它就会成为一种自动化的、下意识的行为反应了。举个很简单的例子，每天早上出门前，我们都需要穿鞋，穿鞋时，你习惯上不是先穿右脚就是先穿左脚。在系鞋带时，你的习惯要么是把右手的鞋带从左手的鞋背后绕过来，要么就是反着绕。那么，明天早晨，你不妨反过来做，在穿鞋前，你先想好今天该怎么做，然后，你会有意识地进行改变，21天后，新的系鞋带的习惯就形成了。

总之，没有改变不了的习惯，只有你不想改变的习惯。没有改变不了的性格，只有你不想改变的性格。这些，只要你坚持21天！

作者链接

约翰·梅纳德·凯恩斯（1883—1946），现代西方最有影响的经济学家之一，他创立的宏观经济学与弗洛伊德所创的精神分析法和爱因斯坦发现的相对论一起并称为20世纪人类知识界的三大革命。

从不浪费时间的人，没有工夫抱怨时间不够

“从不浪费时间的人，没有工夫抱怨时间不够。”这句话的提出者是杰斐逊，他指出了时间对于我们的重要性。因为时间是生命的构成部分，我们任何一个人都没有太多的时间挥霍。

的确，现代社会，无论是个人，还是企业，“效率就是金钱”，绝对不是一句空话。可以说，追求成功，必须追求效率。同样，自古至今，要想成功，就必须惜时。数学家华罗庚说过：“成功的人无一不是利用时间的能手！”实际上，任何人，只要我们能充分利用好时间，不浪费每一分钟，那么，你必会成才。有些人只是利用好了几年，有些人只重视年轻时代，而成功者在尽量利用好每一天，甚至能利用好每一分钟乃至每一秒钟。他们很少有浪费时间的行为，他们的成功实质上就是时间利用上的成功。

青少年朋友，可能你认为自己还处于人生刚刚开始的阶段，但你同样要利用好每一分钟的时间，不要等到逐渐老去的时候，才慨叹浪费了生命。

大发明家爱迪生并不是一个学历很高的人，事实上，他只上过三个月的小学。他后来的成就，第一归功于母亲的教导，第二就是因为他珍惜时间。

爱迪生在研究期间，经常对自己的助手说：“浪费，最大的浪费莫过于浪费时间了。”因此，他常常告诫自己：“人生太短暂了，要多想办法，用极少的时间办更多的事情。”

一天，爱迪生在工作时，交给助手一个任务——测量一下灯泡的容量，交代完事情以后，他又埋头工作了。

过了一会儿，他问助手，你测出来的结果是多少，没想到，助手还在慌忙地测量灯泡的各个数值——周长、斜度等。

看到这里，爱迪生着急地说：“时间，时间，怎么费那么多的时间呢？”于是，他走过去，接过灯泡，向里面注满了水，交给助手，说：“里面的水倒在量杯里，马上告诉我它的容积。”助手立刻读出了数字。

爱迪生说："这是最简单的方法了，既准确又节约时间，你怎么想不到呢？还去算，那岂不是白白地浪费时间吗？"助手的脸红了。

爱迪生喃喃地说："人生太短暂了，太短暂了，要节省时间，多做事情啊！"

历数古今中外一切有大建树者，无一不惜时如金。古书《淮南子》有云："圣人不贵尺之璧，而重寸之阴。"汉乐府《长歌行》有这样的诗句："百川东到海，何时复西归？少壮不努力，老大徒伤悲。"晋朝陶渊明也有惜时诗："盛年不重来，一日难再晨，及时当勉励，岁月不待人。"而法国作家巴尔扎克把时间比作资本，德国诗人歌德把时间看成是自己的财产。鲁迅先生对时间的认识更深刻，他说："时间就是生命。无端地空耗别人的时间，其实无异于谋财害命。" 鲁迅的整个一生都是在拼时间，他说："时间，就像海绵里的水，只要你挤，总是有的。"事物的发展变化，总是由量变到质变的。

青年朋友们，从现在起，你就要懂得时间的宝贵，开始好好珍惜青春的大好年华，努力学习。

作者链接

托马斯·杰斐逊（1743—1826），美国政治家、思想家、哲学家、科学家、教育家，第三任美国总统。他是美国独立战争期间的主要领导人之一。1776年，作为一名包括约翰·亚当斯和本杰明·富兰克林在内的起草委员会的成员，起草了美国《独立宣言》。此后，他先后担任了美国第一任国务卿，第二任副总统和第三任总统。他在任期间保护农业，发展民族资本主义工业。从法国手中购买路易斯安那州，使美国领土近乎增加了一倍。他被普遍视为美国历史上最杰出的总统之一，同华盛顿、林肯和罗斯福齐名。最新版5美分的头像就是托马斯·杰斐逊。

第3章

人生篇：淡泊宁静以清心

生活中，很多青少年朋友都怀有梦想，都希望获得一个非凡的人生，但在此之前，你应修炼自己的心性，使自己淡泊从容，正如切萨雷·帕韦泽所说："完美的行为产生于完全的无功利之心"，一个过分注重名利、成败得失的人是无法做成大事的。那么，什么是淡泊呢？淡泊是一种很高的人生境界，它是一种品质，一种德性，一种修养，值得你用自己的一生去追寻。当然，所谓的淡泊并不是指无欲无求，而是指正确地取舍，属于我的，当仁不让，不属于我的，千金难动其心，这才是真正的淡泊。

得之，我幸；不得，我命，如此而已

诗人徐志摩曾说过这样一句话：“得之，我幸；不得，我命，如此而已。”他的原意是表达了追求爱情和知己的决心，意思是得到了是我的幸运，得不到是命里注定，不过如此而已。事实上，除了爱情之外，世间事又何尝不是如此呢？越是得不到的，人们却越想得到，于是用尽所有力气，使出浑身解数，只想据为己有，哪怕最后一败涂地，两败俱伤，皆不放手。其实事过境迁之后回想，何苦呢？人世间一切事物都有其发展规律，不应勉强而为之！

青少年朋友们，在未来的人生道路上，你也应该修炼一颗平常心，那么，当你学会了坦然面对人生的得失后，也就没什么可畏惧的了。

有个老人，他有个爱好，就是喜欢摆弄盆景，他每天的大部分时间都会花在这上面。

有一天，老人去外地看亲戚，出门前，他告诉儿子一定要细心照看好那些他视若珍宝的盆景。

父亲的话，儿子不敢怠慢，于是，在老人外出这期间，儿子很细心地照看着这些盆景，但是尽管这样，不幸的事还是发生了，在他为花草浇水时不小心碰倒了花架上的一盆花，打碎了花盆。儿子非常害怕，准备等父亲回来后接受处罚。

然而，当老人知道这件事后并没有生气，反而说：“我栽种盆景是用来欣赏和美化家里环境的，不是为了生气的。”

这位老人说得好，他种植盆景，并不是为了生气。因此，他的心情也不会因盆景的得失而受到影响。如果无欲无求，了无牵挂，则气无处生。可见，无论得失，我们要调整自己的心态，要超越时间和空间去观察问题，要考虑到事物有可能出现的极端变化。这样，无论福事变祸事，还是祸事变福事，都有足够的心理承受能力。

青少年朋友们，如果你能对周围发生的任何事都付诸一笑，大度一点，那么，你的生活必当更加美好。而如果一个人总是眼里容不得沙子，得失心太重，不仅会遭人厌恶、招来怨恨，还有可能给自己带来压力，因此，凡事看淡一点，于人于己都会轻松很多。以考试为例，作为学生，你固然应该重视成绩，但眼里只有成绩，你就会成为一个输不起的人。

总之，我们每个人都应该正视人生的得失，世间万事万物，来来去去，本就没有一个定数，我们不能左右世事，但可以左右自己的心。当我们拥有时，我们要懂得珍惜，失去时，也不可过分执着。人有悲欢离合，月有阴晴圆缺，以一份淡然的心面对，我们的心会释然很多。

作者链接

徐志摩，现代诗人、散文家。徐志摩是金庸的表兄。原名章垿，字槱森，留学美国时改名志摩。曾经用过的笔名：南湖、诗哲、海谷、谷、大兵、云中鹤、仙鹤、删我、心手、黄狗、谔谔等。徐志摩是新月派代表诗人，新月诗社成员。1915年毕业于杭州一中，先后就读于上海沪江大学、天津北洋大学和北京大学。1918年赴美国学习银行学。1921年赴英国留学，入剑桥大学当特别生，研究政治经济学。在剑桥两年深受西方教育的熏陶及欧美浪漫主义和唯美派诗人的影响。

胸怀广大，须从平淡二字用功

蔡锷在他的《蔡锷集·序及按语》中提出一个观点：胸怀广大，须从平淡二字用功。意思是一个人若希望拥有广阔的胸怀，就必须首先做到淡泊名利。的确，名利是一把双刃剑，掌握不好也可损人亦损己。有了名利应当倍加珍惜，如果过分看重它，往往就会为其所累，以致精疲力竭得不偿失。毕竟人活着不是为了名利，而是为了人生的幸福和快乐。

青少年朋友们，在未来的人生路上，你肯定要追逐自己的人生梦想，但你需要记住的是，真正的成功并不是拥有多少名利，而是获得幸福。什么是幸福呢？幸福说到底就是一种感觉，也就是说，幸福就是自己觉得幸福。但是我们却往往并非为了自己的感觉和需要，而是为了别人的观瞻和评判在规划自己的人生，争取自己本不需要的东西，并且一辈子为其所累。有的人一生奔奔波波、悲悲喜喜，功名利禄到手了，但却丢了亲情、丢了健康，幡然悔悟时已垂垂老矣。

不得不承认，当今社会，很多人都在追求名利，只不过有的人名小，有的人名大；有的人利少，有的人利多。有的人为出大名获大利，追求了一生一世。也许人们觉得，只有获得了名利，才会感觉到快乐，但果真如此吗？答案是否定的，人对名利的追求，如果超越了限度，超出了理智，常常会迷失自我，甚至葬送生命，哪来的幸福可言？

清乾隆时期的和珅，一生疯狂追求名利。他贪婪无度，官居宰相后丧心病狂地掠夺金钱。据史书记载，他拥有土地80万亩、房屋2790间、当铺75座、银号42座、古玩铺13座、玉器库2间。另外还有其他店铺几十种。仅从和珅家抄没的财产就值银九亿两。最终，和珅被处死，落得个一命呜呼的下场。

战国时期的吴起是一代名将，是一流的谋略家，更是典型的名利狂。为了求名，他不择手段。为了赢得鲁国国君的信任，他竟然亲手杀了当初带着大量金银珠宝与他私奔的爱妻，就因为妻子是鲁国的敌国——齐国的女子。他终于名扬四海，然而每次名成利就，却又遭小人暗算，跌下神坛，三起三落。因求名而能名垂青史，是吴起的成功之处。因盛名之下不避收敛而丧失性命，又是他失败之处。

在通往名利的道路上，吴起和和珅都未尝不是很好的借鉴。当然，青少年朋友们，你要明白的是，淡泊名利并不是不要一些名利，宁静处世也并不是自弃于世，它的本意无非是叫人们把名利看得淡一些，千万不要斤斤计较、患得患失，而是让人们要本分一些，不要浮躁难奈、寝食难安。

德国哲学家叔本华曾说过："我们很少想到自己拥有什么，却总是想着自己还缺少什么！不要感慨你失去或是尚未得到的事物，你应该珍惜你已经拥有的一切。"懂得珍惜，最为可贵，善于知足，最为幸福。当一个人珍惜了生命，生命便会长久，当他珍惜了家人、朋友之间的情感，他便能在友善的交流中，获得快乐与更多的幸福。真正的幸福不是你每天得到了一些什么，而是每天你都能对自己拥有的一切，怀抱着一颗满足、感恩、珍惜的心，如果我们能够保持着这种态度来对待生活中的每一天、每件事，那么，即使人生中有摆脱不了的悲苦、辛酸，我们也能让它们转化成有价值、有意义的事。

作者链接

蔡锷（1882—1916），原名艮寅，字松坡，汉族，湖南宝庆（今邵阳市）人。蔡锷曾经发动反对袁世凯洪宪帝制的护国战争，是民国初年的杰出军事领袖。遗著被编为《蔡松坡集》。

艺术和科学的价值在于没有私欲的服务

德国女作家胡赫曾经说过："艺术和科学的价值在于没有私欲的服

务。”这句话的含义是，在艺术和科学的领域中，如果醉心于手头的工作，那么，他是不会为名利所累的。这句话不仅适用于科学和艺术领域，任何人，也包括处在成长期的青少年朋友，无论是学习还是工作，都要做到专心致志与淡泊名利，这样，你才能不断取得进步，也才能在一条正确的道路上走得更远。

然而，从古至今，有多少人挣扎在名利场上，正所谓，“天下熙熙，皆为利来，天下攘攘，皆为利往”，有多少人能真正做到淡泊名利、笑看人生呢？司马迁说得好：“君子疾没世而名不称焉，名利本为浮世重，古今能有几人抛？”由此可知，淡泊名利甚难，笑看人生亦难，说起轻松做起难，就连儒家大师朱熹也感叹道：“世上无如人陷欲，几人到此无误平生。”没有一定的身心修养和良好的心理素质，就不要去想淡泊名利、笑看人生的做人哲理了。众多的学问家都是淡泊名利的佼佼者，他们对个人的名利常常采取漠然冷淡和不屑一顾的态度，而把主要精力放在对理想、事业的追求上，居里夫人便是如此。

居里夫人获得第一次诺贝尔奖之后，毅然将原来的100多个荣誉称号统统辞掉，专心研究，终于又荣获了第二次诺贝尔奖。有一天，一位朋友来她家做客，看见其小女儿正在玩英国皇家学会刚刚颁发给她的一枚金质奖章，大惊道：“居里夫人，现在能得到一枚英国皇家学会的奖章是极高的荣誉，你怎么能给孩子玩呢？”居里夫人笑了笑说：“我是想让孩子从小就知道，荣誉就像玩具，只能玩玩而已，绝不能永远守着它，否则就将一事无成。”居里夫人对待荣誉的这种态度，成为后人学习的楷模。

一个人，如果把目光盯在名利上，其害无穷。名利不至，烦恼倍生。名利如同大山压于心头，再无继续前进的勇气；名利已取，烦恼不减，还有更大的诱惑刺激，永远不会有满足的时候。恼恨如海之大潮，一浪高过一浪，激人肝火，动人心性，以至不知路该怎样走，人该怎样做。为谋名利，甚至会背弃做人的准则。正如古人所说：“利旁有倚刀，贪人还自贼（自害）。”

青少年朋友们，如果你留心一下周围形形色色的人，就会发现，一些人生活得开心、快乐，并不是因为他们坐拥名利地位，拥有豪宅、名车等，他们只不过是能够真正地为实现梦想而努力，怀着最真诚的心去努力寻找自己想要的东西而已。然而，现实生活中，不少人却混淆了理想与名利间的关系，也常常为名利而斤斤计较，如果我们能静下心来清理一下自己迷乱的心灵，你会发现，对于名利，只要你看淡一点，你就会拥有一个好的心境，天雨人悲、月黯神伤的困惑便会离你而去。无论何时，淡泊名利了，你会感到人生的美好和生活的温馨！

作者链接

胡赫（1864—1947），德国女作家。出身于下萨克森一个商人家庭。1933年纳粹上台后，愤然退出普鲁士艺术科学院。1947年在德国第一届作家代表大会上当选为名誉主席。著有《诗集》《新诗集》《爱情诗》《秋天的火》等诗集，风格上带有新浪漫主义的艺术特色。另著有长篇小说《走出胜利巷》《关于国王与王冠》，书信体小说《最后一个夏天》和心理分析小说《德鲁加案件》等。

看庭前花开花落，望天空云卷云舒

自古以来，文人墨客们就写下了很多诗句来表达自己淡泊清心的豁达心胸，比如，明代陈继儒就在他的《小窗幽记》中写道：“宠辱不惊，闲看庭前花开花落；去留无意，漫随天外云卷云舒。”这句话的含义是，为人做事能视宠辱如花开花落般平常，才能不惊；视职位去留如云卷云舒般变幻，才能无意。

德国的一位哲学家曾讲过一段话：没有什么情感比焦虑更令人苦恼了，它给我们的心理造成巨大的痛苦。而焦虑并非由实际威胁所引起，其紧张惊恐程度与现实情况很不相称。追求快乐是人类的本能。因此，通常来说，焦虑是无谓地担心。我们要彻底摆脱使人苦恼的焦虑，就要选择平静身心。

任何一个青少年朋友，在成长过程中，难免会遇到一些重大时刻，以考试为例，只要你不过分看重成绩，你就能平心静气，以最佳心理状态迎接它。我们先来看下面一个故事：

和煦的春风里，师傅带着小和尚来到寺庙的后院，打扫冬日里留下的枯木残叶。小和尚建议说："师傅，枯叶是养料，快撒点种子吧！"

师傅曰："不着急，随时。"

种子到手了，师傅对小和尚说："去种吧。"不料，一阵风起，撒下去不少，也吹走不少。

小和尚着急地对师傅说："师傅，好多种子都被吹飞了。"

师傅说："没关系，吹走的净是空的，撒下去也发不了芽，随性。"

刚撒完种子，这时飞来几只小鸟，在土里一阵刨食。小和尚急着对小鸟连轰带赶，然后向师傅报告说："糟了，种子都被鸟吃了。"

师傅说："急什么，种子多着呢，吃不完，随遇。"

半夜，一阵狂风暴雨。小和尚来到师傅房间带着哭腔对师傅说："这下全完了，种子都被雨水冲走了。"

师傅答："冲就冲吧，冲到哪儿都是发芽，随缘。"

几天过去了，昔日光秃秃的地上长出了许多新绿，连没有播种到的地方也有小苗探出了头。小和尚高兴地说："师傅，快来看呐，都长出来了。"

这则故事告诉我们所有人，人生无常，但只要我们保持内心平静，那么，无论外在世界怎么变幻莫测，我们都能坦然面对，做到不为情感左右，不为名利所牵引，从而洞悉事物本质，完全实事求是。

可以说，"宠辱不惊，看庭前花开花落；去留无意，望天空云卷云舒"，这份闲散与安逸，对于现代社会的人们来说，或许真的是一种奢望。

然而，要放下人生路途得失成败的压力，还需要我们保持一颗平常心。

当然，对于人生刚刚开始的青少年朋友来说，要修炼自己的平常心并不是要你们不努力学习、不奋发向上，而是要正确看待人生得失荣辱，要知道，人生的平淡和起起伏伏都是一种生命的轨迹，而只有内心平和的人才能体味其中的真谛，因此，我们不妨以平常心看待生活，用心去享受简单生活中的快乐、幸福！

因此，无论得失，我们要调整自己的心态，要超越时间和空间去观察问题，要考虑到事物有可能出现的极端变化。这样，无论福事变祸事，还是祸事变福事，都有足够的心理承受能力。

作者链接

陈继儒（1558—1639），明代文学家、书画家。字仲醇，号眉公、麋公。华亭（今上海松江）人。诸生，年二十九，隐居小昆山，后居东佘山，杜门著述，工诗善文，书法苏、米，兼能绘事，屡奉诏征用，皆以疾辞。擅墨梅、山水，画梅多册页小幅，自然随意，意态萧疏。论画倡导文人画，持南北宗论，重视画家的修养，赞同书画同源。有《梅花册》、《云山卷》等传世。著有《妮古录》《陈眉公全集》《小窗幽记》。

淡泊以明志，宁静以致远

诸葛亮在他的《诫子书》中说："非淡泊无以明志，非宁静无以致远。"这句话的含义是，看轻世俗的名利，才能明确自己的志向；身心安宁恬静，才能实现远大的理想。任何一个青少年朋友，在未来追求理想的人生目标的道路上，你若想走的更高、更远，就必须首先修炼一颗平淡的心，才能全身心投入到学习和工作中。

然而，我们不得不承认的是，在生活中，有的人追求金钱权势，有的人追求名利，这两样东西无疑是最吸引人们的。很多时候，假如我们过于在乎名利，就很容易使自己随波逐流，无法坚守自己的原则，甚至迷失人生的方向。邹韬奋曾经说过："一个人光溜溜地到这个世界上来，最后光溜溜地离开这个世界，最终醒悟，名利是身外之物，只有尽一个人的心力，使社会上的人多得他工作的裨益，才是人生最愉快的事。"然而，大千世界，五彩斑斓，充溢着形形色色使人们难以抵制的名利诱惑，只有拥有达观的人生态度、淡然的处事风格，才能够修养到淡泊名利的人生境界。晋代陶渊明之所以归隐田园，就是因为他看淡了人生所谓的输赢的得失，宁愿清静一生，也不愿意与人争斗。

公元405年秋天，为了养家糊口，陶渊明不得不来到离家不远的彭泽县当县令。

这年冬天，他得知，有一位官位高于他的上司要来彭泽县视察，此人极为傲慢，还未到彭泽县地界，就派人令陶渊明去拜见他。

陶渊明虽然心里很看不惯这样的上司，但也不得不马上动身，但谁知出门前，他的师爷却拦住他说："参见这位官员要十分注意小节，衣服要穿得整齐，态度要谦恭，不然的话，他会在上司面前说你的坏话。"此时，陶渊明再也忍不住了，他长叹一声说："我宁肯饿死，也不能因为五斗米的官饷，向这样差劲的人折腰。"他马上写了一封辞职信，离开了只当了80多天的县令职位，从此再也没有做过官。

陶渊明能不为五斗米折腰，放下官场，归隐田园，这就是一种洒脱！古代，和陶渊明一样，不愿伪装自己而曲意逢迎的人着实不少，李白的"仰天大笑出门去，我辈岂是蓬蒿人"也是一种写照。然而，也不乏那些以为伪装就能保全自己而最终玩火自焚的人。

众所周知，人生就是由一个个欲望组成的，合理的欲望是人生的原动力。所以，淡泊指的是正确地取舍，属于我的，当仁不让，不属于我的，千金难动其心，这才是真正的淡泊。

青少年朋友们，从现在起，要开始充实自己的内心，坚守自己的心灵，以清醒理智的态度步履从容地走过人生的岁月。只有这样，我们的生活才会更加轻松自在，我们的人生才会丰富多彩，豁然开朗！

作者链接

诸葛亮（181—234），字孔明，号卧龙（也作伏龙），汉族，徐州琅琊阳都（今山东临沂市沂南县）人，三国时期蜀汉丞相、杰出的政治家、军事家、散文家、发明家。在世时被封为武乡侯，死后追谥忠武侯，东晋政权特追封他为武兴王。诸葛亮为匡扶蜀汉政权，呕心沥血，鞠躬尽瘁，死而后已。其散文代表作有《出师表》《诫子书》等。曾发明木牛流马、孔明灯等，并改造连弩，可一弩十矢俱发。于234年在五丈原（今宝鸡岐山境内）逝世。诸葛亮在后世受到极大尊崇，成为后世忠臣楷模，智慧化身。成都、宝鸡、汉中、南阳等地有武侯祠，杜甫作《蜀相》赞诸葛亮。

对于生命持一种无忧无虑的淡泊态度

威廉·詹姆斯曾经有这样一句名言：“对于生命持一种无忧无虑的淡泊态度，将抵偿他自身的一切缺点。”的确，生命的过程不可能重新来过，因此，我们必须珍惜这仅有一次的生命。生老病死本身就是生命的常态，我们不必焦虑，而应该以放松的心态面对。青少年朋友们，对于生命，你也应该学着持一种淡泊、坦然的态度，这样，你才会无忧无虑地成长。

然而，在生活中，绝大多数成年人的脑子里都充斥着各种各样的对健康和生命的忧虑，似乎如果没有忧虑，人生就会显得过于苍白和空洞，简直无法继续下去。诸如“孩子今天吃饭很少，是不是不舒服？”“最近身体不太舒服，会不会生病了？要是我生病了，孩子怎么办？”坦白地说，这些忧虑都是一些杞人忧天的忧虑，即使你再怎么琢磨，该发生的已经发生了，没发生的也不会发生。那么，我们与其在焦虑中度过每一天，还不如坦然面对，快乐地度过每一天。

布鲁尼是一名癌症患者，已经是晚期了，医生宣布他只有一年的生命。在得知自己生病之前，布鲁尼的性格非常内向，过于胆小谨慎，总是担心很多东西。让人惊讶的是，当得知自己身患不治之症之后，布鲁尼突然想开了，他变得豁达开朗，坦然地接受疾病。布鲁尼没有选择接受治疗，因为到了癌症晚期，治疗只能缓解疼痛，除此之外，没有任何用处。很久以来，布鲁尼一直很向往到世界各地走一走，看一看。当得知自己只有一年的生命时，布鲁尼毅然决然地放弃了一切身外之物，他还卖掉了自己的房子，选择了环球旅行。跟着一艘大船，布鲁尼走遍了世界各地，最后，他来到了中国。很久以来，布鲁尼一直对中国功夫很好奇，尤其是气功。到了中国之后，他找到了一个深山之内的寺庙，跟随那里潜心修行的高僧每日坐禅。经过一段时间的坐禅，布鲁尼惊讶地发现自己原本日渐衰竭的身体居然渐渐地恢复了力量。他每日跟随大师吃斋念佛，坐禅诵经。一年多过去了，他已经领悟了很多佛家的道理，精力和气色也越来越好。不过，既然已经放下了，布鲁尼并没有欣喜若狂地去医院检查自己是否已经战胜了癌细胞，而是继续在自己的最后一站——这座中国深山中的古庙里安心地吃斋念佛，坐禅诵经。

我们不得不怀疑，布鲁尼是不是已经在彻底放空自己之后战胜了癌症。当然，答案很有可能是肯定的。其实，癌症是一种心因性疾病，长期的紧张、焦虑、不安，特别容易导致癌症。反之，假如一个人积极、乐观、开朗，能够心胸豁达地面对凡尘俗世，自然就能少了很多烦恼，身体也会更加健康。

曾经有一个百岁老人谈起他的长寿秘诀：“我每活一天，就是赚一天，我一直在赚。”这就是生命的真谛：豁达，坦然。的确，这个世界上没有任何事是一成不变的，生命在不断向前，我们的生活也是如此，那又何必为生命担忧呢？生活中的青少年朋友们，你能否有这样淡然的心境呢？

作者链接

威廉·詹姆斯（1842—1910），美国本土第一位哲学家和心理学家、教育学家，实用主义的倡导者，美国机能主义心理学派创始人之一，也是美国最早的实验心理学家之一。1875年，建立美国第一个心理学实验室。1904年当选为美国心理学会主席，1906年当选为国家科学院院士。2006年，詹姆斯被美国的权威期刊《大西洋月刊》评为影响美国的100位人物之一（第62位）。

世上没有比正直更丰富的遗产

莎士比亚说：“世上没有比正直更丰富的遗产。”这句话的含义是，做人只有正直、坦荡，才能内心清净，不为名利所累。每一个青少年朋友，都应该把自己培养成为一个正直的人，只有这样，在未来社会，你才能成为一个受人敬仰的人。

自古以来，中国人就大致把生活中的人分为两类，一类是君子，一类是小人，并常常用“君子坦荡荡，小人常戚戚”来形容二者最为明显的区别。那到底什么是君子，什么是小人呢？关于他们的划分标准有很多，其中，是否正直、坦荡则是最重要的标准之一。做一个正直坦荡，让人尊敬的君子，便成为其做人的最高奖赏。

可见，做人要正直、做事要正派，堂堂正正，才是立身之本、处世之基。一个人内心充满正气，自然坦坦荡荡，身正不怕影子斜；一个心术不正、故弄玄虚的人迟早会被人们揭穿，被周围的人遗弃，所以，做人一定要走得直，行得正，做得端，一定要问问自己是否正直、公道。在正直的人心中，似乎有一种内在的平静，使他们能够经受住挫折甚至是不公平的待遇。

许多年前，一位作家因为投资失误，损失了一大笔财产而陷入了经济困难中，为此，他决定用以后赚取的每一分钱来还债。三年以后，他已经小有名气，为此，当地的一些媒体采取以募捐的方式来帮助他结束这种折磨人的生活，但他拒绝了，他把这些钱退还给了捐助人。后来，他的一本轰动一时的新书问世，他偿付了所有剩余的债务。这位作家就是马克·吐温。

这就是正直的力量，它能给人带来很多好处，他人的信任和尊重。那么，什么是正直呢？

所谓正，就是公正、正义、正气，为人光明磊落、不虚伪；直就是真实、坦率、豁达、直来直去、不拐弯抹角。在汉语里，正直其实是一个重叠词，表达的也是同一个意思，但就二者的生成顺序来看，是先有“正”而才有“直”的，只有正才不怕邪；没有正确、公正的直，只能叫作坦率、直肠子。

可能有些青少年朋友会说，随着年龄的增长、经历的增多，谁能真正做到不染世俗、一身正气？其实，我们生活的周围，就有这样一些人，他们饱经世事，但他们并没有因此变得圆滑、世俗，而是依旧秉持着正直坦荡的做人原则。因此，尚处于成长期的你们，一定不要以为成长就会带来世故。

可见，正直是人类的一种优秀品德，也是人类社会对个体性格的一种理想追求。正直同公正、善良、智慧、勇敢、诚实等人的高尚品德一样，一直受到赞赏和褒扬，并且成为当代社会思想道德建设的核心。

青少年朋友们，你应该记住，做人要正直、做事要正派，堂堂正正，公公正正，才是立身之本、处世之基。

作者链接

威廉·莎士比亚（1564—1616），英国文艺复兴时期伟大的戏剧家和诗人。

有关莎士比亚私人生活的记录流传下来很少，关于他的性取向、宗教信仰，以及他的著作是否出自他人之手都依然是谜。

他的代表作有四大悲剧：《哈姆雷特》《奥赛罗》《李尔王》《麦克白》。著名的四大喜剧：《仲夏夜之梦》《威尼斯商人》《第十二夜》《皆大欢喜》。历史剧：《亨利四世》《亨利五世》《理查三世》。正剧、悲剧：《罗密欧与朱丽叶》，悲喜剧《暴风雨》《辛白林》《冬天的故事》、《佩里克勒斯》。还写过154首十四行诗，二首长诗。

欲速，则不达；见小利，则大事不成

先师孔子曾经说过一句话：“无欲速，无见小利。欲速，则不达，见小利，则大事不成。”这句话有这样一个背景：子夏做了莒父的总管，问孔子怎样办理政事。孔子说：“不要求快，不要贪求小利。求快反而达不到目的，贪求小利就做不成大事。”孔子的意思是，无论做人做事，都不可急功近利，凡事顺其自然，就会水到渠成。的确，总是想着成功的人，往往很难成功；太想赢的人，往往不容易赢。欲速则不达，凡事不能急于求成。相反，以淡定的心态对之，处之，行之，以坚持恒久的姿态努力攀登，努力进取，成功的概率却会大大增加。

事实上，任何事情的发展都是有规律的，人们的主观愿望与实际生活也总是有差距的。就像自然界的植物，它们的成长需要每天接受光合作用，需要接受甘露的灌溉，才能获得成果。每一个生命的成长也如此，千万不要违背规律，急于求成，否则就是欲速则不达。

青少年朋友，即使你渴望取得一个好的学习成绩，即使你希望在未来有所成就，你也不能急于求成，一步一个脚印地努力充实自己，为未来做好积淀，成就自然会迎面而来。

一位渴望成功的少年，一心想早日成名，于是拜一位剑术高人为师。他问师傅要多久才能学成，师傅答曰："10年。"少年又问如果他全力以赴，夜以继日要多久。师傅回答："那就要30年。"少年还不死心，问如果拼死修炼要多久，师傅回答："70年。"

这里，少年学成并非真的要70年，师傅之所以如此回答，是因为他看到了少年的心态，少年可谓是不惜一切想尽快成功，但没有平和的心态，势必会以失败告终。渴望成功、努力追求都没有错，但渴望一夜成名的心态反而会使人欲速则不达。

其实，不光是这个少年，在现实生活中，这些急功近利者也不鲜见，他们凡事追求速度，以至于他们经常在做一件事时还没开始就结束了。急于求成，心态浮躁，往往不会注意做事的品质而常把最简单、最普通的事做砸，何况富有挑战性的大事呢?

青少年朋友们，无论是学习还是做其他事，都不能忘了踏实的原则，要一步一个脚印往前走。任何急功近利的做法都是不明智的，急于求成的结果，只能适得其反，结果只能功亏一篑，落得一个拔苗助长的笑话。你要知道，任何一种本领的获得、一个人生目标的达成都不是一蹴而就的，而是需要一个艰苦历练与奋斗的过程，正所谓"宝剑锋从磨砺出，梅花香自苦寒来"。凡事顺其自然，并不仅仅是你人生路上追逐成功、获得成长应该遵循的原则，更体现了一种随遇而安、不强求的超然。俗话说："强扭的瓜不甜，强求的事难成"，以淡定的心态面对，却往往会水到渠成。

当然，顺其自然，不是一种消极避世的生活态度，而是站在更高层次来俯视生活的一种感觉。

作者链接

孔子（前551—前479），子姓，孔氏，名丘，字仲尼，汉族，春秋末期鲁国陬邑（今中国山东省曲阜市南辛镇）人。

孔子是我国古代的文学家、思想家、教育家，后人常常称其为孔圣人，是中国人心目中的先师，为万世师表。孔子弟子及其再传弟子把孔子的言行语录和思想归纳著为《论语》。居联合国教科文组织评出的“世界十大文化名人”之首。相传曾修《诗》、《书》，订《礼》、《乐》，序《周易》，撰《春秋》。

忧喜更相接，乐极还自悲

西晋初年文学家、思想家傅玄在他的《明月篇》中提出：“忧喜更相接，乐极还自悲。”这句话的含义是，忧和喜，乐和悲，到了极点，就会互相转化。它告诉我们，凡事顺其自然，确实至为重要。同样，青少年朋友们，在你的成长路上，无论遇到什么，都不必太过情绪化，要知道，得意和失意并不是我们所能控制的，但我们可以控制自己的心态，我们只有学会静心，才能以不变的平常心面对世事。

人们常说，生活，就是由各种大大小小的事组成的，按照世俗的标准，任何人的一生，都是充满悲悲喜喜的，有成功，就有失败；有得意之作，也就有失意之作；有过艰辛，当然也伴随着快乐。成功如何？失败如何？其实，这些都是生活的插曲而已。“凡事顺其自然；遇事处之泰然；得意之时淡然；失意之时坦然；艰辛曲折必然；历尽沧桑悟然。”这“六然”的句子，凝集了人生的处世智慧。因此，无论我们遇到什么，我们都不必大悲大喜，以自然的心态面对，你反而会收获难得的快乐！

麦当娜是流行乐坛几十年的大姐，可谓久经沙场，但却在她47岁生日那天乐极生悲。

麦当娜的骑术不错。因为自从结婚后，她开始迷上了乡村生活中的骑术，并一直都在学习。麦当娜的骑马教练理查德·特纳认为：麦当娜是个非常棒的骑手，身手非常灵活和矫健。

在她47岁生日那天，她的老公盖伊·瑞奇送给她一匹马作为生日礼物，她高兴极了。于是她立即跃身上马，准备在老公和孩子们面前一展她的骑士风采。可是，麦当娜对当天所骑的那匹马的性情一点也不熟悉，骑术本来还可以的麦当娜根本无法驾驭这匹烈马，最终从马上摔了下来，造成锁骨和三根肋骨骨折，一只手受伤，被送进医院进行治疗。

麦当娜从马上摔下受伤，就是她乐极生悲的结果，古人言："乐不可及，乐极生悲；欲不可纵，纵欲成灾。"这是妇孺皆知的道理，麦当娜也明白这个道理，但她却在生日当天头脑发热，化悲为喜。乐极生悲一语在中国几乎妇孺皆知，就是因快乐过度而忘乎所以、头脑发热、动止失矩，结果不慎发生意外，惹祸上身，化喜为悲。青少年朋友们，你们应该明白的是，无论遇到什么事，心态一定要调整好，应随时随地、恰如其分地选择适合自己的位置，既不以福喜，也不以祸忧，才能在事情的起承转合上控制好！

当然，凡事追求顺其自然，并不是消极避世，而是站在更高层次来俯视生活的一种睿智。当你做到顺其自然时，那淡然、泰然、必然、坦然、悟然也就水到渠成了。

作者链接

傅玄（217—278），字休奕，北地郡泥阳（今陕西耀县东南）人，西晋初年的文学家、思想家。

傅玄的思想成就主要有唯物论的哲学思想，认识论的朴素唯物主义。傅玄的政治思想成就，主要是"民本"思想。认为"国以民为本"，民安则国安，民危则国危。

傅玄的文学著述颇丰，诗赋、散文、史传、政论无不擅长。传世之作为明代张傅所辑《傅鹑觚集》，傅玄文学的突出成就在诗歌方面，现存

100多首，绝大多数是乐府诗，独树一帜，成就最高。他曾参加撰写《魏书》；又著《傅子》数十万言，评论诸家学说及历史故事。

知足者仙境，不知足者凡境

明代学者洪应明曾说过：“知足者仙境，不知足者凡境。”我们很容易理解这句话的含义，知足者才能幸福。其实，我们自打出生起，都一直在孜孜不倦追求一样东西，那就是快乐，无论是追求财富、名利、地位等，都是为了获得快乐。可悲的是，现实生活中的一些人，总是不安于现状，他们总有无止境的追求，于是，便在这所谓的追逐中失去了原本快乐的自我。

青少年朋友们，在学习的过程中，你可能有过这样的体验：如果你总是第一名，那么，时间一长，你也就失去了成就感；而如果你长期处于中上游的水平，却因为努力学习拿到了第一名，那么，你会感觉自己的努力得到了回报，这种幸福感往往大于前者。其实，一味地收获也不能让你体会幸福，相反，很多幸福的瞬间，是只有失去才能带给你的，因此，学会珍惜，学会知足吧！

有一个学者出门寻找世界上最快乐的人，他走了很远的路，问了沿途碰到的所有人，他们都说自己不快乐。

有一天，学者终于来到皇帝的宫殿，皇帝坐在用黄金做成的椅子上，他身后是一座藏有数不尽金银财宝的巨大宝库。学者问皇帝：“你一定是世界上最快乐的人了！”皇帝愁眉苦脸地对学者说：“怎么会呢？我每天要考虑所有国家大事，外敌正在入侵我的领土，我怕我的大臣起来谋反，我怕小偷偷走我的珠宝，我怕生病，我怕死亡……唉！我是世界上最不快乐的人！”

学者垂头丧气地从皇宫里走出来，顺着原路往家赶。经过一片荒野时，发现前边有人坐在一堆火旁边，一边唱歌，一边烤着什么东西，他走过去一看是一个乞丐，他奇怪地问道："看样子你一定很快乐了？"乞丐答："我捡到了半根香肠，晚上不用挨饿了！我现在是世界上最快乐的人！"

幸福不是获得更多的财富与地位，而是一种知足，懂得知足，就能懂得享受最为简单的幸福。

生活中的大部分人包括一些青少年朋友可能认为，一个人是否快乐、幸福，应该是与其所拥有的财产多少、地位高低成正比的，那些地位显赫、家财万贯的人必定是幸福的。其实不然，我们看那些历代皇孙贵胄，谁不是锦衣玉食、万人朝拜，但又有谁是真的快乐呢？他们得时时为了皇权的争夺而处心积虑，深恐遭到别人的暗算而担惊受怕，没有真正快乐过。就像上面故事中的皇帝一样，就算拥有再多的东西，也没有快乐可言？

诚然，人因为有追求才会有进步，否则就是行尸走肉！但凡事有度，如果太过专注那些虚无缥缈的追求而忽视了眼前的东西，那就本末倒置了。毕竟，不是每个人都能成为比尔·盖茨，也不是每个人都能成为商界精英、政界豪客。所以，要想活得轻松，活得快乐，就要学会舍得，舍弃那些束缚自己的事与物，舍弃永不知足的欲望，那么，你收获的就是一颗平常心，一份淡然的快乐！

总之，青少年朋友们应该明白，我们每个人都要学会"知足"，很多快乐都建筑在这两个字之上，人的一辈子，如果都在不停地满足自己一个又一个目标，却没有一丝一毫的幸福可言，那这样的人生又有什么意义呢？

作者链接

洪应明，字自诚，号还初道人，籍贯不详，有《菜根谭》传世。根据他的另一部作品《仙佛奇踪》，得知他早年热衷于仕途功名，晚年归隐山林，洗心礼佛。万历三十年（1603）前后曾居住在南京秦淮河一带，潜心著述。

第4章

学习篇：努力学点真本事

自古以来，那些在事业上有所成就的人，都有孜孜不倦的学习精神，他们总是利用一切可以利用的时间充实自己。因为他们深知，一个人只有学点真本事，才能应对现实问题，而学习是一个长期的、需要做到点滴积累的过程。每一个青少年，都要树立良好的学习态度和学习方法，只有这样，你才能取得良好的学习效果。

天才就是无止境刻苦勤奋的能力

关于努力学习、勤奋读书的重要性，历来人们已经用很多文字诠释过了，苏格兰散文家卡莱尔曾经说过这样一句话："天才就是无止境刻苦勤奋的能力。"没有艰辛，便无所获，青少年阶段正是一个人吸收知识、积淀自己的最好阶段。每一个青少年，一定要谨记卡莱尔的这句话，努力学习并持之以恒，当你养成一种珍惜时间、努力学习的习惯后，你就能做到自我突破和超越！

在现实生活中，我们每个人都有自己的理想，并渴望成功，而最终能成功的人只不过是极少数，而大多数只能与成功无缘，他们不能成功是因为他们往往空有大志却不肯低下头、弯下腰，不肯静下心来努力学习、从本职工作开始积聚自己的力量。要知道，只有一步一个脚印，踏实、不浮躁的学习，才能为成功奠定基础。而实际上，这正是当今社会一些青少年所欠缺的。有些时候，他们会怨天尤人，给自己制定那些虚无缥缈的终极目标。而任何一个成功者，他们的成功都不是一蹴而就的，他们成功的不变因素都是努力学习。

有人说，李阳是中国教育产业里的比尔·盖茨，因为"李阳疯狂英语"让世界语言教学界为之疯狂。但没有人会想到，"疯狂英语"的创始人李阳，是一个从小自闭、怕说话、连电话都不敢接的人。

其实，李阳一直到读大学的时候，英语成绩都很差，尤其是在口语和听力上。

有一次上课时，李阳被老师叫起来回答一个问题，他明明知道问题的答案，但却因为胆怯说不出来，然后，他对老师说："我可以把答案写在纸上给您看吗？"全班同学哄堂大笑。对此，老师很生气，他说："同学们，你们记住，如果你们不好好学习口语，那么，你们就会像李阳这样。"

"就像李阳这样"，这句话深深地刺激了他。从那时起，他就下定决心，非要把口语练好不可！

后来，李阳想出了一个练习口语的方法。每天早上，他都起得比别人早，然后他跑到学校后面的小山上练习口语，他并不是简单地读英语单词，也不是背诵英语课文，而是大声地叫喊，并且，令人不可思议的是，为了锻炼自己，他在嘴里含了一块石头。

在李阳自己看来，他之所以说不好英语，有两个方面的原因：一是胆怯，不敢说；二是发音问题。喊英语，能练胆子；含石子，能练发音。就这样，李阳坚持不懈地练习口语，风雨无阻。遇见熟人，也不怕别人耻笑，即使别人骂他疯子，他也不在乎。

果然，李阳的努力没有白费。三个月后，李阳不仅能流利地回答出英语老师的问题，甚至还为老师纠正部分错误的发音。时至今天，"李阳疯狂英语"成了英语学习产品当中最响亮的一块牌子。

"无论是目前找工作，还是工作后，都会面对很多想象不到的困难，只有自己有信心面对才能常胜。"成功后的李阳这样说。

李阳的经历再次告诉青少年朋友，勤能补拙，天才并不是生来就是天才，而是后天努力才练就的。青春期，你最大的使命莫过于学习，努力学习积累科学文化知识，才能用知识武装自己，从而更好地完成自己在未来社会的使命。

因此，青少年朋友们，你只有从现在起，树立一个明确的目标并为之努力、奋斗，你才会认识到体内所蕴藏的巨大能力，才能最终实现自己的理想。

托马斯·卡莱尔（1795—1881）是苏格兰的散文家和历史学家，英国19世纪著名史学家、文坛怪杰。他曾任教于爱丁堡大学，辜鸿铭的硕士学位就是在他的指导下取得的。

知识有如人体血液一样宝贵

为了鼓励年轻人学习，高士其先生曾说过这样一句话："知识有如人体血液一样宝贵。人缺少了血液，身体就要衰弱；人缺少了知识，头脑就要枯竭。"的确，任何人的一生，如果不获取知识，他的灵魂就是浅薄的，他的眼光就是短浅的。人们常说"知识改变命运"，现代社会，任何人，都应该积极地汲取各种知识，只有这样，才能不断丰富自己的头脑。同样，每个青少年，你的人生才刚刚开始，若想获得一个成功的人生，就要积累基础知识，全身心投入你现在的生活和学习。未来靠的是现在，现在做什么，怎样做，要达到什么目标，才能决定未来是怎样。因此，你要记住，不要急功近利，努力、认真过好每一天，如此持之以恒，五年、十年过去时就会结出硕果。

我们熟悉的玛丽·居里夫人的丈夫比埃尔·居里同样是青少年们的榜样，他的经历同样告诉生活中的我们，充满热情地学习，会给你带来无穷的力量。

比埃尔·居里于1859年5月15日生于巴黎一个医生家庭里。他在童年和少年时期，并没有显示出与众不同的聪明。那时候的他在性格上好个人沉思，不易改变思路，沉默寡言，反应缓慢，不适应普通学校的灌注式知识训练，不能跟班学习，人们都说他心灵迟钝，所以从小没有进过小学和中学。

为此，父亲常带他到乡间采集动、植、矿物标本，培养了他对自然的浓厚兴趣，学到了如何观察事物和如何解释它们的初步方法。居里14岁时，父母为他请了一位数理教师，他的数理进步极快，16岁便考得理学学士学位，进入巴黎大学后两年，又取得物理学硕士学位。1880年，他21岁时，和他哥哥雅克·居里一起研究晶体的特性，发现了晶体的压电效应。1891年，他研究物质的磁性与温度的关系，建立了居里定律：顺磁质的磁化系数与绝对温度成反比。他在进行科学研究中，还自己创造和改进了许多新仪器，例如压电水晶秤、居里天平、居里静电计等。

一个人爱好学习，勤奋读书，就会学有所获。比埃尔·居里的成功让我们明白，任何人，只要具备了学习的热情，无论外在条件多么艰苦，他们都能汲取到知识带来的营养。而如果你被动的学习，那么，你只能停留在知识的储存和记忆上而不能正确地运用它，你的学习就是低效或者无效的。

每一个青少年，对于自己的未来，都满怀信心，并树立了自己的理想，理想能指导行动，让你的努力有一个明晰的主线，但对于未来的憧憬，你必须落实到今天的努力中。如果你每天都在展望自己的未来而不踏实工作、生活的话，那么，只能让心智沉浸其中，只会陷入人生的陷阱。

作者链接

高士其（1905—1988），1925年毕业于清华大学，1927年获美国芝加哥大学化学学士学位。1930年毕业于美国芝加哥大学医学研究院。他是中国著名科学家、科普作家和社会活动家，中国科普事业的先驱和奠基人。半个世纪以来，高士其在全身瘫痪的情况下，写下了数百万字的科学小品、科学童话故事和多种形式的科普文章，引导了一批又一批青少年走上科学道路，被亲切称为“高士其爷爷”。高士其逝世后，中组部确认他为“中华民族英雄”，国际小行星命名委员会也将3704号行星命名为“高士其星”。

好动与不满足是进步的第一必需品

我们熟识的大发明家爱迪生曾经说过这样一句话：“好动与不满足是进步的第一必需品。”的确，现今社会，知识经济的到来，各种技术日新月异，已经对生活在这个时代的人提出了新的学习要求，如果你没有不断学习的意识，不通过学习了解掌握新技术，那么你跟不上时代的发展是必然的。

列夫·托尔斯泰说：“一个人就好像是一个分数，他的实际才能好比分子，而他对自己的估价好比分母，分母越大，则分数的值越小。”现代社会，任何一个人，都应该认识到自身知识的局限，才能认识到学无止境的含义，才能放开眼界，不断地吸收新的知识。

每一个青少年朋友都是新时代的主人，可能现在的你学习成绩很好，各方面都很优秀，但你千万不能停止学习，激烈的竞争要求你不断进步，而求知与不满足是进步的第一必需品。生命有限，维系成功的唯一法门在于终身学习，在新的方向不断探寻、适应以及成长，这样，你将步入新的高度，否则，你就会被未来社会淘汰。

一个青年问苏格拉底：“怎样才能获得知识？”

苏格拉底将这个青年带到海里，海水淹没了年轻人，他奋力挣扎才将头探出水面。苏格拉底问：“你在水里最大的愿望是什么？”

“空气，当然是呼吸新鲜空气！”

“对！学习就得使上这股子劲儿。”

成功，取决于人的能力；而能力，则取决于人的学习——归根结底，成功取决于学习。不断地学习知识，正是成功的奥秘!但学习来不得半点虚伪，只有把学习融入生活中，引起足够的重视，才能有所成效。

很多时候，人们都会认为，自己获得的知识、技能已经足够多了，而实际上，若我们虚心继续学习，一定是学无止境。同样，青春期的你们，只有趁着年轻努力学习，只有稳扎稳打学好各种知识，才能从从容容地去休闲去游玩去消遣。否则，青少年就开始忙着吃喝玩乐，不干正事，不务正业，那么，只能“书到用时方恨少”，“少壮不努力，老大徒伤悲”了。

总之，每个青少年朋友，都应该有很强烈的进取意识，未来社会，如果你们想提升竞争力，在竞争中脱颖而出并走向成功的话，就必须具备一个前提条件，那就是“好动与不满”，这是每个青少年不断努力、不断进取的动力。相反，不想做得更好，就会做得更差。如果你自甘沉沦，不追求卓越，懒得提高自己的能力，那么，你是不会有所进步的。

作者链接

托马斯·阿尔瓦·爱迪生（1847—1931），美国电工学家、企业家，拥有众多重要的发明专利，被传媒授予“门洛帕克的奇才”称号的他，是历史上第一个利用大量生产原则和工业研究实验室来生产发明专利的人。他拥有超过2000项发明，包括对世界极大影响的留声机、电影摄影机、钨丝灯泡等。在美国，爱迪生名下拥有1093项专利，而他在美国、英国、法国、德国等地的专利数累计超过1500项。1890年创办爱迪生通用电气公司（今通用电气前身）。他是有史以来最伟大的发明家，迄今为止，在世界上也没有一个人打破由他所创造的专利数世界纪录。

学到很多东西的诀窍，就是一下子不要学很多

我们都知道，学习是学生的天职，可能大部分青少年朋友都会被一个问题困扰——怎样才能学好？关于这点，英国哲学家洛克会告诉你：“学到很多东西的诀窍，就是一下子不要学很多。”的确，学习是一项长期的工作，我们不能指望“一口吃一个胖子”。每天进步一点点，看似没有冲天的气魄，没有诱人的硕果，没有轰动的声势，可事实上，却体现了学习过程中一种求真务实的态度，每天进步一点点，是实现完美人生的最佳路径。

1985年，在美国的职业篮球联赛中，洛杉矶湖人队因为队员们出色的球技，拿下冠军已经是手到擒来的事，但在最后的决赛时，湖人队却输给了波士顿的凯尔特人队，这让所有的球员和教练派特·雷利感到十分沮丧。

派特·雷利是一名金牌教练，他不会眼看着这些球员们继续停留在沮丧中，为了鼓励大家重整旗鼓，他说道：“从今天开始，我们能不能各个方面都进步一点点，罚篮进步一点点，传球进步一点点，抢断进步一点点，篮板进步一点点，远投进步一点点，每个方面都能进步一点点？”球员不假思索地答应了他的要求。

接下来，派特·雷利带领球员们进行了为期一年的训练，这一年内，所有球员始终抱着让自己“进步一点点”的精神，不断地提高自己的球技。

终于，就在第二年，也就是1986年的美国职业篮球联赛中，湖人队轻轻松松地夺得了冠军。

派特·雷利在庆功时，对所有球员们说：“我们今天之所以能成功，绝非偶然，当初，我说我们要做到每天进步一点点，是啊，我们一共有12

位球员，有五个技术环节，每个环节我们进步1%，所以一个球员进步了5%，全队就进步了60%，在球技上处于巅峰的湖人队，提升了60%，甚至更高，所以我们获得出人意料的成绩是理所当然的。”

看完湖人队取得成功的故事，青少年朋友们，你应该有所启示，只要你每天进步一点点就已经足够，因为成绩并不是最后那张考卷上的分数，“不进则退”，只要是在前进，无论前进多么小的一点都无妨，但一定要比昨天前进一点点。人生也必须每天持续小小的努力，才能有所成就。

的确，知识的积累，就像建造房子，从砖到墙、从墙到梁，是一个循序渐进的过程。对于青少年朋友们来说，学习是一个循序渐进的过程，知识的得来不是一蹴而就的，也不是下了决心就能获得的，这是一个长期的过程。实际上，无论是学习还是追求人生目标，水滴就能石穿，每天进步一点点，并不是很大的目标，也并不难实现。也许昨天，你通过努力学习获得了可喜的成绩，但今天你必须学会超越，超越昨天的你，你才能更加进步，更加充实。

作者链接

约翰·洛克，英国哲学家、经验主义的开创人，他于1632年出生于英国，从小受到严格的教育。1646年洛克在威斯敏斯特学校接受了传统的古典文学基础训练。1652年克伦威尔主政期间，洛克到牛津大学学习，并在那儿居住了15年。1656年洛克获得学士学位，1658年获硕士学位。后来他还担任过牛津大学的希腊语和哲学老师。在牛津期间，洛克对当时盛行于校园内的经院哲学不感兴趣，反而比较喜欢笛卡尔的哲学以及自然科学。他在36岁时曾入选英国皇家学会。也正是由于洛克的哲学观点不受欢迎，他最后决定从事医学研究。

读万卷书，行万里路

北宋刘彝曾说过：“读万卷书、行万里路。”这句话的含义是，学习的最终目的是学以致用。对于青少年朋友来说，社会才是人生真正的战场，才能历练出一个真正的人才。的确，人类社会发展到今天，是否拥有动手能力和创新精神已成为一种判定人才的标准，这更是一种时代精神。哈佛大学的一位专家也指出：学校里学的东西是十分有限的，在工作中和生活中所需要的相当多的知识与技能，完全要靠我们在实践中边学边摸索。社会是更大的一本书，需要经常不断地去翻阅。作为新时代未来接班人的青少年朋友们，也应该注意在学习的时候，将理论与实践结合起来，这样的学习才是智慧的学习。

美国马里兰州的温顿小学为了让学生懂得珍惜粮食、同情穷人，给孩子开设了三天的“要饭课”：吃午饭的时候，这些孩子会扮为乞丐或者穷人，到学校开设的大锅前排队领取食品，而他们领到的，并不是美味的料理，更不是能填饱肚子的汉堡，而是一些难以下咽的水煮土豆。学校还会组织学生听一些讲座，这些讲座讲的都是美国人过去的艰苦生活，告诉学生们，就在经济发展水平领先于世界的现在的美国，每年还有至少100万以上的人无家可归。而在全世界，生活在贫困当中、靠乞讨为生的贫困人群至少有2亿人之多。

走向社会是每个青少年必将经历的人生课题，参加社会实践，能让你们在成长道路上既开阔视野，又增长智慧，最重要的是，能通过亲身感知社会现实状况，从而珍惜现在的生活，逐渐独立起来，形成良好的品质和人格。

当然，参加社会实践，绝对不能是什么形式主义，更不是走过场。如果你真的参与到实践过程中，你会发现，你也许会受到某些皮肉之苦，但获得更多的却是乐趣，这些乐趣是在家庭生活和学校生活中无法体验的。

真正的知识是对于一种事物发展规律的正确认识和经验。如果你从没吃过苦，那你的所谓知识只能是书本上的“死”知识，而不是生活中真正的知识，那么，你都无法自立，更别说经受得住社会的洗礼了。

为此，在假期，你可以给自己找一份工作，比如当小时工、捡废品、卖报纸、送外卖等，因为这些工作不仅考验的是你的工作态度，还能接触到各行各业、各个阶层的人，并且，它们不需要太大的体力，适合青少年。另外，你还可以从中获取一定的报酬，当你通过自己的劳动挣到工资时，你会产生一种成就感，你也能体验到父母赚钱的辛苦，你的感恩意识会油然而生，在日后的生活中，你也能逐渐改正花钱大手大脚的习惯。总之，这些不起眼的工作，能让你学习到很多东西。

总之，每一个青少年朋友，即使你的学习成绩再好，如果你没有动手能力，那么，你也只能如襁褓中的婴儿一样需要他人为你遮风挡雨。将理论知识运用到实践当中，那么，你获得的不仅是知识，还有能力。

作者链接

刘彝（1017—1086），字执中，福州（今福建省长乐县）人，北宋著名水利专家。生于宋真宗天禧元年，卒于哲宗元祐元年，年70岁。著有七经中议170卷，明善集30卷，居阳集30卷，均《宋史本传》并传于世。

读一本好书，就是和许多高尚的人谈话

数学家笛卡尔说：“读一本好书，就是和许多高尚的人谈话。”的确，书籍是人类进步的阶梯，是智慧的源泉，而对于青少年朋友来说，读书是获取知识、开阔眼界的根本途径。很多青少年朋友在小时候对书籍的好奇以及兴趣经常被以父母为中心的家庭教育扼杀了，有些家长认为“成

绩才是王道。”“应该把精力放在学习上，阅读太多影响学习”，另外，繁重的学习压力也让他们无暇顾及课外阅读。而实际上，作为青少年自身，你要明白，读好书也是学习的一部分，你不仅会因此开阔眼界，还能在书中培养自己宽广的胸怀。

我国著名的马克思主义经济学家、《资本论》最早的中文翻译者王亚南，从小就酷爱读书。他在读中学时，为了争取更多的时间读书，特意把自己睡的木板床的一条腿锯短半尺，成为三脚床。每天读到深夜，疲劳时上床去睡一觉后迷糊中一翻身，床向短脚方向倾斜过去，他一下子被惊醒过来，便立刻下床，伏案夜读。天天如此，从未间断。结果他年年都取得优异的成绩，被誉为班内的“三杰”之一。

1933年，王亚南乘船去欧洲。半途中，突然刮起了大风，顿时巨浪滔天。当时，王亚南正在甲板上看书，他的眼镜被风吹走了，他赶紧求助于旁边的服务员说：“请你把我绑在这根柱子上吧!”

听到王亚南的话，服务员不禁笑了起来，因为他以为王亚南是害怕自己被巨浪卷到海里去。谁知道，当他真的将王亚南绑在柱子上时，王亚南居然翻开书，聚精会神地看起书来。船上的外国人看见了，无不向他投来惊异的目光，连声赞叹说：“啊！中国人，真了不起！”

每个青少年朋友都应该学习王亚南的读书精神，并要逐渐在生活中培养读书的习惯，长此以往，你必定会爱上阅读。其实，爱上阅读并不是什么难事，关键是你要学会读什么书，怎么读书，慢慢养成良好的读书习惯，你就会爱上读书。当然，你不必刻意追求读书的数量。

约翰逊医生说：“一个人的后半生取决于他读到的第一本书的记忆。”因此，你需要记住，如果一本书不值得去阅读，就大可以不读，否则，你只会让自己装了一肚子的书，却解决不了生活中的一个小问题。对此，你可以询问父母，让父母引导自己找出喜欢并优秀的文学作品，而不要浪费时间阅读垃圾文字。

另外，要学会带着感情阅读，这有利于培养自己表达能力以及想象力。另外，你还可以写一些读书笔记，写出自己的感受。再者，睡前阅读是最佳阅读时机，浅睡眠时期最容易进行无意识的记忆，因此睡前的阅读一定要把握好。

笛卡尔，著名的法国哲学家、科学家和数学家。西方近代哲学的奠基人之一，解析几何的创始人。1596年3月31日生于法国安德尔·卢瓦尔省的图赖讷，1650年2月11日逝于瑞典斯德哥尔摩。他对现代数学的发展做出了重要的贡献，因将几何坐标体系公式化而被认为是解析几何之父。他还是西方现代哲学思想的奠基人，是近代唯物论的开拓者，提出了“普遍怀疑”的主张。他的哲学思想深深影响了之后的几代欧洲人，开拓了所谓“欧陆理性主义”哲学。

有教养的头脑的第一个标志就是善于提问

普列汉诺夫曾说：“有教养的头脑的第一个标志就是善于提问。”这句话道明了提问在学习知识过程中的重要性。因为勇敢地提问，你才能对知识的理解更深刻、更全面，而对于青少年来说，可能你已经习惯了“填鸭式”“灌输式”的教育方式，你已经习惯了在老师或者父母的监督下学习，一直处于被动学习的状态。而事实上，这已经是一个终身教育时代，学习已经成为一个人一辈子的事情。联合国教科文组织出版的《学会生存》一书中指出：“未来的‘文盲’不再是不识字的人，而是没有学会怎样学习的人。”随着时代的进步、知识更新换代之快，你如果不想被时代抛弃，你就必须转变自己的学习观念。因此，你必须学会主动学习，而主动学习的一个重要方法就是要多问。

孔子一直被中华儿女尊称为“孔圣人”，他有弟子三千，并有《论语》传世。孔子是个学识渊博的人，但却还一直很好学，并且常常“不耻下问”。

一次，他和弟子们去太庙祭祖。一进太庙，孔子就对很多问题产生了好奇心，于是，他就问这问那。

于是，有人笑道：“孔子学问出众，为什么还要问？”

孔子听了说：“每事必问，有什么不好？”

他的弟子问他：“孔圉死后，为什么叫他孔文子？”

孔子道：“聪明好学，不耻下问，才配叫‘文’。”

弟子们想：“老师常向别人求教，也并不以为耻辱呀！”

这就是孔子“不耻下问”的故事，一个学问如此渊博的人都谦逊于人、善于提问，那么我们呢？

事实上，青少年阶段的学生已经不是儿童了，他们的自主意识相对于儿童来说更强，在学习上表现得尤为明显，他们对于老师的话、书本上的知识在接受的同时，也不再像小学的时候全盘接受，他们对自己不明白的问题，有时候会产生质疑，并试图找出正确的答案。因此，在学习时，如果你有疑问，就要大胆地提出来，这是勤于思考的表现，这表明你有了初步的创新意识，产生了创新的冲动。

许多成功的人，都是善于思考的。牛顿通过对苹果落地现象的质疑产生了关于重力的思想。爱因斯坦通过对太阳的质疑产生了关于相对论的思想。爱迪生因为最爱向老师问“为什么”而成为伟大的发明家。一个只知记忆，不善思考，不敢质疑问题的学生并不是好学生，不会有创新能力，只能是一个平平庸庸的人。为此，要想让自己有所突破的话，就要多思考，比如，在做数学题的时候，你可以多找出其他解决难题的方法。

另外，如果你有疑问，你一定要大胆地说出来，一个人具有想象力才敢于质疑，没有想象力的人就像一潭死水，没有生机和活力。为此，你要敢于说出自己的想法，遇到问题要敢于打破常规，发挥自己的想象力。凡事没有标准答案，敢于提出不同的答案和见解，久而久之，你就能培养出善于想象的习惯了。

作者链接

格奥尔基·瓦连廷诺维奇·普列汉诺夫，俄国社会民主工党总委员会主席，早年是民粹主义者，在1883年后的20年间是俄国马克思主义政党的创始人和领袖之一，是最早在俄国和欧洲传播马克思主义的思想家，俄国和国际工人运动著名活动家，十分受列宁尊敬。但1903年俄国社会民主工党第二次代表大会后他渐渐与布尔什维克分道扬镳，转向孟什维克主义，第一次世界大战的时候又支持民族主义，此后对十月革命又持反对态度。

你想成为幸福的人吗？那么，请先学会吃苦

屠格涅夫曾说：“你想成为幸福的人吗？那么，请先学会吃苦。”对于青少年朋友来说，你不要忘记现在你的主要任务就是学习，而学习从来都不是一件轻松的事，愿意吃苦并且能吃苦，你才能做好知识的积累，也才能最终实现卓越。

美国历史上最伟大的总统罗斯福，从小就患有小儿麻痹症。像这样一个人，他通过比常人更加艰苦努力的奋斗，在美国获得广泛的人心与支持，成为美国历史上唯一一位连任四任的总统，四次实现了孩提时的梦想！

罗斯福虽然有身体方面的缺陷，但却有着奋斗的精神。事实上，正是因为身体缺陷的存在，才促使他更加努力奋斗。即使他被同学嘲笑，

他也没有失去勇气，他咬紧自己的牙使嘴唇不颤动从而克服了惧怕心理。

他很清楚地明白自己身上存在的缺陷，他从不自欺欺人，但他并不因为这点退缩、自卑，他告诉自己要做个勇敢的人，他相信，只要自己肯付出努力，就一定能获得成功。

在后来的演讲中，虽然他并没表现出任何惊人的地方，但他不因自己的声音和姿态而遭失败。他的声音并不是那么的洪亮，他的姿态也不是那么的威严，甚至可以说，他的辞令也不是惊人的，然而，就在当时，他却是人们眼中最出色、最有力量的演说家之一。

听完罗斯福的故事，青少年朋友们是不是有所启示，一个人，昨天怎么样并不重要，重要的是今天，从今天起，开始挖掘自己的求知欲，并努力学习，你就能最终获得成功。爱因斯坦说："人的价值蕴藏在人的才能之中。在天才和勤奋两者之间，我毫不迟疑地选择勤奋，她是几乎世界上一切成就的催产婆。"梦想的实现是一个过程，是将勤奋和努力融入每天的生活中、工作和学习中，它没有捷径，它需要脚踏实地。

可能每个青少年都有很多幻想，他们豪情万丈、为自己编织着美好的未来，或希望自己成为某个行业的精英，或拥有自己的事业等，树立理想是好事，它可以匡正你的言行，让你的努力有一个明晰的主线，但无论如何，你千万要记住，只有脚踏实地才是实现梦想的唯一途径，对理想的憧憬，也千万别过了头。

其实，生活中，那些成功者往往是那些做"傻"事的笨人，输得最惨的也是那些聪明人，那些笨人深知自己不够聪明，所以他们努力学习、埋头苦干，最终他们如愿以偿了。而聪明人做事时则不肯下力气，总想着要小聪明，投机取巧，所以往往输得很惨，所以智慧和实干比起来，实干更加不可或缺。因此，梦想的实现必须扎根在现实的土壤上。任何一个怀揣梦想的青少年都应该让自己沉下心来进入角色，越早进入就意味着你成熟了一些，离梦想的实现更近了一步。

作者链接

伊凡·谢尔盖耶维奇·屠格涅夫，是19世纪俄国有世界声誉的现实主义艺术大师，他的小说不仅迅速及时地反映了当时的俄国社会现实，而且善于通过生动的情节和恰当的言语、行动，通过对大自然情景交融的描述，塑造出许多栩栩如生的人物形象。他的语言简洁、质朴、精确、优美，为俄罗斯语言的规范化做出了重要贡献。

没有方法能使时钏为我敲已过去了的钟点

诗人拜伦曾说过一句话：“没有方法能使时钏为我敲已过去了的钟点。”这句话告诉所有青少年朋友，学习是一个长期的过程，需要你做到珍惜一点一滴的时间，并学会合理支配时间，才能形成一种能力，这样，你才会掌握学习的主动性，从而高效地学习，最终你会受用一生。

有人说，年轻是资本，但这个资本不是拿来挥霍的，而是拿来珍惜的，拿来充实自己的，只有珍惜每一天的时间学习，从一点一滴累积好成功的资本，你才会问心无愧。事实上，中国人珍惜时间、努力学习的品质，自古有之。

李贺是一位遭遇不幸的天才诗人，但他懂得珍惜有限的生命。

在他很小的时候，他就有满腔抱负，他曾经作诗明志：“少年心事当那云。”（《致酒行》）他酷爱读书，勤于写作，就连出门骑在驴上的时候，也经常见他吟诵思考。母亲曾十分疼爱地责备他：“你一定要把心血呕出来才罢休吗？”

当时，和他同龄的一些纨绔子弟，整日花天酒地、不思进取，为此，看不惯的李贺便作诗劝诫，诗中写道：

少年安得长少年，海波尚能变桑田。

荣枯递传急如箭，天公不肯于公偏。

莫道韶华镇长在，发白面皱专相待。

李贺惜时如金，醉心创作，他留于后世的200多首诗作，都是呕心沥血的艺术结晶。

诗人李贺规劝那些少年们不要虚度光阴。岁月陡转，光阴似箭，时间对于任何人来说都是公平的，因此，即使现在的你正值青春年华，但它并不是永驻的，因此，你必须趁早学习、努力学习，充实自我。

我们都知道，很多青少年在智力上并没有太大的差别，但学习效果却有很大的不同，这是为什么呢？其中一个很重要的原因就是他们对待时间的态度和方法不同。学习成绩优异者更重视时间，也能比较合理地支配时间，而那些学习成绩差的人则时间观念比较差，或不懂得如何安排自己的时间学习。

但事实上，很多青少年时间观念并不强，总是希望自己的生活和学习被老师和家长安排得妥妥当当，长此以往，他们会形成一种依赖心理，而这对于他们的身心发展是极为不利的。为此，青少年有必要从现在开始认识到时间的重要性并学会合理安排自己的时间。比如，可以为自己制订一份作息时间表，如早晨6点半起床，7点半准时出门……晚上10点前上床睡觉，保证自己有充足的睡眠时间并持之以恒，逐渐培养一种守时惜时的习惯，那么时间意识、时间观念的培养是水到渠成的事情。

总之，“一寸光阴一寸金，寸金难买寸光阴”，作为青少年，一定要从小培养自己的时间意识，能帮助你学会珍惜时间和管理时间，从而真正成为时间的主人。

作者链接

乔治·戈登·拜伦（1788—1824），是英国19世纪初期伟大的浪漫主义诗人。其代表作品有《恰尔德·哈罗德游记》、《唐璜》等，他的诗歌里塑造了一批“拜伦式英雄”。拜伦不仅是一位伟大的诗人，还是一个为理想战斗一生的勇士，他积极而勇敢地投身革命，参加了希腊民族解放运动，并成为领导人之一。

百学须先立志

朱熹先生曾告诫我们“百学须先立志”。的确，对人生有了明确的目标，经过努力奋斗，就会得到预料之中或预料之外的喜悦收获。而对于每个人来说，天赋是不平等的，有的人可以靠与生俱来的天赋而轻而易举的获得成功；有的人却要靠勤勤恳恳的努力才能取得胜利。但这并不妨碍我们朝所憧憬的未来进发，一路上不免会有坎坷，可梦想会支持我们向那心中的目标靠近。

的确，有理想、有追求、有上进心的人，一定都有一个明确的奋斗目标，他懂得自己活着是为了什么，因而他的所有的努力，从整体上来说都能围绕一个比较长远的目标进行，他知道自己怎样做是正确的、有用的，否则就是做了无用功，或者浪费了时间和生命。显然，成功者总是那些有目标的人，鲜花和荣誉从来不会降临到那些没有目标的人头上。

可能有些青少年会认为自己年纪尚轻，励志为时尚早，而实际上，一个人只有尽早树立目标，才能尽早付诸行动，才能找到努力的方向。因为目标不会凭空实现，不采取具体步骤，就不可能发生任何事情。

柳宗元从小就在书法方面显示出过人的天赋，他写的字远近闻名。于是，渐渐地，他开始变得骄傲自满起来。直到有一天，他遇到了一个老人，老人写的书法比他的还要好，他才明白天外有天，人外有人，更让他惊讶的是，老人没有双手，他是用脚写的，竟也比他好。从此，他时时把

“戒骄”记在心中，他勤奋练字，虚心学习，终于练得了一手好字，成为一代书法家。

从柳宗元的故事中，我们可以得出一点，人在学习前，必须首先找到一个方向，必须先励志，人励志，一定要趁早，一个人，没有目标，就像断了线的风筝，不知前方的路该怎么走；一个人，没有目标，就像一艘没有舵的轮船，只能随波逐流。

人只有树立了目标，内心的力量和头脑的智慧才会找到方向。目标是对于所期望成就的事业的真正决心。如果一个人没有目标，就只能在人生的旅途上徘徊，永远到不了任何地方。正如空气对于生命一样，目标对于成功也有绝对的必要。如果没有空气，人就不能生存；如果没有目标，没有任何人能成功。

当然，在树立目标之后，还必须要做到努力学习，这是实现目标的唯一途径，只有不断努力，我们才能检验出自己的创造性，才能锻炼自己，造就自己。因此，青少年朋友们，只有从现在起，树立一个明确的目标并为之努力、奋斗，你才会认识到体内所蕴藏的巨大能量，才能最终实现自己的理想。

作者链接

朱熹（1130—1200），字元晦，汉族，祖籍南宋徽州府婺源县（今江西省婺源），南宋著名的理学家、思想家、哲学家、教育家、诗人、闽学派的代表人物，世称朱子，是孔子、孟子以来最杰出的弘扬儒学的大师。朱熹是宋代理学的集大成者，继承了北宋程颢、程颐的理学，完成了理气一元论的体系。

第5章

学习篇：活到老要学到老

从远古到近代文明，从原始社会一直到社会主义社会，5000多年的华夏文明，历史的长河浩浩荡荡、势不可当。此间，人类的发展、进步，都离不开一个亘古不变的主题——学习。学习同样也是一个人获取进步的最重要的途径，为此，每个青少年朋友，都要坚定“奋斗不息，学习不止”的信念，日复一日，沿着知识的阶梯步步登高，养成丰富自己、重视学习的习惯。世上没有绝对的成功，只有不断的努力学习，才能让你的成功之路走得更快更远。

吾生也有涯，而知也无涯

庄子曾说过这样一句话：“吾生也有涯，而知也无涯。”这句话是想告诉我们，人的生命有尽头，而知识是永无止境的。所以我们才要活到老，学到老。尤其是科学技术飞速发展的今天，知识已经成为一个人、一个企业，甚至一个国家能否在竞争中制胜的重要因素。而知识尤其是信息技术的更新速度之快，常常让我们应接不暇。

每一个青少年朋友应该有一种危机意识，从现在起，如饥似渴地去学习、学习、再学习，把学习当成一辈子的事，才能使自己丰富和深刻起来，才能赢得灿烂的明天和成功的未来。要不断进取、发挥才能，否则将被淘汰。

实际上，在中国古代，先驱们就深知这个道理。

上古时代，有一次，黄帝带领了几个随从，要去贝茨山见大傀，但路途太遥远了，走到一半，他就迷路了，不知道该往哪个方向继续赶路。碰巧，他遇到了一个放牛娃。

于是，黄帝问小孩：“孩子，你知道哪条路才是通往贝茨的吗？”

牧童说：“知道呀!”说完，他指点了一个方向。

黄帝又问：“那你知道大傀住哪里吗？”

他说：“知道啊！”黄帝听到牧童这么说，很是奇怪，这么一个小小的孩子，怎么可能什么都知道，肯定是撒谎，于是，他接着问：“你知道如何治国平天下吗？”

那牧童说："知道，就像我放牧的方法一样，只要把牛的劣性去除了，那一切就平定了呀!治天下不也是一样吗？"

黄帝听后，十分佩服，这么一个小孩子，居然能通晓这样的道理，真是后生可畏，原以为他什么都不懂，却没想到这小孩从日常生活中得来的道理，就能理解治国平天下的方法。

这一启示告诉青少年朋友们，活到老，学到老，终身学习，才能不断进步。一切事物随着岁月的流逝都会不断折旧，他们赖以生存的知识、技能也一样会折旧。唯有虚心学习，才能够成功掌握未来。求知与不满足是进步的第一必需品。

青少年朋友们，你要明白，真正的知识是没有尽头的，就如庄子所说："吾生也有涯，而知也无涯"。如若你想不断适应变化速度逐渐加快的现今社会，就必须学习无止境，把学习当成一生的事业，并把这项事业贯彻到每天的生活中，如衣食住行一般。

要坚定"奋斗不息，学习不止"的信念，日复一日，沿着知识的阶梯步步登高，养成丰富自己、重视学习的习惯。世上没有绝对的成功，只有不断的努力，才能让你的成功之路走得更快更远。

作者链接

庄子（前369—前286），姓庄，名周，先秦（战国）时期伟大的思想家和哲学家、文学家，宋国蒙（今安徽蒙城，又说河南商丘东北）人，道家学说的主要创始人之一。庄子祖上系出楚国公族，后因吴起变法楚国发生内乱，先人避夷宗之罪迁至宋国蒙地。庄子生平只做过地方漆园吏，因崇尚自由而不应同宗楚威王之聘。他是老子思想的继承者和发展者。后世将他与老子并称为"老庄"。他们的哲学思想体系，被思想学术界尊为"老庄哲学"。代表作品为《庄子》，名篇有《逍遥游》《齐物论》等。

学习，永远不晚

我们常常听到这样一句话：“学习，永远不晚”，这句话出自高尔基，他告诉我们，只要你愿意学习，什么时候都不晚。然而，生活中，总有人感叹：不行啊，无奈啊，没办法啊，因为来不及了……真的来不及了？既然无力改变又何必总是埋怨？如果埋怨、不满，又为何不去努力学习？

对于青少年朋友而言，你的人生才刚刚开始，只要你想学习，那么，就没有什么来不及。只要你立即行动、努力地去学习，而不只是把它当成一个遥不可及的梦想，你就能实现，相反，如果你只是幻想而不付诸实践的话，你只能感到莫大的遗憾。

生活中，我们常听到人们说“少壮不努力，老大徒伤悲。”“不学便老而衰”等名言警语，都是激励年轻人勤奋好学，奠定一生事业的基础，这无疑是正确的。但也确有一些人由于某些客观原因，如受社会、家庭、环境等因素影响，个人才能没有得到展现，从而失去了“黄金时期”。那么是不是就该空留长叹、灰心丧气呢？西汉经学家刘向说：“少而好学，如日出之阳；壮而好学，如日中之光；老而好学，如秉烛之明。”日本学者佐藤一斋对这段话有新的理解和发展，他说：“少小而学，及壮有为；壮年而学，及老不衰；老年而学，及死不朽。”不管什么人，只要肯学习，总会有成果，就像春种秋收，总会有收获一样。古希腊哲学家苏格拉底说：“无论何等之老人，学其所不知者，决非耻辱之事。”在这方面，历史上的许多名人为我们做出了榜样，留下了佳话。

三国时吴国名将吕蒙幼年时家境贫困，没有读过什么书，后来，在军队里领兵打仗，也很少读书，文化水平不高的他，难免受到其他将领的轻视。吴王劝吕蒙要多读书，吕蒙说行军打仗，哪有时间读书，吴王举了汉光武帝刘秀即使在兵荒马乱中，也不忘学习的事例来启发吕蒙。吕蒙听了孙权这一番话，很受感动，从此认真读书，孜孜不倦。不久，他读的书甚至超过了一般的读书人。吴国大谋士鲁肃也非常佩服吕蒙，说“士隔三日，当刮目相看”，在自己临终时，还推荐吕蒙接替自己，担任了吴国大都督。

吕蒙的故事再次告诉我们，只要你愿意学习，什么时候都不晚。当然， 认为“学习晚了”是因为我们有个根深蒂固的想法，以为年龄增大免不了脑子衰退。其实，研究发现，老人的脑仍然功能惊人。英国生理学家科斯塞利斯和米勒经研究得出了结论：人的大脑受训练越少，衰老也就越快。他们认为，人的脑子紧张工作开始得越早、持续的时间越长，脑细胞的老化过程也就越慢。

青少年朋友，你是否有所启示？你是否还在感叹自己基础差？你是否还在犹豫要不要尝试一项新的学习课程？只要你愿意学习，并即刻行动、持之以恒，下一刻也许就是成功！

作者链接

高尔基，社会主义、现实主义文学奠基人，政治活动家，“无产阶级革命文学导师”，高尔基曾当过学徒、搬运工、面包工人等。190世纪80年代在喀山参加持民粹派观点的知识分子秘密学习小组，1883年开始过流浪生活。

好奇心造就科学家和诗人

“好奇心造就科学家和诗人”，这是法国社会活动家法朗士的一句话，这句话的含义是，兴趣能指引人们产生求知欲，帮助人们获得更多知识。的确，人作为一种生物，所有的行为都是直接或者间接按照自己意志去行动的，而这一切都必须要有足够的动机——可能外界的压迫或者一时的发愤可以暂时充当这种动机，但是任何纯被动的行为是无法持续太久的。只有有了内在的动力——兴趣，学习的行为才能够高效地持久下去。

很多青少年朋友之所以会热衷于玩，而不愿意学习，就是因为没有学习兴趣，没有兴趣，就没有探究的精神和动力。科学研究表明，人一旦对某种活动产生了兴趣和热情，就能提高这种活动的效率。一个学生问诺贝尔物理学奖得主丁肇中教授为何选择物理时，丁教授这样回答："人应该按照自己的兴趣来做，所以我选择了物理。"

在世界文学史上，莎士比亚无人不知、无人不晓，他是英国伟大的戏剧家和诗人，他毕生创作了37部戏剧。他所创作的《罗密欧与朱丽叶》的剧情让无数人动容。

莎士比亚7岁时就开始读书，但他并不喜欢那些古板的祈祷文，而偏爱那些用拉丁文写的历史故事。

每年的五月份是莎士比亚最喜欢的时间，因为每到这时候，就有戏班子演出，莎士比亚是他们的忠实粉丝，他总是如痴如醉地观看每一场演出，直到戏班子离开。

14岁那年，莎士比亚结束了他的学校生活，他不得不出来谋生，他做过很多工作，在父亲的店铺里打过工，在码头做过货物搬运工，也做过售货员，但他发现，自己对这些工作一点兴趣也没有，这是因为在他的心中，对戏剧的热情一直没有磨灭。

后来，莎士比亚在戏院找到了一份打杂的工作，他主要的任务是看管那些有钱人的马车和衣帽，在后台给戏剧演员们服务，但就是这样，他已经很开心了，因为他可以直接接触到戏剧了。一有时间，他就看演员们排练，这里，成了他的戏剧学校。这里也孕育了一位名垂青史的戏剧大师。

1592年的新年，对于莎士比亚来说是个难忘的日子，他的剧本《亨利六世》在伦敦最大的三家剧场之一——玫瑰剧场上演，莎士比亚一炮打响了。很快《理查三世》《威尼斯商人》《温莎的风流娘儿们》《哈姆雷特》《奥赛罗》《李尔王》相继上演。悲剧《哈姆雷特》的轰动效应，更使莎士比亚登上了艺术的顶峰。

莎士比亚为什么能在戏剧上取得如此巨大的成就？可以说，是求知欲推动他不断学习、不断拼搏和努力的，最终，他成就了自己的梦想，达到了人生的辉煌。

可能有人会说，现在除了对学习没兴趣外，对其他事都有兴趣，比如看小说、玩游戏等，但你要学会将自己的爱好与学习结合起来，因为任何一项爱好，如果没有理论知识做基础，都会失去实现的可能。为此，你要告诉自己："要想当个作家，只有努力学习，掌握理论知识，才能提升自己，才能朝着梦想迈进一步。"

作者链接

阿纳托尔·法朗士（1844—1924），法国作家、文学评论家、社会活动家。法朗士的散文平如秋水，含蓄隽永，韵味深长。他生于巴黎一书商家庭，少年时的法朗士经常替父亲编写书目、图书简介等，置身于书海之中。1873年出版第一本诗集《金色诗篇》，尔后以写文学批评文章成名，1881年出版《波纳尔之罪》，在文坛上声名大噪。以后他写了一系列的历史题材小说。

圣人无常师

唐代韩愈曾说过："圣人无常师"。这句话的含义是，圣人没有固定不变的老师。比喻无论是谁，只要有长处，就向他学习。人的认知总是有限的，通过拜师获取知识是个有效的途径。

我们都知道，成长阶段的青少年朋友，最大的任务莫过于学习科学文化知识，但这并不代表你们应该把所有精力都放到书本知识的学习中，相反，你不应该限制自己的眼界，而应该重视任何一个可以学习知识的渠道。我们尊重的很多先贤们都是这样做的。

南北朝时杰出的农业学家贾思勰的《齐民要术》闻名于世。但是，这样一位有学识的科学家，还向当时被一些人认为最低等的农夫求教。一些人冷嘲热讽地说："赫赫有名的贾思勰，怎么还向羊倌求教，岂不太失体面了吗？"但贾思勰毫不在意，坚持像小学生那样，拜能者为师。

贾思勰的这种学习精神，值得所有青少年朋友学习。除了在学校的学习外，社会实践中有更多你不曾了解的知识；除了教你书本知识的人民教师外，每一个社会成员，无论是你的父母、邻居还是陌生人，他们都是值得你学习的老师。

要想成为一个有众多老师的人，你首先必须要做到主动学习。萧伯纳有一句名言："明白事理的人使自己适应世界，不明白事理的人想使世界适应自己。"人都是在这种主动的不断调整、不断适应的过程中成长的。那些被动学习和工作的人，总是郁郁不得志。相反，那些积极上进勇于创新者，也许常有一时的困顿，但最终都能拥有一个比较辉煌的前景。

另外，你还应该善于从他人身上汲取知识和经验。像牛顿这样的科学家，在概括自己的科学理论成果时都说，他是站在巨人肩上的矮子。牛顿当然不是矮子，而是巨人，但他确实是站在前人的肩上的。没有牛顿对前人知识的学习、吸收和批判，就不可能有牛顿的科学理论创新。每个青少年朋友都需要多看书和参加社会实践，多了解一些生活规律，用前人的经验来充实自己。

作者链接

韩愈（768—824），字退之，河内河阳（今河南孟州）人。唐朝文学家、思想家、政治家，唐宋散文八大家之一，唐代古文运动的倡导者。苏轼称他为“文起八代之衰”，明朝的人列他为“唐宋八大家”之首。晚年任吏部侍郎，又称韩吏部。谥号文，又称韩文公。他是中唐古文革新运动的主将，他与柳宗元同为“古文运动”倡导者，故与其并称为“韩柳”。

人若志趣不远，心不在焉，虽学无成

北宋哲学家张载曾说：“人若志趣不远，心不在焉，虽学无成。”这句话的含义是，一个人如果没有远大的志向，精神不集中，即使学习也不可能有太大的作为。也就是说，一个人若想在学习上有所成就，必须要做到两点：远大的志向和认真的学习。当然，相对于学习阶段的青少年朋友来说，现阶段主要任务是学习，在学习上，只有专注，才能摒除外界对你的干扰，这也是你需要坚持的原则之一。

国学大师陈寅恪在一次演讲中送给青年人一句话：“心有浮躁，犹草置风中，欲定不定。”他告诫学生要自定心神，集中精力，清除浮躁，专注功课。对于少年来说，学习是最重要的任务，而学习并不是一件轻松的事，它需要你不断坚持、不断探求，这样才能不断进步。同时还需要你有严谨的思维、踏实的学习精神，千万不能浮躁。大书法家王羲之就是个专注于学习的人。

王羲之小时候练字十分刻苦。据说他练字用坏的毛笔，堆在一起成了一座小山，人们叫它“笔山”。他家的旁边有一个小水池，他常在这水池里洗毛笔、冲砚台，后来小水池的水都变黑了，被人们叫做“墨池”。

长大以后，王羲之的字写得相当好了，还是坚持每天练习。有一天，他聚精会神地在书房练字，连吃饭都忘了。丫鬟送来了他最爱吃的蒜泥和馍馍，催着他吃。他好像没有听见一样，还是埋头写字。丫鬟没办法，就去告诉王羲之的夫人。夫人和丫鬟来到书房的时候，看见王羲之正拿着一个沾满墨汁的馍馍往嘴里送，弄得满嘴乌黑，她们忍不住笑出了声。原来，王羲之边吃边看着字，错把墨汁当成蒜泥蘸了。

夫人心疼地对王羲之说："你要保重身体呀！字写得已经不错了，为了苦练把身体弄坏就不值得了。"

王羲之抬起头，回答说："我的字说是不错，但那都是学习前人的写法。我要有自己的写法，自成一家，不苦练是不会成功的。"

经过艰苦摸索，王羲之写出了一种妍美流利的新字体。大家称赞他写的字像彩云那样轻松自如，像飞龙那样雄健有力。王羲之被认为是我国历史上最杰出的书法家之一。

青少年朋友们，从王羲之的故事中，你应该有所启示，学习是一件容不得半点马虎的事，要想学有所成，你就必须要专注。我们发现，很多青少年朋友，无论是不是在学习，都把电视开着，或者边玩游戏边学习。试想，这样怎么能聚精会神呢？这样自然不能集中精力去学习，久而久之，你便养成了一心二用的坏习惯。

总之，专注、认真是任何人要做好一件事情的前提，如果对什么事情都敷衍了事，必然做不好。然而认真、专注是一种习惯，要养成专注于学习的习惯，还需要你在平日里培养。

作者链接

张载，又称张子。北宋哲学家，理学创始人之一，程颢、程颐的表叔，理学支脉——关学创始人。与周敦颐、邵雍、程颐庙、程颢庙合称"北宋五子"。字子厚，汉族，祖籍大梁（今开封）。

自负对任何艺术是一种毁灭，骄傲是可怕的不幸

有这样一句名言：“自负对任何艺术是一种毁灭，骄傲是可怕的不幸。”说这句话的是保加利亚共产党领袖季米特洛夫，这句话的含义是，无论做什么事都不能骄傲自满。相信很多青少年朋友也都听过“水满则溢”的故事：一个容器若装满了水，稍一晃动，水便溢了出来。一个人若心里装满了骄傲，便再也容纳不了新知识、新经验和别人的忠言了。故古人云：“满招损、谦受益。”因此，无论你现在是否是学习上的佼佼者，你都绝不能骄傲自负，因为骄傲只会让你止步不前，要想真正做到学有所成，你就必须要保持谦逊的态度。

有一个在佛学上很有造诣的人，听说在某个老古刹里住着一位德高望重的老禅师，便想去拜访一下。

刚开始，老禅师的徒弟接见了他，他一看不是老禅师本人，便心生不悦，心想：我在佛学上的造诣很深，找一个下人来接见我，未免太不像话了。后来，老禅师出来了，为他沏茶。可在倒水时，明明杯子已经满了，老禅师还不停地倒。他不解地问：“大师，已经满了，你为什么还一直倒水？”大师说：“是啊，既然已满了，干嘛还倒呢？”禅师的意思是，既然你已经很有学问了，干嘛还要到我这里求教？

老禅师要告诉我们的道理是，一个人只有真的做到不断清洗自己的大脑和心灵，把外在和内在的过时的东西、心灵的杂草、大脑的垃圾等，通通一洗了之，然后以谦逊的心态去弥补自己的不足，才会真正有所收获。

的确，人都是有自满情绪的，尤其是当自己取得了一定的成绩后，心态便会变得不一样，甚至在穿着打扮上也会超前很多，说话、动作都会狂妄起来，并急于把自己的成绩告诉别人，生怕别人不知道，他满以为，这样，周围的人会对他刮目相看。而对于周围人的吹捧，他也很受用。但

是，只要有这种感觉，就会骄傲自满，人的精神会沉浸于那种享受中，不会再努力地学习和工作，也就停止了进步。

学习阶段的青少年朋友们，无论你现在学习成绩如何，你都应该明白，你需要学习的知识还有很多。为此，取得一定成绩的你不妨多请教他人，这样，他人能帮助你看到自己的不足。另外，除了学习外，你还应切实提高自己各方面的能力，一个人只专注于某一方面特长或者某一爱好，一般在此方面投入的精力更多，期望也就越多，一般也就容易取得成绩，也容易自满，但“人外有人，山外有山”，即使你这次成功了，但并不一定代表你永远成功。而如果你能提高多方面的能力、兴趣、爱好，那么，你在开阔视野的同时，也会学习到各种抗挫折的能力、知识、经验，具有较完善的人格，这对于提高自己的自理能力、交往能力、学习能力和应变能力都有很大的帮助，也有助于你具备战胜困难的勇气。

作者链接

格奥尔基·季米特洛夫（1882—1949），保加利亚共产党领袖。国际共产主义的杰出活动家。在他主持共产国际的8年中（1935—1943），帮助和指导了中国共产党的革命运动，指定了毛泽东为共产党的领导人。1949年，他建立巴尔干联邦的思想还没实现，就突然死在苏联。

我们必须利用思考把糠和谷子分开

女低音歌唱家福雷斯特曾经说过这样一句话：“我们可以由读书而搜集知识，但必须利用思考把糠和谷子分开。”这句话的意思很简单，就是告诉我们，无论我们学习什么内容，都要带着大脑去学习，只有经过思考的学习，才能获得鲜活的知识。青少年朋友们，在日常的学习过程中，你也要养成多动脑的习惯，思考是提出质疑、发现新问题的前提。

的确，勇敢地提问、敢于质疑，你对知识的理解才更深刻、更全面，同时，大胆地对问题提出不同的见解，激发自己的求知欲，你就会获取更多的知识，这才是真正的学无止境。

黎锦熙是我国著名的国学大师，民国初年他在湖南办报，当时帮他誊写文稿的有三个人。

第一个抄写员沉默寡言，只是老老实实地抄写文稿，错字、别字也照抄不误，后来这个人一直默默无闻。

第二个抄写员则非常认真，对每份稿都先进行认真仔细的检查，然后才抄写。遇到错字、病句都要改正过来。后来，这个抄写员写了一首歌词，经聂耳谱曲后命名为《义勇军进行曲》，他就是田汉。

第三个抄写员则与众不同，他也仔细看每份文稿，同时积极思考，认真地推敲，但他只抄意见和观点正确的文稿，对那些意见和观点错误的文稿则随手扔掉，一句也不抄。后来，这个人建立了以《义勇军进行曲》为国歌的中华人民共和国，他就是毛泽东。

“三个抄写员的故事”告诉我们：凡事过度老实，不去思考的人，永远都处在混沌之中。认真学习或做事是重要的，而积极思考、敢于质疑和创新更为重要。

青少年朋友们，你是否有这样的经历，在做完老师布置的习题后，你就认为完美无瑕了，而你是否考虑过，就同一道习题，抛开传统的解决方法，再动一动你的大脑，也许你能找出更多的方法。

可见，学习中，要想让自己有所突破的话，就要多思考，并且，你要敢于提出自己的想法。一个人具有想象力才敢于质疑，没有想象力的人就像一潭死水，没有生机和活力。为此，你要敢于说出自己的想法，遇到问题要敢于打破常规，发挥自己的想象力，凡事没有标准答案，敢于提出不同的答案和见解，久而久之，你就能培养出善于想象的习惯了。

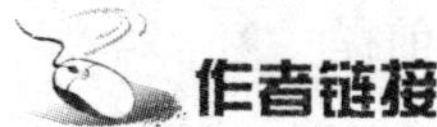

作者链接

福雷斯特，生于1930年，加拿大人，女低音歌唱家。她5岁开始学钢琴，后学声乐，从师S.马丁、F.罗和B.迪阿曼特。1956年受B.瓦尔特之聘，与纽约爱乐交响乐团合作，演出G.马勒的《第二交响曲》，获好评，从而获得了与美国一些著名交响乐团联合演出的机会。她曾在柏林、荷兰、爱丁堡等地的音乐节，以及西班牙、葡萄牙、法国、比利时、德国等地演唱，备受赞扬。她对马勒作品的解释尤为突出。1961年她在多伦多首演C.W.格鲁克的歌剧《奥尔甫斯与欧里狄克》。后相继扮演过《尤利乌斯·凯撒在埃及》中的科妮莉亚，《拉焦孔达》中的拉切卡，《巫婆》中的弗洛拉等。她的嗓音圆润、富有色彩，是一位敏锐的歌曲解释者。1978年福雷斯特随多伦多交响乐团来中国访问演出，演唱了马勒的《男童的神奇号角》等。1982年随加拿大音乐家小组再度访华。

发愤识遍天下字，立志读尽人间书

苏洵曾说过这样一句话：“发愤识遍天下字，立志读尽人间书。”这是一副对联，关于它，还有这样一个典故：

宋朝的苏东坡，年轻时就已是学识渊博、人见人夸的青年才俊，日子一久，不免自满起来。一天，苏东坡在书房门上贴了一副对联：

识遍天下字

读尽人间书

苏东坡的父亲苏洵看了，担心儿子过于自大，不知求进，又怕撕下对联会伤了儿子的自尊心，于是，提笔在对联上各加了两个字：

发愤识遍天下字

立志读尽人间书

苏东坡回来，看见父亲的字，心中十分惭愧，从此虚心学习，有了非凡的成就。

青少年朋友们，你也应该从苏洵的话中获得启示。学习是一项终身事业，一个人的工作也许有完成的一天，但一个人对知识的汲取却不能终止，你需要坚定“奋斗不息，学习不止”的信念，日复一日，沿着知识的阶梯步步登高，养成丰富自己、重视学习的习惯。世上没有绝对的成功，只有不断的努力，才能让你的成功之路走得更快更远。当然，永无止境并不是一句空话，需要将它带到每天的学习过程中。

可能你会觉得，曾经未好好学习，学习基础差，现在努力已经晚了，而实际上，学习是没有时间和年龄限制的，只要努力学习、刻苦自励，从现在开始，为时未晚，基础差，可以查缺补漏，这绝不是拒绝学习的理由。

还有重要的一点，树立终身学习的理念，需要你积极拓展知识领域，开阔学习视野。

孔子说：“好学近乎知（智）”。树立终身学习的理念，拓展自己的学习领域，开阔自己的知识视野，关键是要培养起学习的兴趣。学习是一种习惯，终身学习则是一种理念，兴趣是成功的一半。一个人树立起终身学习的理念，就会认同“万事皆有可学”这个道理。

当然，要坚持不断地学习，还需要增强使命意识和危机意识，因为终身学习，是飞速发展的时代提出的要求。21世纪是知识经济的年代，高新技术带动生产力突飞猛进，不断改变着我们的生存环境和生存方式，更需要我们不断提高对新知识、新科技的掌握能力，以及对新环境、新变化的应对能力。我们假如仅仅满足于在学校学得的那点东西，不注意及时“充电”，就远远不够了。

作者链接

苏洵，宋真宗大中祥符二年四月二十五日（1009年5月22日）出生于四川眉山。

书虫将自己裹在言辞之网中，只能看见别人的思想

英国散文家威廉·哈兹里特曾说过这样一句话：“书虫将自己裹在言辞之网中，只能看见别人思想反映出来的事物的朦胧影像。”其实，这句话的意思很简单，我们要多读书，从书中摄取知识，但绝不能成为一个书呆子，让书本知识和实际脱节。有些知识储备大的人却发挥不出自己的能力，就是因为他们死读书。为此，要学习如何将理论知识转换成实践，只有这样，你学到的知识才得到了检验，你也才有更高的求知欲，进而不断获得进步。

战国时期，赵国大将赵奢曾以少胜多，大败入侵的秦军，被赵惠文王提拔为上卿。他有一个儿子叫赵括，从小熟读兵书，张口爱谈军事，别人往往说不过他，因此他很骄傲，自以为天下无敌。然而赵奢却很替他担忧，认为他不过是纸上谈兵，并且说：“将来赵国不用他为将罢，如果用他为将，他一定会使赵军遭受失败。”果然，公元前259年，秦军又来犯，赵军在长平（今山西高平县附近）坚持抗敌。那时赵奢已经去世，廉颇负责指挥全军，他年纪虽高，打仗仍然很有办法，使得秦军无法取胜。秦国知道拖下去于己不利，就施行了反间计，派人到赵国散布“秦军最害怕赵奢的儿子赵括将军”的话。赵王上当受骗，派赵括替代了廉颇。赵括自认为很会打仗，死搬兵书上的条文，到长平后完全改变了廉颇的作战方案，结果40多万赵军尽被歼灭，他自己也被秦军箭射身亡。

这则寓言告诉我们，读书，不仅要学知识，更要学方法，学会读书的方法，学会思考的方法，学会实践的方法，学会深入研究的方法，一句话，就是学会学以致用，否则读书的效果至多也就是事倍功半，甚至一塌糊涂，读来读去，还是在云里雾里转圈圈儿。

我国著名教育家陶行知先生有一句名言，他说：“书呆子就是读书没有目的的人。我平时尽力劝人不要做书呆子。”在陶行知看来，书本是人生工具之一，它和筷子、锄头一样，只可用，不可呆念。筷子是吃饭的工具，若不去用它，而是对着它“筷子、筷子”的念，那就成了“筷呆子”了。

青少年朋友们，知识和能力是相互促进的，你要意识到我们学习知识的最终目的是为了增强我们的能力。你学习的是知识，得到的是能力。因此，你要做好知识与能力的转换，如果反受知识的束缚，影响我们能力的发挥，结果会与我们的初衷背道而驰。

当然，注重实践并不是要你否定书本知识的作用。毕竟，只有强有力的理论指导，才能减少我们在实践操作中的错误。

作者链接

威廉·哈兹里特（1778—1830），英国散文家，评论家，画家。生于肯特郡的梅德斯通，父亲是唯一神教派的牧师，曾公开支持美国独立战争。哈兹里特于1793—1796年间就读于哈克尼的神学院，在校期间开始撰写哲学和政治著作。1799—1804年主要创作肖像画。1804年起则以写作为生。先后结识诗人塞缪尔·泰勒·柯勒律治、威廉·华兹华斯，在柯勒律治的鼓励下写出《论人的行为准则》，随后又写了很多散文作品。后因对法国大革命的见解不同而与他们决裂。1812年在伦敦当记者，并为《爱丁堡评论》撰稿。从其作品来看，他热衷于争论，擅长撰写警句和讽刺性的文字。他最著名的散文集是《席间闲谈》和《时代精神》。

第6章

学习篇：向大师学习

古人云："三人行，必有我师焉。"这句话告诫我们要善于学习，生活中处处是学问。事实上，我们可以获取知识与人生道理的来源不仅仅是生活和书本知识，还有前人的经验、总结、感悟等，的确，那些大师们的每一句流传至今的话都能成为指引我们前进的指明灯。青少年朋友们，处于人生初始阶段的你们，也应该向大师们学习，这样，你会发现，你的人生路走得会更顺畅！

我爱我师，我更爱真理

亚里士多德曾说：“我爱我师，我更爱真理。”这句话道明了他对真理的不懈追求。的确，人们常说，学贵质疑，一个人只有具备犀利的目光，才能察觉出他人所不能察觉出的问题，也才能发出自己的声音，才能不为传统束缚，做到有所创新。

我们知道，当今社会是一个创新型社会，那些有思想的人才会受到重视，他们的发展潜能更大，我们甚至可以说，一个人的思想是与其命运有着极为密切关系的。因为人的思想是大脑的活动，人的行为受其支配。

任何一个青少年，都要有自己的思想，并且做到善于发现各种问题，而绝不是人云亦云。

小泽征尔是世界著名的音乐指挥家。一次他去欧洲参加指挥家大赛，在进行前三名决赛时，他被安排在最后一个参赛，评判委员会交给他一张乐谱。小泽征尔以世界一流指挥家的风度，全神贯注地挥动着他的指挥棒，指挥一支世界一流的乐队，演奏具有国际水平的乐章。

正演奏中，小泽征尔突然发现乐曲中出现了不和谐的地方。开始，他以为是演奏家们演奏错了，就指挥乐队停下来重奏一次，但仍觉得不自然。这时，在场的作曲家和评判委员会权威人士都郑重声明乐谱没问题，而是小泽征尔的错觉。他被大家弄得十分难堪。在这庄严的音乐厅内，面对几百名国际音乐大师和权威，他不免对自己的判断产生了动摇，但是，他考虑再三，坚信自己的判断是正确的，于是，大吼一声：“不！一定是乐谱错了！”他的喊声一落音，评判台上那些高傲的评委们立即站立向他报以热烈的掌声，祝贺他大赛夺魁。原来，这是评委们精心设计的圈套。前面的选手虽然也发现了问题，但放弃了自己的意见。

这则故事中，倘若小泽征尔不能坚信自己的判断是正确的，和其他几位选手一样，即使发现了问题，也不敢提出来，或者放弃自己的意见，那么，在这场比赛中，他也只能和其他选手一样，被淘汰出局。

的确，那些人云亦云、不敢提出问题的人，不仅仅会失去成功的机会和别人的赏识，更遗憾的是，他们会失去那种让自己的思想自由迸发，最后被别人认可的快乐。而现代社会需要的不是那些只会考试的应试机器，一个人，只有具备鲜明的个性，有学术精神，有领导能力，才能在未来社会竞争中脱颖而出。每个青少年朋友，都应该在青春期阶段就培养自己的综合素质，从知识的适应能力到创造精神，从博雅文化到领袖气质，而这些素质的获得，都需要你做到敢于怀疑，因为真正有效的学习并不是死读书，而是自主性的、探究性的、学以致用的。

作者链接

亚里士多德（前384—前322），古希腊斯吉塔拉人，世界古代史上最伟大的哲学家、科学家和教育家之一。他是柏拉图的学生，亚历山大的老师。公元前335年，他在雅典办了一所叫吕克昂的学校，被称为逍遥学派。马克思曾称亚里士多德是古希腊哲学家中最博学的人物，恩格斯称他是古代的黑格尔。作为一位最伟大的、百科全书式的科学家，亚里士多德对世界的贡献无人可比。他的写作涉及伦理学、哲学、心理学、经济学、神学、政治学、修辞学、自然科学、教育学、诗歌、风俗，以及雅典宪法。

夸奖的话莫要出于自己口中

孟德斯鸠曾说："啊！夸奖的话，出于自己口中，那是多么乏味！"这句话意在告诫人们，无论你现在有多大的成就，都不要骄傲自大。同样，生活中的青少年朋友，在成绩面前，无论过去有何等荣誉，都已经成为过去，你现在要做的就是保持清醒的头脑、看清形势并放眼未来，这样，你才会稳扎稳打，走好人生的每一站。

如果一个杯子有些浑水，不管加多少纯净水，仍然浑浊；但若是一个空杯，不论倒入多少清水，它始终清澈如一，这就是我们常说的"空杯理论"。青少年朋友，如果你想不断进步，就必须保持空杯心态，脱胎换骨，虚心学习，全面接受新知识，全面适应新环境，全面构建新素质。而不能骄傲自满，更不能自以为是。

有个老人在河边钓鱼，一个小孩走过去看他钓鱼，老人技巧纯熟，所以没多久就钓上了满篓的鱼。老人见小孩很可爱，要把鱼送给他，小孩摇摇头，老人惊异地问道："你为何不要？"小孩回答："我想要你手中的钓竿。"老人问："你要钓竿做什么？"小孩说："这篓鱼没多久就吃完了，要是我有钓竿，我就可以自己钓，一辈子也吃不完。"

可能你会说：好聪明的小孩。错了，他如果只要钓竿，那他一条鱼也吃不到。因为，他不懂钓鱼的技巧，光有鱼竿是没用的，因为钓鱼重要的不在钓竿，而在钓技。有太多人认为自己拥有了人生道路上的钓竿，再也无惧于路上的风雨，如此，难免会跌倒于泥泞地上。就如小孩看老人，以为只要有钓竿就有吃不完的鱼，就像伙计看老板，以为只要坐在办公室里，就可以日进斗金。这个故事告诉我们什么呢？也许我们需要学习和掌握的东西还有很多很多，也许我们不能把一切想象的那么简单。

托尔斯泰说："一个人就好像是一个分数，他的实际才能好比分子，而他对自己的估价好比分母，分母越大，则分数的值越小。"因此，生活中的每个青少年朋友，都应该吸取前人的经验教训，即使在生活中取得了一点成绩，也不可自高自大，目中无人。

我们发现，生活中，那些自大的青少年朋友往往不屑于与别人交往，心胸变得很狭窄。他们虽能取得一定的成绩，但往往只满足于眼前取得的成绩，而且他们看不到别人的成绩。而如果你有这样的弱点，那么，你只有加以改之，才能看清别人，从而博采众家之长。

一个人不管自己有多丰富的知识，取得多大的成绩，推而广之，或是有了何等显赫的地位，都要谦虚谨慎，不能自视过高。青少年朋友，你也一样，谦虚的你更知道进取，不断探求知识和人生的路，一个人只有心胸宽广，能博采众长，不断地丰富自己的知识，增强自己的本领才能创出更大的人生业绩！

作者链接

孟德斯鸠（1689—1755）出身于贵族家庭。曾任律师、波尔多议会议长。从 1728 年起到奥、匈、意、德、荷、英等国作学术旅行，实地考察其社会政治制度和其他情况。1731年回国后专门从事著述。

孟德斯鸠是一位百科全书式的学者，在学术上取得了巨大成就，得到了很高的荣誉。曾被选为波尔多科学院院士、法国科学院院士、英国皇家学会会员、柏林皇家科学院院士。主要著作有《波斯人信札》《罗马盛衰原因论》《论法的精神》。

构成我们学习最大障碍的是已知的东西

英国学者贝尔纳曾说：“构成我们学习最大障碍的是已知的东西，而不是未知的东西。”这句话表明了固有知识、经验、资历等对人们求知的负面作用。的确，现代社会，我们都强调要创新，任何重大成果的发现，都离不开创新意识的发挥。任何一个人都应该摒除生搬硬套和墨守成规这两点，学会突破，你才能有所收获。青少年朋友，在日常的学习生活中，一定要多动脑，要敢于说出自己的想法，遇到问题要敢于打破常规，发挥自己的想象力，久而久之，你就能培养出不被经验束缚的判断习惯了。

在美国加州，有一家老牌饭店——柯特大饭店。

曾经，这家饭店的老板准备筹建一个新式电梯，他重金聘来世界各地的著名建筑师和工程师，他希望他们能一起解决这个建筑问题。

不得不承认的是，这些建筑师和工程师的经验是丰富的，他们根据自己的经验提出，要改造电梯，饭店就必须停止营运，而这一点，实在让老板很苦恼，这意味着饭店将要遭受经济上的损失。

他问："难道就真的没有别的方法了吗？"

"是的，我们一致认为，再也没有比这更好的方法了，饭店要停止营运半年，对于经济上的损失，我们也很难过……"建筑师和工程师坚持说。

就在老板为此头疼的时候，饭店的一个年轻的清洁工说出了一段惊人的话："难道非要把电梯安在大楼里吗，外面不可以？"

"多么好的方法啊！我们怎么没有想到呢"工程师和建筑师听了，顿时诧异得说不出话来。

很快，这家饭店采用了年轻人的计策——屋外装设了一部新电梯，而这就是建筑史上的第一部观光电梯。

这位年轻人为什么能提出与众不同却又巧妙绝伦的解决难题的方法？因为他能跳出专家们的固定思维。的确，在建筑师和工程师看来，电梯就应该安装在房间内部，却想不到电梯也可以安装在室外。

可见，经验、资历在具备让我们少走很多弯路的这一积极影响的同时，还具有一定的负面作用，那就是影响我们的判断，如果我们想破除经验、资历给我们的思维带来的负面作用，我们就要做到敢于自我否定，摒除观念思维、经验主义等主观定式，不给自己套上思维枷锁。

在生活中，很多人在解决问题的时候，都听从了内心所谓的“经验”的摆布。问题不在于他们的技术高低、学识多寡，而在于他们突破不了固有的思维方式。

曾有人这样说：“你只要离开常走的大道，潜入森林，你就肯定会发现前所未有的东西。”要想摆脱传统观念和习惯思维的局限，就要鼓励自我打破思维禁锢，突破常规的路线，激活创新的意识。

青少年朋友们，你正是“初生牛犊不怕虎”的年纪，要想获得新的知识，取得更大的进步，你就不能畏首畏尾，而应该做到敢想敢做，做到真正听从自己内心的声音。

作者链接

贝尔纳（1901—1971），英国学者，是一位非常有趣的科学天才，他具有云锦天章般的想象和深刻过人的洞察能力。据说，他在饭桌上的一席话所迸溅出的思想火花，能成为别人一辈子的研究课题。他本人除在结晶学、分子生物学等方面做过重大贡献外，还在科学的其他领域放射出了创造的光芒。

真理需要千百万个人的失败探索

门捷列夫曾说：“一个人要发现卓有成效的真理，需要千百万个人在失败的探索和悲惨的错误中毁掉自己的生命。”这句话表明，一个人在追求真理的过程中，必定要经历很多失败。也就是说，一个人能做到不害怕犯错误，并从错误中学习经验教训，他就会离目标越来越近。

青少年朋友们，你也要记住这句话，无论是学习还是做事，失败并不是什么坏事，失败能帮助年轻人更快地成长，要知道，每个人都必须经历蹒跚学步才能走出优美的步伐，一个人，也只有经历无数次失败才能最终成功。

美国百货大王梅西就是一个很好的例子。

梅西于1882年生于波士顿。年轻时候的梅西从事过很多零售工作：他年轻时出过海；开过一个小杂货铺卖些针线。但结果都以失败告终。后来，在淘金热席卷美国时，他又在加利福尼亚开了个小饭馆，他开这个小饭馆，是为了供应淘金者的，但本以为淘金是个稳赚不赔的买卖，岂料多数淘金者一无所获，什么也买不起，这样一来，小饭馆也倒了台。

回到马萨诸塞州之后，梅西仍然不甘心失败，于是，他又满怀信心地干起了布匹服装生意。但这次不是“小打小闹”了，也不是一般的倒闭，而是彻底破产。

但梅西的毅力真是常人不能想象的，他仍然不死心，又跑到新英格兰做布匹服装生意。这一回他时来运转了，他买卖做得很灵活，甚至把生意做到了街上商店。头一天开张时账面上才收入11.08美元，而现在位于曼哈顿中心地区的梅西公司已经成为世界上最大的百货商店之一了。

梅西是在饱受了失败的滋味后最终走向成功的。的确，成功让人瞩目，但成功的过程却让我们叹为观止，是什么能让他们屡败屡战？是意志力！一个人一旦具备了这种不畏惧任何困难、不放弃的意志力，也就离成功不远了。

爱迪生曾深有感触地说：“失败也是我需要的，它和成功一样有价值。只有在我知道一切做不好的方法之后，我才知道做好一件工作的方法是什么。”哈伯德也曾说：“一个人所能犯下的最大错误，就是他害怕犯下错误。只要你不放弃尝试，不断地尽自己最大的力量，你便是在创造成功。假使你没有获得你想要的成果，你就将其视为一个不理想的结果，而不是失败，然后从中学习，改进你的行为再试一次。”人都是活在现实中的，特别是人生刚刚开始的青少年朋友，无论做什么，你都不要害怕失败，因为失败并不是什么坏事。

每一个青少年朋友，都应该从小端正自己面对失败时的心态。失败是强者的垫脚石，它能帮助人们认识到自身的不足，进而查缺补漏，从而获得成长。失败更是弱者的墓志铭，弱者一旦遭遇失败，就唯唯诺诺、不敢尝试。事实上，没有什么失败，失败仅仅存在于失败的人心中，只有屡败屡战的人才是真的英雄，才能真正享受成功的喜悦。失败是一所最磨炼人的大学，从失败中学到的东西更为可贵！

作者链接

德米特里·门捷列夫（1834—1907），19世纪俄国化学家，他发现了元素周期律，并就此发表了世界上第一份元素周期表。他的名著、伴随着元素周期律而诞生的《化学原理》，在19世纪后期和20世纪初，被国际化学界公认为标准著作，前后共出了八版，影响了一代又一代的化学家。

用我们现在的理想，做我们所应该做的

中国现代作家、文学评论家茅盾先生曾说过这样一句话："我们只抓住了现在，用我们现在的理想，做我们所应该做的。"这句话告诉青少年朋友，只要你把握好当下的每一天，珍惜时间努力提升自己，把所有的设想、计划、要求、标准都付诸行动，你的人生境界就会获得一个质的提升。

的确，每一个青少年对于自己的未来都满怀信心，并树立了远大的理想，理想能指导行动，让你的努力有一个明晰的主线，但对于未来的憧憬，你必须落实到今天的努力中，只有把每一天过得实在有意义，把每一

天的学习任务及时完成了，才能向自己的理想走近了一步。当你回过头来的时候，你会惊讶地发现，原来自己的每一天过得是这样的充实，你会为自己而感到骄傲和自豪。

约翰·霍普金斯学院的创始人威廉斯勒曾经是英国医学院的一名学生，他的成功来自于他老师的一句话的启迪。

那还是1871年的春天的事情，那时候，威廉斯勒正处在心情烦躁之中，因为他不知道如何处理远大的理想和具体的身边小事之间的关系，也不知道自己该如何做事才能成功，于是，他去请教他的老师，老师告诉他："最重要的，就是不要去看远方模糊的，而要做手边最具体的事情。"他这才恍然大悟：是啊，不论多么远大的理想，都需要一步步实现啊！不论多么浩大的工程，都需要一砖一瓦垒起来啊！

也就是从那一天开始，威廉斯勒开始埋头读书，两年以后，威廉斯勒以优异的成绩毕业，毕业后来到一家医院做医生。他认真对待每一个患者，对每一次出诊都一丝不苟。兢兢业业的态度和精益求精的精神，使他很快成了当地的名医。几年以后，他创办了约翰·霍普金斯学院。他把自己的人生态度贯彻到每一个细节里。许多专家学者慕名来到他的学院工作，使他的学院很快成为英国乃至世界最知名的医学院。威廉斯勒总是告诉他身边的人：最重要的是把你手边的事情做好，这就足够了。

威廉斯勒为什么能成功？因为他从他的老师的话中悟出，一个人，只有踏实努力、充实地过好每一天，把自己的人生态度贯彻到每一个细节中，由量的积累达到质的飞跃，才能将理想化为现实。

的确，今天不过去，明天就不会来到，再伟大的理想，如果没有一天一天的累积，也会倾塌。现代社会，知识改变命运这个道理早已毋庸置疑，时代正在急速发展，各种技术日新月异，已经对生活在这个时代的人提出了新的学习要求，但无论何时，勤奋永远是任何一个青少年应该摆在第一位的学习态度。如果你没有时刻学习的意识，不通过学习了解掌握新技术，那么你跟不上时代的发展是必然的。

茅盾（1896—1981），原名沈德鸿，字雁冰。浙江嘉兴桐乡人。中国现代著名作家、文学评论家、文化活动家以及社会活动家，五四新文化运动先驱者之一，我国革命文艺奠基人之一。1896年7月4日生于浙江桐乡县乌镇。这是个太湖南部的鱼米之乡，是近代以来中国农业最为发达之区，它毗邻着现代化的上海，又是人文荟萃的地方，这里成就了茅盾勇于面向世界的开放的文化心态以及精致入微的笔触。

少年以正道为做一切事情的基础

英国作家劳伦斯曾说："少年以正道为做一切事情的基础。"这句话的含义是，每一个青少年朋友，除了要积累科学文化知识外，还应该把修炼自身品德作为青春期的一个重要功课，这样，在未来成长路上，无论外界怎么变化，你都能做到心中有杆秤，都能做到坚持自己的原则，那么，你一定能成为一个正直、坦荡的人。

亚伯拉罕·林肯曾参加过1858年参议院竞选活动，他坚持要发表一次演讲，但这次演讲却对他的竞选有负面作用，为此，他的朋友劝他不要发表。对此，林肯的态度是："如果命里注定我会因为这次讲话而落选的话，那么就让我伴随着真理落选吧！"他是坦然的。他确实落了选，但是两年之后，他就任了美国的总统。

这就是正直的力量，它能给人带来很多好处，他人的信任和尊重。的确，在正直的人心中，似乎有一种内在的平静，使他们能够经受住挫折甚至是不公平的待遇。

青少年朋友们，可能你也会发现，我们生活的周围，有这样一些人，他们饱经世事，但他们并没有因此变得圆滑、世俗，而是依旧秉持着正直坦荡的做人原则。一个正直坦荡的人，应该始终听从心的指引，应该树立正确的评价他人的标准，坚持这个原则。在现实生活中，很多人恰恰与之相反，他们的心异常浮躁，面对着诸多新鲜的事物，他们渐渐找不到自己的位置，把握不住自己内心的标准。

孔子讲："君子坦荡荡，小人常戚戚。"莎士比亚说："世上没有比正直更丰富的遗产。"普柏说："正直的人是神创造的最高尚的作品。"我国唐代的魏征以正直谏言而被君王称为自己的一面镜子。因此，做一个正直的人不仅是个人发展的需要，更是社会进步的呼唤。

那么，什么是正直呢？所谓"正"就是正确、公正、正气，就是不偏不倚、不虚伪、不轻狂，就是光明磊落。所谓"直"就是豁达、坦率、真实，就是直来直去、不弯不绕、不随波逐流。正直在汉语里是重叠词，表达同一个意思，但从人品的生成和实践来看，二者是有逻辑关系的。只有"正"才能"直"，只有正才不怕邪；没有正确、公正的直，只能叫作坦率、直杠子、傻大炮。

每个青少年都应该明白，原则问题不可小视，做人要正直、做事要正派，堂堂正正，公公正正，才是立身之本，处世之基。的确，一个人的内心有了正确的原则，他的内心就如同有了一盏明灯，他的内心就会坚如磐石，谁也破坏不了。相反，如果你不能坚持原则，你的内心就会产生动摇，甚至做出让自己后悔的事来。

作者链接

戴维·赫伯特·劳伦斯，20世纪英国作家，是20世纪英国文学中最重要的人物之一，也是最具争议性的作家之一。主要成就包括小说、诗歌、戏剧、散文、游记和书信。

劳伦斯的作品过多地描写了色情，受到过猛烈的抨击和批评。但他在作品中力求探索人的灵魂深处，并成功地运用了感人的艺术描写，因此，迄今为止，他的作品一直被世界文坛所重视。

走自己的路，让别人去说吧

诗人但丁曾说：“走自己的路，让别人去说吧。”这句话的含义是，当你认为自己选择的路正确时，请坚持你的选择，别太看重别人怀疑和反对的态度，坚持自我，你会有更大的突破。

的确，人应该是独立的，独立行走，使人类脱离了动物界而成为万物之灵。每个人都需要有自主意识，才能成为一个独立的生命个体。然而，随着物质生活水平的提高，我们发现，很多青少年正在走着父母为自己铺的路，这些父母要么把帮助孩子积累财富当成“终身事业”，千方百计的为孩子积累钱财，要么在孩子还年少时就为孩子设置一条人生路，而他们没有意识到的是，这会让青少年养成依赖性和惰性，缺乏毅力和恒心，缺乏奋斗精神，将来也无法立足于社会。

元朝有个著名的学者叫许衡，在他身上曾经发生过这样一个故事：

有一天，他跟着一群小朋友到荒郊野外去游玩、嬉戏。大家都玩得很开心、很疯狂，因为天热，这群孩子不久就觉得口渴了，这个时候，他们刚好看见路旁有一棵梨树，于是，大家便争相前去抢食梨子以解渴。

当大家吃得津津有味、口水直流的时候，忽然发现只有许衡安安静静地坐在树下，并没有参加抢梨大战。

有些孩子觉得奇怪，大家吃梨解渴，很是开心，为什么单单就许衡一个人不去摘梨呢？有人问他，他淡淡地回答说：“不是自家的东西，不能随便摘。”

许衡这么说，大家都不以为然，纷纷回嘴说：“现在是什么时候？兵荒马乱，许多人家死的死、逃的逃，这只不过是一棵没有主人的梨树而已，为什么不能摘来吃？不吃白不吃，未免太傻了吧！”

许衡有点恼怒，立刻一本正经地回答说：“这棵梨树或许真的没有主人，可是我们的心，难道也没有个主张吗？一定要随心所欲偷吃不属于自己的东西吗？”

许衡的做法是对的。一个人，活着就必须要活出自我，要有自己的主张，要坚持自己的品格。如果你所希望走的路与父母的想法相背离时，你是坚持自己的想法还是听从父母的意见呢？如果你与同学、朋友的想法相左时，你又该怎么办呢？其实，此时，如果你认为自己的观点是正确的，那么，你就要坚持。相信自己正确，那么，你就敢走自己的路，就不怕失误、不怕失败。

我们不难发现，那些真正的成功者多半都是特立独行的，在他们追求成功的道路上，他们也听到了来自各方的反对的声音，但他们始终坚持自己的信念，无论别人反对的态度有多么强烈，他们都坚持自己的意见，这才使他们有了更大的成就。

因此，在成长的道路上，你不必过于在意别人的看法。用心思考，你会发现，任何一个成功的事例无不来自于一个伟大的想法，这事例的主人公之所以能摘取成功的果实，就是因为他们能坚持听自己内心真正的声音，为此，他们能抵挡住来自外界的怀疑和反对，最终他们取得了成功。

作者链接

阿利盖利·但丁（1265—1321），意大利诗人，现代意大利语的奠基者，欧洲文艺复兴时代的开拓人物之一，以长诗《神曲》留名后世。他被认为是意大利最伟大的诗人，也是西方最杰出的诗人之一，全世界最伟大的作家之一。

没有哪一个聪明人会否定痛苦与忧愁的锻炼价值

英国教育家赫胥黎曾说：“没有哪一个聪明人会否定痛苦与忧愁的锻炼价值。”这句话的意思是，人的一生中，总会遇到各种各样的磨难，对于磨难，人们应该看到其正面意义，它是锻炼我们意志力的良方。的确，自古至今，大凡成功者，无不具备一项品质，那就是拥有不被打倒的意志力，因为他不把眼下的困难当成困境，也不认为它是一种磨难，而是把它当成一种“机遇”，他们相信，跌倒了再站起来，终有一天，会得胜利之果实。的确，每件存在的事物在开始时只不过是一个想法。成功只青睐那些充满激情、意志坚定的人。失误、失败并不可怕，关键在于如何从失败中奋起，反败为胜。只要你坚持下去，不可能也会变为可能。

青少年朋友们，在未来人生路上，你也会为梦想奋斗，但同时也会遇到阻碍自己前进的挫折、苦难，你只有把这些磨难与挫折当成人生的考验，你才能真正地获得成长，也才能走出困境。

1967年夏天，美国跳水运动员乔妮·埃里克森在一次跳水事故中身负重伤，除脖子之外，全身瘫痪。乔妮从此被迫结束了自己的跳水生涯，离开了那条通向跳水冠军领奖台的路。她曾经绝望过，但最后，她拒绝了死神的召唤，开始冷静思索人生意义和生命的价值。

乔妮领悟到：我是残了，但为什么不能在另外一条道路上获得成功？她想到了自己中学时代曾喜欢画画。于是，这位纤弱的姑娘变得坚强起来了，她捡起了中学时代曾经用过的画笔，用嘴衔着，练习开了。她常常累得头晕目眩，汗水把双眼弄得咸咸地辣痛，甚至有时委屈的泪水把画纸也淋湿了。

好些年头过去了，乔妮的辛勤劳动没有白费，她的一幅风景油画在一次画展上展出后，得到了美术界的好评。

乔妮又想到要学文学。因为曾有一家刊物向她约稿，要她谈谈自己学绘画的经过和感受，她用了很大力气，可稿子还是没有写成，这件事对她刺激太大了，她深感自己写作水平差，必须一步一个脚印地去学习。

是什么让乔妮做到了在人生快进入绝望的时候重拾信心呢？是什么让她做到了再次找到人生的价值呢？是她的刚毅，一个刚毅的人就好像为自己寻找到一个心灵的保护伞，有了这个保护伞，她会无所畏惧。无论是奋斗还是人生的路上，都并非一帆风顺，有失才有得，有大失才能有大得，没有承受失败考验的心理准备，闯不了多久就要走回头路了。

纵观历史，广览世界，青少年朋友，你会得出这样一个结论——成功者无一不是战胜失败后而获得成功的。也许你会问，如何获得意志力呢？事实上，任何精神和品质都是可以培养的。从现在起，把任何人生路上出现的困难当成你成长的机遇吧！我们在途中难免会疲倦与灰心，但就像世界重量级冠军詹姆士柯比常说的：“你要再战一回合才能得胜。碰上困难时，你要再战一回合”。如果你也能有如此心态的话，你也就具备了刚毅的精神了。

作者链接

托马斯·亨利·赫胥黎（1825—1895），英国教育家，著名生物学家，达尔文进化论最杰出的代表。

赫胥黎是一个兴趣广泛而又才华横溢的人。他不仅是捍卫科学真理的斗士，也是一位充满才情的具有极高文学禀赋的科学家。他是英国生物学家，因捍卫达尔文的进化论而有“达尔文的坚定追随者”之称。

世界上能为别人减轻负担的都不是庸庸碌碌之徒

英国小说家狄更斯说：“世界上能为别人减轻负担的都不是庸庸碌碌

之徒。”的确，那些懂得替他人考虑、在关键时刻助人的人，往往都会成大事，因为成功最重要的因素之一就是活的人脉，“得人心者得天下”就是这个道理。正如爱默生说的：“人生最美丽的补偿之一，就是人们真诚地帮助别人之后，同时也帮助了自己。”因此，可以说，我们在帮助别人的时候，也就是在帮助我们自己。

乐于助人是中华民族的传统美德，是一个人良好道德水准的重要表现，每一个青少年朋友都应该以培养这一品德为荣。

《战国策》中有这样一个故事：齐国人冯谖由于贫困潦倒，几乎没有办法维持生计了。无奈之下，冯谖前去投靠孟尝君。孟尝君问他有什么才能没有，他说没有，但是礼贤下士的孟尝君还是把他留了下来。

后来，冯谖两次三番地对所得到的待遇感到不满，于是弹剑而歌，孟尝君闻知后，一一满足了冯谖的要求，让其在心理上有了满足感和安全感。后来，冯谖自愿去薛地收债，通过他的努力，薛地百姓对孟尝君感恩戴德，这也为孟尝君开辟了一条后路。

冯谖之所以主动请求帮孟尝君收债，为孟尝君开辟后路，就在于报孟尝君的知遇之恩，报孟尝君救自己于失意之中。可以说，在与人打交道这一点上，孟尝君确实有独到之处。其实，像这样的事例在历史上何其之多，他们最终都取得了双向的成功。

给，就是一种舍，我们在给别人的时候，就是在舍自己的某些东西，如时间、精力、关怀、财物等。而这些舍，同样会使我们得到。任何一个人，都不可能独立生存，都会遇到一些自己解决不了的问题，这时，我们就需要求助于人，如果我们能得到别人帮助，那么我们就会心存感激，希望他日自己也可以为别人做些事情。同样地，当我们帮助别人时，别人也会心存感激，希望他日伸出援助之手，帮助我们。

很多时候，人们会抱怨人际关系复杂，知心朋友难寻。造成这种局面的原因很多，但其中最重要的原因很可能是我们平日考虑自己过多，帮助别人太少。一个人平时不注重人际关系维护的人，很难有好人缘，“临时抱佛脚”只会给别人以“利用”之感。试问这样的人，又怎么能得到别人的信任和欢迎呢？别人又怎会对你慷慨相待呢？只有平时对他人帮助，别人才会拿出真心对我们。

总之，助人为乐是一个人思想境界的行为体现，是一种精神的升华，每一个青少年朋友不仅要承担着努力学习的责任，还应该努力培养自己健全的人格，学会助人为乐，也就是帮助你自己。

作者链接

查尔斯·狄更斯（1812—1870），19世纪英国最伟大的小说家之一。他只上过几年学，全靠刻苦自学和艰辛劳动成为知名作家。

狄更斯是高产作家，他凭借勤奋和天赋创作出一大批经典著作。他又是一位幽默大师，常常用妙趣横生的语言在浪漫和现实中讲述人间真相，狄更斯是19世纪英国现实主义文学的主要代表。艺术上以妙趣横生的幽默、细致入微的心理分析，以及现实主义描写与浪漫主义气氛的有机结合著称。他的作品至今依然盛行，对英国文学发展起到了深远的影响。主要作品《匹克威克外传》《雾都孤儿》《老古玩店》《艰难时世》《我们共同的朋友》。

第7章

青春篇：有胆有识就有路

比尔·盖茨曾说：“所谓机会，就是去尝试新的、没做过的事。可惜在微软神话下，许多人要做的，仅仅是去重复微软的一切。这些不敢创新、不敢冒险的人，要不了多久就会丧失竞争力，又哪来成功的机会呢？”只有敢冒险的人才能够在未来社会创造出自己的辉煌。当然，人的勇气并非与生俱来的，这需要你从现在起就锻炼自己的敢作敢为的性格品质，而绝不可因为不敢走出第一步，失去了更多锻炼自己、提高自己的良机！

大海越是布满暗礁，越是以险恶出名

法国哲学家拉美特里曾说：“大海越是布满暗礁，越是以险恶出名，我越觉得通过重重危难寻求不朽是一件赏心乐事。”这句话的意思就是，只要我们有越挫越勇的勇气，那么，我们就能突破重重难关，最终实现自己的梦想。我们常常发现有许多人在做事最初都能保持旺盛的斗志，然而，随着遇到的挫折增多，他们变得懈怠，热情也退却了，最终放弃了希望，失去了自己应有的成功。

每一个青少年朋友，青春期本身就是朝气蓬勃的年纪，也许现在的你也已经为自己树立了人生目标，那么，你就要学会始终保持积极向上的热情，你要谨记，无论你遇到什么，都要咬紧牙关，不要放弃最后的努力。被拒绝了1000次之后，还敢去敲1001次门的席维斯·史泰龙就是靠毅力走向成功的。

他在未成名之时，身上只有100美元和一部根据自己悲惨童年生活写成的剧本《洛奇》。于是他挨家挨户地拜访了好莱坞的所有电影制片公司，寻求演出的机会。当时好莱坞总共有500家制片公司，史泰龙逐一拜访过后，没有任何一家公司愿意录用他。史泰龙面对500次冷酷的拒绝，毫不灰心，回过头来，又从第一家开始，挨家挨户地自我推荐。第二轮拜访，好莱坞的500家公司，仍然没有一家肯录用他。史泰龙没有放弃希望，他把1000次的拒绝，当作绝佳的经验。接着他又鼓励自己从1001次开始。后来经过多次上门求职，总共经历了1855次严酷的拒绝，终于有一家电影制片公司同意采用他的剧本，并聘请他担任自己剧本中的男主角。

电影《洛奇》一炮打响，史泰龙成了超级巨星，美国新一代的英雄偶像。

史泰龙的成功，更加证实了坚持的道理。追求理想的过程中，必当遇到各种挫折和困难，但做到越挫越勇，永不放弃就能成功。

史泰龙的故事告诉所有青少年朋友，人生都会遭遇挫折。但是，面对挫折的态度却各不相同，唉声叹气，悲观失望，自暴自弃是一种态度；积极向上，奋起直追，后来者居上又是一种态度。如果你也能如此坦然地面对人生的挫折，那么在以后的人生道路中你肯定也会变得更加坚强，也会在各种挫折和磨难中变得越挫越勇。

作者链接

拉美特里（1709—1751），法国哲学家，医生。生于法国布列塔尼省一富商家庭。初学神学后转学医学。1733年获博士学位。后一面从医，一面从事著述。他继承和发展了唯物主义经验论和笛卡儿的机械唯物主义，公开宣扬无神论思想，认为没有宗教，人类社会就会幸福得多。著有《心灵的自然史》《人是机器》《伊壁鸠鲁的体系》等。

谁能保持永远的青春，便是伟大的人

郭沫若曾说："谁能保持永远的青春，便是伟大的人。"的确，一个人的心态决定了他的生命的高度，一个心态年轻的人，则会产生源源不断的动力。狄更斯也说：一个健全的心态比一百种智慧更有力量。……一个人有什么样的精神状态就会产生什么样的生活现实，这是毋庸置疑的。

每一个青少年朋友都充满朝气，都对未来有无限的憧憬，但如果你希望实现人生理想，你就必须要有一颗永不衰老的心，因为只有好心态和磨不灭的激情，才能帮助你战胜人生路上的种种困难。

有一位22岁的年轻人，自从大学毕业后，一直找不到工作。尽管他有英国名牌大学新闻专业的文凭，但在竞争激烈的人才市场上，他却四处碰壁。

为了求职，他从英国本土的地方，一直寻寻觅觅到首都伦敦，最后他走进了世界著名的《泰晤士报》的编辑部。

“请问你们需要编辑吗？”他十分恭敬地问。

对方看了看貌不惊人的他，说“不要。”

他又问：“那需要记者吗？”

“也不要。”对方回答说。

“那么，排字工、校对呢？”他毫不气馁。

“都不要！”对方显然已经不耐烦了。

他却微微一笑，从包里掏出一块制作精致的告示牌，交给对方，说：“那您肯定需要这块告示牌！”

对方一看，上面写了这样一句话：“额满，暂不雇用。”

他的举动让报社的人忍俊不禁。一位主管很认真地在一旁观察他，发现他并不是在调侃报社，而是一脸的真诚。主管被他的认真和顽强行动所打动，结果录用了他，把他安排到对外宣传部门工作。

20年后，他在这家英国王牌大报的职位是：总编。他就是生蒙，一位资深且有着坚韧毅力和良好人格魅力的新闻工作者。

我们看到，一个成功的竞争者，除了要具备渊博的知识和各方面的才能外，还必须有健康的心理素质，尤其是乐观向上的、青春的心。

从这个故事中，青少年朋友也应该有所启示，人的命运绝不是天定的，它不是在事先铺设好的轨道上运行的，根据我们自己的意志，命运既可以变好，也可以变坏。就是说，自己身上发生的一切事情，都是由自己的心制造出来的，这是一条根本性的原理。因此，只要你在心里种下青春的种子，你的人生就会处处丰收。

郭沫若（1892—1978），原名郭开贞，字鼎堂，号尚武。笔名沫若，麦克昂，郭鼎堂，石沱，高汝鸿，羊易之等。四川省乐山客家人，著名文学家、剧作家、诗人，是中国新诗奠基人之一。同时，还是历史学家、古文字学家、书法家、学者、社会活动家，致力于世界和平运动。郭沫若著述颇丰，主编《中国史稿》和《甲骨文合集》，全部作品编成《郭沫若全集》，共38卷。

自信和希望是青年的特权

英国著名文学家王尔德曾说："自信和希望是青年的特权。"这句话的意思是，年轻人应该是富有青春的气息和活力的，应该充满自信，对未来满怀希望。的确，无论发生什么事，无论处于什么境地，自信和希望都能帮助人们渡过难关。每一个青少年朋友，现在的你，人生的旅程才刚刚开始，也应该把自己历练成一个自信、勇敢的人。

我们发现，那些成功者在成功前，都曾受到过冷落和轻视，但是有自信的人，却能够看淡这一切，继续走自己的路，没有人不是经过一番努力，才获得成功的；"天下没有免费的午餐"，天下更没有"不劳而获"的事情，重要的是，你要有自信，并且相信自己。

畅销书作家刘墉曾经有过这么一段经历：

他的第一本书《萤窗小语》写完之后，原本打算找出版社出版，但却没有得到任何回应，后来，他不得不花钱出版，但没想到的是，他的书却卖得很火，连当初拒绝他的出版社都跌破眼镜。

对于自己的成就，刘墉是这样说的：“幸亏他的退稿，我才有今天。”刘墉还说：“当你站在这个山头，觉得另一座山头更高更美，而想攀上去的时候，你第一件要做的事，就是走下这个山头。”所以，即使今天的刘墉已经成功了，但他并没有放弃自己所坚持的，也不会因别人眼光而改变，这才是真正的自信。

的确，无论任何时候，唯有自己相信自己的才华，别人才可能相信你，自己若不放弃，别人又怎么能放弃你呢？

曾经有人问康拉得·希尔顿：“何时得知自己将会成功？”希尔顿的回答是：“当我还穷困潦倒到必须睡在公园的长板凳上时，我已经知道自己以后将会成功”。马云曾说过：“今天很残酷，明天更残酷，后天很美好，但大多数人死在昨天的晚上，看不到后天的太阳。”的确，人就是这样，只要你坚信自己，并且满怀希望，你就能勇敢地去克服困难，战胜今天、明天残酷的现实，那后天的太阳一定为你升起，可如果你不这样做，那你只能“死”在明天的晚上，永远看不到后天为你升起的太阳！

总之，青少年朋友，你要明白的是，世上最可怕的不是敌人，而是你自己，你脆弱的心是你最可怕的敌人，你只有充满自信，内心充满希望，你才能驱散眼前的阴影，才能看到收获满满的阳光。现在的你正值青春期，更是朝气蓬勃的年纪，你应该在内心注入满满的力量，以轻快的步伐迎接人生的种种挑战。

作者链接

奥斯卡·王尔德（1854—1900），英国著名文学家，是19世纪最负盛名的剧作家，他的作品在剧院演出后得到广泛赞誉，他还身兼诗人、小说家、散文家、童话作家等，他的戏剧、诗作、小说留给后人许多惯用语，如“活得快乐，就是最好的报复”。1900年王尔德因脑膜炎于巴黎的旅馆去世，终年46岁。

勇敢是全部的美德之中最强大的

法国思想家蒙田曾说：“在全部的美德之中最强大、最慷慨、最自豪的，是真正的勇敢。”的确，这个世界从来都给无畏的人让路，任何困难在毫无畏惧的人面前都将失色，他们总是能乘风破浪，不给畏惧任何侵袭自己的机会。在未来社会，要取得成就有很多必要条件，其中的一条非常重要，那就是：勇气。要记住，你若失去了财产，你只失去了一丁点；你若失去了荣誉，你就丢掉了很多；你若失掉了勇敢，你就把一切都失掉了。勇敢的人到处有路可走，并会越走越宽。

曾经有这样一个故事：

在美国，曾经发生一次严重的飓风，它袭击了整个新奥尔良。三天后，政府决定解救那些被围困在洪水中的人们。

小型的直升机最终降落在一家宽敞的屋顶上，飞行员告诉村民们，由于座位有限，只能先将孩子接走，再来接大人。尽管不愿与孩子们分离，但看着不断上涨的洪水，妇女卡特里娜还是流着泪将6岁的大儿子德蒙特和5个月大的小儿子达罗尼尔送上了直升机，此外还有他们的两个表兄弟和3个邻居小孩，年龄从14个月到3岁不等。6岁的德蒙特自然成了他们中的孩子王。

后来，德蒙特回忆起他第一次坐飞机特别是直升机时的兴奋，他说，直升机声音很大，往下看，就能看到所有的房子，可是，这些弟弟妹妹们都在哭，他却没有哭。当直升机降落时，这些孩子开始混乱起来，有的还迷路了。在这种情况下，德蒙特很冷静地拉起弟弟妹妹们的手，并且组织他们一个人拉一个人，当救援人员找到他们时，他们依然拉在一起，谁也没有走失。

后来，他们被带到了避难所，在那儿，德蒙特再次做出了令人惊喜的事。他居然清楚地记住了每个孩子的家庭、地址、父母的姓名，并且把这些信息都告诉了工作人员，最终，这些孩子都在工作人员的帮助下与自己的父母团聚了。

德蒙特的母亲谈起自己的儿子时说："当我听说他所做的事情时，我感到惊讶，同时也为他骄傲。我告诉他，他是个小英雄。"德蒙特则说："人们叫我英雄的感觉很好。"

这个小男孩才六岁，却能够临危不乱，从容面对，就其本源，是平时训练的结果，所以在关键时候就能做出"不怕"的举动。临危不乱是勇敢、坚强、智慧的集中体现。它的培养离不开在困难、挫折、失败和厄运中的磨砺。

每个青少年都应将"恰同学少年，风华正茂，挥斥方遒"作为自己的座右铭。你也要记住，无论你失去什么，都不能失去勇气。而勇气也并不是一蹴而就的，是需要你在日常生活中逐渐培养的，从现在起，无论是在学习还是生活中，都要有敢拼敢做的精神。要知道，如果胆小怕事，就不可能获得成功。

作者链接

蒙田（1533—1592），法国文艺复兴后期、16世纪人文主义思想家。主要作品有《蒙田随笔全集》。在16世纪的作家中，很少有人像蒙田那样受到现代人的崇敬。他是启蒙运动以前法国的一位知识权威和批评家，是一位人类感情的冷峻的观察家，也是对各民族文化，特别是西方文化进行冷静研究的学者。

最大的危险就是：不冒风险

丹麦哲学家克尔恺郭尔曾说过：“在一个人生命的初始阶段，最大的危险就是：不冒风险”。这句话告诉所有处于人生初始阶段的青少年朋友，你应该有冒险精神，人生路上、一马平川的发展可能会比较顺利，但绝不会有所作为，只有勇气才能让你在机遇面前敢于尝试，敢于冒险，才能得到别人所得不到的。

据社会学专家预测，未来的社会将变成一个复杂的、充满不确定性的高风险社会，如果人类自由行动的能力总在不断增强的话，那么不确定性也会不断增大。

青少年朋友们，你应该意识到，各种变化已经在我们身边悄然出现，勇敢地投身于其中的人也越来越多了，而如果你不积极行动起来、缺乏竞争意识、忧患意识，安于现状、不思进取，如果你还没被惊醒的话，就会被时代所抛弃，被那些敢于冒险的人远远甩在后面。当然，现阶段，你应该把眼光重点放在培养自己的冒险精神上。

世界著名企业家狄奥力·菲勒并非出生贵族和官宦之家，相反，他生于一个贫民窟，但在幼时，他就表现出了与众不同的财富眼光。

很小的时候，他做了第一笔生意。那时，他想买玩具，可是又没钱，于是，他把从街上捡来的玩具汽车修好，让同学玩，然后向每人收0.5美元。很快，不到一个星期的工夫，他挣到的钱就能买一辆新的车了。从这件事中，他收获颇多。

成年后的菲勒更是有着惊人的生意头脑。一次，日本的一艘货轮遇到了风暴，船上的一吨丝绸被染料浸过，上等的丝绸变成没人要的废品，货主打算把这些布匹都扔了。菲勒听到这个消息后，马上找到货主，表示愿意免费把这批废品处理掉，货主非常感激。得到这匹布后，他就把它做成了迷彩服装。这笔生意让他赚到十余万美元。

再后来，菲勒用10万美元买了一块地皮。一年后，新修建的环城路在那块地附近经过。一位开发商用2500万美元从他手中买走了那块地。

菲勒的思维是与众不同的，他有一双发现财富的慧眼，能够“在别人司空见惯的东西上发掘商机”，这是菲勒最可贵的创业资本，也是他成功的秘诀。不过这里，我们更佩服的是他的勇气，那就是敢想并敢做。一个人，即使有再多的想法并信誓旦旦，如果不付诸实施，那也是徒劳。

的确，人的一生就是一场冒险，走得最远的人是那些愿意去做、愿意去冒险的人。每个青少年朋友，都要相信自己会有所作为，只要你鼓起勇气，尝试第一步，这才是真正的勇者。

作者链接

克尔恺郭尔（1813—1855），丹麦哲学家，曾就读哥本哈根大学。后继承巨额遗产，终身隐居哥本哈根，以事著述。他的思想成为存在主义的理论根据之一，被视为存在主义之父。著有《非此即彼》《恐惧与战栗》《人生道路的阶段》等。

过分冒险的人既丢骡子又丢马

法国作家拉伯雷曾说：“不敢冒险的人既无骡子又无马，过分冒险的人既丢骡子又丢马。”这句话的含义是，我们每个人都应该有冒险精神，但绝不能盲目冒险。

在今天的全球化世界中，随机性和偶然性越来越大，往往变幻莫测，难以捉摸。在如此不确定的环境里，勇气就成了最宝贵的资源。人这一生最可悲的不是没有能力，而是没有勇气。当机遇一次次擦肩而过时，如果没有勇气去抓住，那么其他方面再怎么强也没有用。相反有了充足的勇气，哪怕自己的条件比不上别人，成功的机会也比别人更多。

青少年朋友们，无论你失去什么，都不能失去勇气，勇气是你走进目的地的钥匙，但这并不是说你可以盲目冒险。培根曾说：“我们要时时注意，勇气常常是盲目的，因为它没有看见隐伏在暗中的危险与困难，因此，勇气不利于思考，但却有利于实干。所以对于有勇无谋的人，只能让他们做帮手，而绝不能当领袖。”犹太人被世界公认是非常精明并且敢于冒险的一族，正是兼备了这两种品质，他们才能解决遇到的危机。

约瑟夫是个聪明的犹太商人。他曾经投资一家小型保险公司，谁知这家公司居然遇到了火灾，许多投资人心慌意乱，纷纷把自己的股份卖了。但约瑟夫却剑走偏锋，买下了所有的股份，别人都以为他疯了。

这的确是一场大的赌博，但事实证明，他是有眼光的。这家公司的信誉越来越好，很多新的客户很放心地在他这投保，约瑟夫由此也发了大财。

的确，在不少犹太人看来，每一次风险都隐藏着许多成功的机会，只有敢于冒险的人，才会赢得财富。

在外人看来，约瑟夫的做法是冒险的，但约瑟夫并不是有勇无谋，他就是掌握了人们对保险这一行业的心理，只有自信，才能让他人相信自己，约瑟夫的这一举动，正是向人们证明了这一点，他所投资的公司的信誉自然也就增加了。

我们都知道，青春期正是“初生牛犊不怕虎”的年纪，凡事积极进取，做事容易欠缺考虑，于是，很容易走弯路，而实际上，只有用理性指导激情，你才是真正的勇者。

所以，青少年朋友，无论做什么事，你都不能鲁莽行事，为了冒险而冒险，在决定做某件事情前，一定要挖掘足够的信息，然后才能够准确预测出“有所作为的风险”和“无所作为的风险”，这样的冒险才是最智慧的选择，才能使自己立于不败之地！

作者链接

拉伯雷（约1495—1553），欧洲文艺复兴时期重要的人文主义作家之一。他出身于律师家庭，早年受僧侣教育，在僧院里就已研读古希腊文学和哲学。后到法国各地游学，和散居各地的人文主义者讨论问题。游学时期，他有机会接近底层民众，增加了对社会的认识。他对数理、医药、考古、天文、植物等都做过研究。1530年后，他在里昂行医，是法国最早研究解剖学的医生之一。他不仅用医药减轻病人的痛苦，还写些故事供他们消遣，他的文学创作就是这样开始的。

青春不是人生的一段时期，而是心灵的一种状态

古罗马哲学家塞涅卡曾说过这样一句话：“青春不是人生的一段时期，而是心灵的一种状态。”这句话为我们每个人解释了什么是青春。的确，青春并不是指的是人生的某个生理年龄期，而是人的心灵状态。一个人，心态年轻、有活力，那么，他永远都是年轻的，相反，一个年轻人，如果死气沉沉，他就会显得老态龙钟。

每一个青少年朋友都正处于人生的初始阶段，每天要面临繁重的学习，但无论如何，你都要记住，你应该用热情和活力点燃青春的梦想。

在西雅图有一个举世闻名的派克鱼摊，那里有洋溢着快乐的“飞鱼”表演。只要你走进市场，很快就会看见在市场的尽头聚集了一群人，老远可以听到他们的喧哗声。走近了，你会发现大家像是看街头表演似的，一圈又一圈地围着几个穿着亮橘色塑胶背带裤的年轻小伙子观看。其中一个小伙子从身旁的鱼摊上拿起一条鲑鱼，转身就朝柜台一丢，底气十足地高声喊：“鲑鱼飞到威斯康辛!”柜台里的人敏捷地接住鱼，也大喊：“鲑鱼

飞到威斯康辛!”他刚大声喊完，鱼就包好了，顾客开心地接过“飞鱼”，在围观群众的欢呼中满意地离去。尽管海风越吹越冷，但是这鱼摊总是被人潮与笑声围得暖烘烘的。

鱼贩说，几年前，这个鱼市场本来是一个没有生气的地方，大家整天抱怨，后来，大家认为与其每天抱怨沉重的工作，不如改变工作的品质。于是，他们不再抱怨生活的本身，而是把卖鱼当成一种艺术。再后来，一个创意接着一个创意，一串笑声接着另一串笑声，他们成为鱼市场中的奇迹。

有时候，鱼贩们还会邀请顾客参加接鱼游戏。即使怕鱼腥味的人，也很乐意在热情的掌声中一试再试，意犹未尽。每个愁眉不展的人进了这个鱼市场，都会笑逐颜开地离开，手中还会提满了情不自禁买下的鱼，心里似乎也会悟出一点道理来。

可能在常人看来，卖鱼的工作会让我们感觉到平庸甚至厌倦，但这些鱼贩们却以不同的心态在工作，他们能在自己最平凡的岗位上享受着工作带来的乐趣，并感染着身边的人，其实，这也是一种事业的成功，因为他们找到了自身存在的价值。

毋庸置疑，无论是谁，凭借活力，可以释放出潜在的巨大能量，凭借热情，我们可以把枯燥乏味的工作变得生动有趣，凭借热情，我们可以感染周围的亲友，让他们理解自己、支持自己，拥有良好的人际关系，更可以获得上司的提拔和重用，赢得珍贵的发展的机会。而相反，作为年轻人，如果你死气沉沉的，对任何事都提不起兴趣，那么，你带给周围人的效应也是消极的，在一连串消极情绪的影响下，向往积极情绪的人们只会否定你，远离你，甚至孤立你。而这会给你们的工作带来障碍，并阻碍人际关系的发展。

作者链接

塞涅卡，出生于西班牙南部的科尔多瓦，是古罗马政治家、哲学家、悲剧作家、雄辩家、新斯多葛主义的代表。他早年信奉毕达哥拉斯的神秘主义和东方的宗教崇拜，后皈依斯多葛派。他曾任帝国会计官和元老院元老，后又任掌管司法事务的执政官和后来的皇帝尼禄的家庭教师。尼禄即位后，他成为尼禄的主要顾问之一。失宠后闭门谢客，潜心写作，但仍被控企图谋害尼禄而被判处死刑。

人应当具有激情，但是也应当具有驾驭激情的本领

丹麦物理学家玻尔曾说：“人应当具有激情，但是也应当具有驾驭激情的本领。”这句话强调了激情与理智的同等重要性。每个人都要有勇气，敢想敢做，不畏惧风雨，不怕挫折，不惧坎坷。但勇敢不等于鲁莽，不等于粗野，它是一种骨气，是一种真正的浩然正气。因此，你不仅需要勇气，还需要智谋，还要有思维的头脑，审时度势，运筹帷幄。

只有训练自己的思维，具备理智的头脑，才能减少风险因素。

三国勇将关羽关云长，跨下赤兔胭脂马，掌中青龙偃月刀，过五关，斩六将，温酒斩华雄。他是位勇者，更是位智士。一次，猛将周仓寻关羽比武，来到江边，比试力气。关羽让周仓掷一根稻草过江，他用尽了力气，稻草仍然落在江中。关羽手捻须髯，微微一笑，顺手拿起一捆稻草，一用力，飘然过江。结果，周仓心服口服，甘愿为关羽牵马缀蹬。

关羽的故事告诉我们，只有勇气是不够的，有勇有谋，才是胜者，更是成功者所必备的条件。

一般来说，青少年朋友的思维都比较活跃，但也要培养自己多角度看问题的能力。对于一个问题，找出的答案越多越好。在人生的旅途上，不仅需要信心、激情和坚韧，还需要清醒的头脑，需要理智。跌倒的时候，先别急着爬起来，不妨看看是什么绊住了自己。只有找到摔倒的缘由，才能不再重蹈覆辙，避免更大的失败。

无论是学习、做事还是思维活动，只有积极思考，转换思路，不断寻找新的做事方法，你才能够发现、创造更多的机会，实现自己的目标，而要真正做到这一点，你需要从日常生活中加以锻炼，比如，在生活中看见某种现象，你不妨问问自己为什么会是这样，而不是那样？喜欢研究事情的前因后果是提高全面看问题能力的好方法，用不间断的思考来丰富自己，从而加深自己的生活阅历。

除此之外，你还要锻炼自己分析问题的能力，我们对一件事物的思考过程，实际上就是我们的认知从现象到本质、从感性到理性、从具体到抽象的过程。思考其实就是一个分析的过程，由于思考，我们才能够认识事物内部、事物与事物之间的联系。

作者链接

尼尔斯·亨利克·大卫·玻尔（1885—1962），丹麦物理学家，哥本哈根学派的创始人，曾获1922年诺贝尔物理学奖。他通过引入量子化条件，提出了玻尔模型来解释氢原子光谱，提出对应原理，互补原理，对20世纪物理学的发展影响深远。

最好的满足就是给别人以满足

法国作家拉布吕耶尔曾说："最好的满足就是给别人以满足。"的确，帮助他人能帮助我们获得心灵上的快乐。乐于助人是中华民族的传统美德，是一个人良好道德水准的重要表现，每一个青少年朋友都应该培养并拥有这一品德。

在2009年"100位新中国成立以来感动中国人物"中，有个叫李春燕的人。李春燕，1977年出生于贵州省从江县，她的父亲走村串寨几十年为当地村民看病，是远近闻名、德高望重的乡村医生。卫校毕业后，李春燕和丈夫就在自己家里开设了一间卫生室，她是苗寨2500多名苗族村民中第一位受过专业训练的医生，5年来看过的病人达7000余人次。

刚边寨的王岁山每次来打针，都要叫李春燕给他编一只金鱼。12岁的王岁山患了肠套叠，在医院治疗花光了几千元的贷款后，只好来找李春燕。从李春燕家到刚边寨，得从山上到山下，走得再快也得半个小时，为给王岁山治病，李春燕每天得往刚边寨来回跑4趟。两个月时间，她累得连走路都走不稳，最后，索性把王岁山接到家里来治疗，一个多月后，王岁山痊愈，而李春燕分文未收。

行医的同时，李春燕还为村里的产妇接生。每年，村里通过她迎接的新生命就有几十个。接生一个孩子，得到的回报超不过5元钱，有时守候一个通宵，只有几角钱。

在新闻媒体对李春燕报道后的一段时间，她平均每天都要接到40多个来自各地的电话，其中不少是被她的事迹感动后邀请她外出发展的。李春燕的回答是："别人的邀请并不是没考虑过，如果我真的走了，这里乡亲生病就没有人给他们医治了，我舍不得丢下他们，虽然贫穷，但他们的生命同样可贵。"

生命在隐秘的收费单和先进的手术台上曾经被轻视，却在遥远的苗寨被一位平凡女子的双手找回，没有翅膀她依然是天使。的确，没有这样一份高尚的人格，又怎样有这样强烈的社会责任感？又怎么会坚守大山，为大山的医疗事业贡献自己的力量？

青少年朋友们，你可能会认为，现在的我还得靠父母养育，对于社会，无法做到如此奉献。但真正的奉献不是用财富来衡量的。只要你不吝啬付出，在他人需要帮助的时候伸出援助之手，那么，你的人生财富也就在不断积累，你的人生就在不断充实！你有一颗爱别人，爱社会，肯奉献的心，才能被人尊重，为人称颂！

有句话说得好：关心他人，竭尽全力去帮助别人，会使人变得慷慨；关心别人的痛苦和不幸，设法去帮助别人减轻或消除痛苦和不幸，会使人变得高尚；时常为他人着想，会丰富自己的生活，增加自己的涵养，最终，我们会收获更多的快乐！

作者链接

拉布吕耶尔（1645—1696），法国作家，出生于巴黎一个资产阶级家庭。1684年经博叙埃主教推荐当波旁公爵孙子的老师，后任公爵的侍从，因而获得小贵族身份。拉布吕耶尔独身到老，没有成家。平日除办理公务外，把全部时间都用在著书上。他写作《品格论》，于1688年问世，引起人们广泛的注意。从1688—1696年，《品格论》重版 9次，每次重版，他都增加新材料。第 9版出书时，篇幅已经比初版增加了3倍。《品格论》是法国文学史上一部划时代的散文名著，对后世影响甚大。例如18世纪孟德斯鸠的《波斯人信札》，在文章体例和散文风格上都受到《品格论》的影响。

第8章

青春篇：不让恶习主宰生命

英国著名哲学家培根曾说过：“习惯真是一种顽强而巨大的力量，它可以主宰人生。”好的习惯是人们走向成功的钥匙，而坏的习惯是通向失败的敞开的门。健康人生的基础是良好行为习惯的培养，不管是美好的品德，还是较强的学习能力，一切都基于良好习惯的培养。因此，青少年朋友们，你也应该从现在起注重培养自己的好习惯，努力克服自己的坏习惯，那么，你的人生路一定会变得一往无前。

习惯是在习惯中养成的

古罗马喜剧作家普劳图斯曾说："习惯是在习惯中养成的。"这句话的含义是，任何习惯的养成都不是一朝一夕，而是长久形成的。习惯的力量是巨大的，人一旦养成一个习惯，就会不自觉地在这个轨道上运行。如果是好习惯，则会终身受益；反之，就会在不知不觉中害你一辈子。通常我们说一个人素质不高，往往就是因为这个人有许多坏习惯。

我们著名教育家叶圣陶先生也认为，要养成某种好习惯，要随时随地加以注意，身体力行、躬行实践，才能"习惯成自然"，收到好的效果。"行成于思毁于随"，良好习惯形成的过程，是严格训练、反复强化的结果。

美国著名数学家维纳，在回忆父亲对他早期学习习惯的严格训练时说："代数对我来说没有什么困难，可父亲的教学方法，使我们精神不得安宁，每个错误都必须纠正。他对我无意中犯的错误，第一次是警告，是一声尖锐而响亮的'什么'，如果我不马上纠正，他会严厉地训斥我一顿，令我'再做一遍'。我曾遇到不止一个能干的人，可是他们到后来一事无成。因为这些人学习松懈，得不到严格纪律的约束。我从父亲那里得到的正是这种严厉的纪律训练。"父亲严格的训练，终于使维纳养成了良好的学习习惯，以后成为誉满全球的科学巨人。

这里，维纳严谨的学习习惯，就是来自于他的父亲一点一滴严厉的教导。专家研究表明，3~12岁是人形成良好行为的关键期，12岁以后，孩子已逐渐形成许多习惯，新习惯要想扎下根来就难多了。青少年阶段的你们，也应该认识到这个阶段对人生良好习惯形成的重要性，无论是好习惯还是恶习，大部分都会在青春期定型。

拿破仑·希尔说："播下一个行动，你将收获一种习惯；播下一种习惯，你将收获一种性格；播下一种性格，你将收获一种命运。"事实表明，习惯左右了成败，习惯改变人的一生。一句话，成也习惯，败也习惯。青少年朋友们，如果你希望养成一些受益终身的好习惯，就要从现在起，在日常生活中有意识地训练自己。因为一般说来，习惯可以在有目的、有计划的训练中形成，只要你做到坚持，长此以往，好习惯自然就会悄悄形成。

作者链接

普劳图斯（约前254—前184），罗马第一个有完整作品传世的喜剧作家，出身于意大利中北部平民阶层，早年到罗马，在剧场工作。后来他经商失败，在磨坊做工人，并写作剧本。他也是罗马最重要的一位戏剧作家。他的喜剧都是由古希腊新喜剧改编而成的，具有一定的现实意义。除了滑稽喜剧之外，普劳图斯也写过几部严肃喜剧，其中以《俘虏》最为著名。

一个钉子挤掉另一个钉子，习惯要由习惯来取代

荷兰哲学家伊拉斯谟曾说过："一个钉子挤掉另一个钉子，习惯要由习惯来取代。"这句话的含义是，要克服坏习惯，就要逐渐培养自己的好习惯，长此以往，好习惯就会代替坏习惯，最终让我们受益终身。的确，

一种行为习惯，是人们成长过程中，在很长一段时间内逐渐形成的一种行为倾向。从某种意义上说，“习惯是人生最大的指导”。

可见，好的习惯是十分重要的，它可以让人的一生发生重大变化。满身恶习的人，是成不了大气候的，唯有有好习惯的人，才能实现自己的远大目标。为此，青少年朋友们，你若想拥有一个成功的人生，就必须改掉当下存在的一些坏习惯。

曾经有一位智者，有一天，他带领弟子来到一片草地上除草。

他问弟子：“怎样才能将草地上的杂草除尽？”弟子们一听，想了很多种办法，要么是拔，要么是挖，要么是铲，但智者说，这些方法都没用，因为“野火烧不尽，春风吹又生”。

“什么才是最好的办法呢？”弟子们纷纷问。智者说：“明年你们就知道了。”

到了第二年，弟子再回来发现，这片草地长出了成片的粮食，再也看不见原来的杂草。弟子们这才明白，原来智者所说的最好的方法是在草地上种粮食。

用粮食根除杂草是一种智慧。我们在培养习惯时，是否可从智者那里领悟借鉴呢！好习惯多了，坏习惯自然就少了。

成功始于习惯，失败也始于习惯；成功者有成功的习惯，失败者有失败的习惯！每个青少年朋友都有自己的行为习惯，但有些坏习惯会阻碍你的成长。为此，你必须戒除以下几种坏习惯：

1.自制力不强

自制力的形成不是一蹴而就的，也不是下了决心就能获得的，这是一个长期的过程。

以学习为例，如果你决定从明天起好好学习，要每天学习10个小时以上，那么，你很可能因为没有达到目标而气馁，而如果你先给自己定一个较为合理的目标，比如，你可以在第一周每天学习1个小时，少玩15分钟，倘若做到这一点的话，第二周每天学习1个半小时，少玩20分钟，再做到这一点的话，就可以每天学习2个小时，少玩30分钟。慢慢地，你会发现，自觉地学习已经成为你的一种习惯，而自制力也自然而然地形成了。任何坏习惯的改变或好习惯的形成都可以采取这个方法。

请记住，循序渐进，有利于培养自己的自信心，并且不会给自己造成过大的心理压力，从而能轻松地锻炼自制力！

2.准备不足

你学习能力很好，但为什么一到考试就失利，因为你对自己太有自信了，你认为自己不用复习就能取得好成绩，实则不然，考试前的准备不充分是很多人失利的重要原因。因此，从现在起，无论你对自己的评估如何，都不要掉以轻心了。

3.不能坚持到底

你也想努力做一件事，比如钻研某件乐器，搞好学习等，但往往使你最终不能成功的原因是因为你的中途退缩。如果你不能在青春期就克服这一坏习惯，那么，它会影响到你的一生。

当然，你需要改正的坏习惯还有很多，需要你在日常生活中有意识地加以改正，久而久之，伴随你的就是一些好习惯了。

作者链接

德西德里乌斯·伊拉斯谟（约1466—1536），荷兰哲学家，16世纪初欧洲人文主义运动主要代表人物。1524年写了《论自由意志》。他知识渊博，忠于教育事业，一生始终追求个人自由和人格尊严，但忽视自然科学。

如果懒惰不产生恶习或祸患，那通常也一定产生沮丧

英国地质学家史密斯曾说：“如果懒惰不产生恶习或祸患，那通常也一定产生沮丧。”从他的这句话中，我们能看出来懒惰这一恶习所带来的负面影响。事实上，每个人都有懒惰的心理，这是人类的天性。只是有些人能克服自己的惰性，并能以勤奋代之，最终取得成功；而有些人则任由懒惰这条又粗又长的枯藤来缠着自己，阻挡着自己的前进。青少年朋友，如果你也是个懒惰的人，那么，从现在起，你一定要努力克服。我们发现，从古至今，任何一个能做到99%勤奋的人都能最终取得成功。李嘉诚就是最好的例子。

有位记者曾问亚洲首富李嘉诚：“李先生，您成功靠什么？”李嘉诚毫不犹豫地回答：“靠学习，不断地学习。”不断地学习知识，是李嘉诚成功的奥秘！

李嘉诚勤于自学，在任何情况下都不忘记读书。青年时打工期间，他坚持“抢学”，创业期间坚持“抢学”，经营自己的“商业王国”期间，仍孜孜不倦地学习。李嘉诚每天工作十多个小时，仍然坚持学英语。早在办塑料厂时就专门聘请一位私人教师每天早晨7点30分上课，上完课再去上班，天天如此。当年，懂英文的华人在香港社会是“稀有动物”。懂得英文，使李嘉诚可以直接飞往英美，参加各种展销会，可直接与外籍投资顾问、银行的高层打交道。如今，李嘉诚已年逾古稀，仍爱书如命，坚持不断地读书学习。

一个人不可能随随便便成功，李嘉诚向每个渴望成功的人展示了这个道理。我们可能惊羡李嘉诚式的成功，但却做不到李嘉诚式的努力与勤奋。你不妨问问自己：你能和李嘉诚一样勤奋吗？你是不是经常为自己的懒惰找借口？也许，有些人会说，我不够聪明。而实际上，即使智慧，也

源于勤奋。没有人能只依靠天分成功。自身的缺点并不可怕，可怕的是缺少勤奋的精神。勤奋面前，再艰巨的任务都可以完成，再坚定的山也都会被“移走”。滴水能把石穿透，万事功到自然成。唯有勤劳才是永不枯竭的财源。

也许有人会说，我还年轻，有大把的时间，但你可能没有意识到，现在的你还是聪明的，但如果你不继续学习，就无法使自己适应不断发展的时代，就有被淘汰的危险。只有善于学习、懂得学习的人，才能提高各方面的能力，才能够赢得未来。

总之，从现在起，你要紧抓一切时间学习，只有最充分地利用好当前的时间，才不会有“白首方悔读书迟”的遗憾。不要沉浸在对未来美好的向往中而放松了眼前的努力，山上风景再好，如不一步一步地努力攀登，是永远不会登上“险峰”而一览“无限风光”的。

作者链接

史密斯（1769—1839），英国著名的地质学家。1804年任地质工程师，1835年获爱尔兰都柏林大学特林尼蒂学院法学博士学位。1793—1799年，他参加了开凿运河的测量与调查工作，他是世界上第一个按照沉积岩中所含动物和植物化石来决定地层顺序的人。

欺人只能一时，而诚信才是长久之策

英国博物学家约翰·雷曾说：“欺人只能一时，而诚信才是长久之策。”这句话向我们表明了诚信的重要性。当今社会，合作的重要性已经日益凸显，而与人合作，守信是第一大原则。因此，要想在未来社会站住脚，就必须养成说到做到、“言必信，行必果”的好习惯，一个有信义的人，才是有魅力的人。

宋庆龄的母亲叫倪桂芝，浙江余姚人。早年毕业于上海培文女子高等学堂，后在一所教会学校教书，爱好文学和钢琴。她是一位贤淑而且有教养的女性，同时又接受了西方文化的熏陶。

一个星期天，宋耀如准备带着全家去朋友家做客，孩子们穿好礼服就要出发了，只有宋庆龄仍在钢琴前弹奏着那动听的音乐。

母亲喊道："孩子们快走吧，伯伯正等着我们呢！"听到妈妈的喊声，宋庆龄立即合上琴盖，跑出房间，拉着妈妈的手就走，刚迈出大门，突然又停住了脚步。"怎么呀？"一旁的宋耀如看到宋庆龄停住了脚步，不解地问道。"今天我不能去伯伯家了！"庆龄有些着急地说。"为什么不能去，孩子？"倪桂芝望着女儿说。"妈妈，爸爸，我昨天答应小珍，今天她来我家，我教她叠花。"庆龄说。"我原以为有什么非常重要的事情呢？这好办，以后再教她吧！"父亲说完，便拉着庆龄的手就走。

"不行！不行！小珍来了没人，那多不好呀！"庆龄边说边把手从父亲的大手里抽回来。"那也不要紧呀！回来后你就到小珍家去解释一下，并表示歉意。明天再教她叠花不也可以吗？"妈妈说。"不！妈妈，您不常说要信守诺言吗，我答应了别人的事，怎么可以随意改变呢？"宋庆龄不停地摇着头说。"我明白了，我们的罗莎蒙黛是一个守信用的孩子，不能自食其言是吗？"妈妈望着庆龄笑了笑，接着说，"好吧，那就让我们的罗莎蒙黛留下吧！"

宋耀如夫妇放心不下家中的小庆龄，在客人家吃过中午饭，就提前匆匆地回到家中。一进门，宋耀如高声喊道："亲爱的罗莎蒙黛，你的朋友小珍呢？"宋庆龄回答说："小珍没有来，可能是她临时有什么急事吧！""没有来，那我的小罗莎蒙黛一个人在家该多寂寞呀！"倪桂芝心疼地对女儿说。"不，小珍没有来，家中虽然只有我一个人，但是我仍然很快活，因为我信守了诺言。”宋庆龄辩解道。听了小庆龄的话，宋耀如夫妇满意地点了点头。

看完这个故事，我们不得不承认，宋庆龄是中华儿女敬佩的女性，小时的她就是个信守诺言的人。

在生活中，我们发现，越是诚实的人，信誉就越高，越能获得人们的真诚信任。因此，青少年朋友，在生活中，你一定要讲信用，负责任，答应别人的事要兑现，如果经过再三努力仍没有做到，应诚恳地说明原因，表示歉意。另外，在答应别人之前，要慎重考虑有没有能力和把握做到，也应留下余地，不要大包大揽。

作者链接

约翰·雷（1627—1705），英国博物学家，被誉为英国博物学之父。他发表了大量植物学、动物学及自然神学方面的著作。在其专著*Historia Plantarum*中对植物的分类是现代分类学历史中重要的一步。

拖延是止步于昨日的艺术

美国作家唐·马奎斯曾说：“拖延是止步于昨日的艺术。”人的一生，短短几十载，生命是有限的。如果我们浪费时间，工作和生活总是被那些琐碎的、毫无意义的事情所占据，那么我们就没有精力去做真正重要的事情了。世界上有很多人埋头苦干，却成就一般，如果他们充分利用了自己的时间和精力，绝对可以做出更有价值的事情来。

青少年朋友，你要记住的是，无论是生活还是学习，大事还是小事，凡是应该立即去做的事情，就应该立即行动，绝不能拖延，要尽全力日事日清。的确，我们的一生中，是有很多个明天，但如果把什么都放在明天做，那明天呢？明天的明天呢？有句话说得好，“我们活在当下”，明天属于未来，我们只有把握好现在，才能决定明天的生活。

曾经有一个关于寒号鸟的传说。

这种鸟很特别，它长着四只脚，两只光秃秃的肉翅膀，不会像一般的鸟那样拥有轻盈的翅膀，不会在天空飞行。其实，寒号鸟原本不是这样的。

很久以前的一个夏天，寒号鸟比其他鸟类更漂亮，它全身长满了洁白的、美丽的羽毛，因此，它很骄傲，认为自己已经是最漂亮的鸟了，甚至不把鸟类之王——凤凰放在眼里，它每天也不干活，只是炫耀自己的美貌。

很快，秋天来了，所有的鸟类都各自忙开了，有的开始飞向南方避寒，也有的在准备过冬的食物，只有寒号鸟，既没有飞到南方去的本领，又不愿辛勤劳动，仍然是整日东游西荡的，还在一个劲地到处炫耀自己身上漂亮的羽毛。

一眨眼，冬天终于来了，大雪纷飞，所有的鸟类都躲起来过冬了，但寒号鸟却饥寒难耐，而且，它身上的美丽的羽毛也都掉光了，它更冷了，它只有躲在石缝中避寒，它不停地叫着：“好冷啊，好冷啊，等到天亮了就造个窝啊！”等到天亮后，太阳出来了，温暖的阳光一照，寒号鸟又忘记了夜晚的寒冷，于是它又不停地唱着：“得过且过！得过且过！太阳下面暖和！太阳下面暖和！”

终于，整个冬天，寒号鸟都这样凄惨地过着。等到春天来的时候，其他鸟类飞来石缝旁边时，寒号鸟已经冻死了。

这个寓言故事说明了拖延就是对我们宝贵生命的一种无端浪费。青少年朋友们，你有过这样的经验吗？你在上学时会不会拖到最后时刻才交作业？或者经常等到快考试时才马不停蹄地“开夜车”复习功课？你也清楚地知道，拖延是不好的习惯，可是，你是否真正思考过，多年来由于拖延为你带来了多大的损失吗？

因此，如果你是个喜欢拖延的人，那么，你必须想方设法将其从你的个性中除掉。如果不下决心现在就采取行动，那事情永远不会完成。当然了，如果你不打算成功、不打算超越他人和自己、不打算改变现状的话，那你可以放任自己的拖延陋习。

作者链接

唐·马奎斯（1878—1937），美国新闻记者和作家。马奎斯出生于伊利诺伊州的沃尔纳特。1902年进入亚特兰大的一家报社做编辑工作。1912年他去了纽约，在《太阳报》和《论坛报》上发表专栏文章，从此声名鹊起。《清教徒之子》（*Sons of the Puritans*）（1939年）是一部具有浓厚自传色彩的小说，但是并未创作完成。

在世界上我们只活一次，所以应该爱惜光阴

俄国心理学家巴甫洛夫曾说：“在世界上我们只活一次，所以应该爱惜光阴。”这句话告诉生活中的所有人也包括青少年朋友，一定要养成珍惜时间、守时的好习惯。很多父母在生活中都曾这样评价自己的孩子：“现在的孩子知识面广，脑子灵，就是有点‘懒’”。不得不承认的是，一些青少年朋友在生活和学习中时间观念比较差，总是希望自己的生活和学习被老师和家长安排得妥妥当当，凡事拖拉。长此以往，他们会形成一种依赖心理，这是不利于他们成长的，因此，你若不想自己成为小霸王、小懒虫、小磨蹭，明智的做法就是培养自己守时的习惯。

德国哲学家康德从小就在父亲的教育下养成了严谨的生活习惯，他每天散步要经过镇上的喷泉，而每次他经过喷泉的时候，时间肯定指向上午

七点。

这种有条不紊的作风正是哲学家严密思维的根源。每个人，只有在自己的时间被充分利用而不被浪费的情况下，生活才是充实的，做事才是有效率的。

不重视时间是所有人尤其是青少年学习乃至生活中的大敌。养成守时、有序、高效的好习惯，是你一生受用不尽的财富。从人生成功的角度讲，统筹规划的意识和能力是一个要做大事的人取得成功所必须具备的一项重要素质，而这种素质只能在从小就习惯制订具体的学习计划并严格执行的实践中才能培养形成。

要养成守时的好习惯，你一定要培养自己的时间意识。

“一寸光阴一寸金，寸金难买寸光阴”，从小培养自己的时间意识，懂得珍惜时间，学会管理时间，成为时间的真正主人，对你的成长可谓大有裨益。

作者链接

巴甫洛夫·伊凡·彼德洛维奇（1849—1936），俄国生理学家、心理学家、医师、高级神经活动学说的创始人，高级神经活动生理学的奠基人。条件反射理论的建构者，也是对心理学发展影响最大的人物之一，曾荣获诺贝尔奖。

脾气暴躁是人类较为卑劣的天性之一

达尔文曾说：“脾气暴躁是人类较为卑劣的天性之一，人要是发脾气就等于在人类进步的阶梯上倒退了一步。”这句话告诉所有脾气不好的人们，学会控制自己的情绪，是一种良好修养的表现。每个青少年朋友，都应该学会承担起生活的不如意，而不是一遇到事就发脾气。当然，每个人都有脾气，青春期更是躁动易怒的年纪，因此，控制自己的脾气，需要一个过程。

美国石油大王洛克菲勒遇到一件匪夷所思的事：

这天，他正在办公，他的门突然被打开了，进来一个陌生人，这个人直奔到他的办公桌前，用拳头狠狠地击了一下桌子，然后火气十足地说：“洛克菲勒，我恨你！我有绝对的理由恨你！”接着这个脾气火暴的莽汉恣意谩骂洛克菲勒达10分钟之久。

洛克菲勒公司的人都赶来了，有职员、秘书，还有其他管理者，看到此情此景，大家都气愤极了，他们满以为洛克菲勒会打电话叫来保安，把这个无礼的家伙从办公室内赶出去，他完全可以这么做，但出乎所有人意料的是，洛克菲勒停下手中的活，用和善的眼神注视着眼前这位言语攻击者，而且一言不发，对方越暴躁，他就显得越和善。

最终，倒是这个无礼的人被洛克菲勒弄得莫名其妙，并渐渐地平息下来。实际上，他是故意来此与洛克菲勒作对的，并且，他在攻击洛克菲勒前，已经做好了各种回击洛克菲勒的准备。但是，洛克菲勒就是不开口，这反而让他不知如何是好了。

最终，他又在洛克菲勒的桌子上猛敲了几下，仍然得不到回应，只得索然离去。洛克菲勒呢？就像根本没发生任何事一样，重新拿起笔，继续他的工作。

看完这则故事，我们不得不感慨，洛克菲勒确实是一个忍耐力极强的人。面对莽汉的无理取闹，如果他以同样的态度回应，那么，情况就会更糟。

美国的一位心理专家说：“我们的恼怒有80%是自己造成的。”而他把防止激动的方法归结为这样的话：“请冷静下来！要承认生活是不公正的。任何人都不是完美的。任何事情都不会按计划进行。”有人说，每个青春期的孩子都流着亢奋的血液，青春期的他们把什么都挂在脸上，不像成年人那样善于控制或掩饰自己，常常喜怒皆形于色。在与人交往的过程中，一旦产生矛盾，很容易爆发。

可见，一个成熟的人应该有很强的情绪控制能力。无论遇到什么事情，哪怕是违背自己本意的事情，都得控制自己的情绪，不能有过激的言行。唯有如此，才能成就大事，从而达到自己的目标。

所以，青少年朋友们，你要经常告诉自己："发火前长吁三口气"，事实上，很多事情都没有想象得那么严重。如果不学着控制自己的情绪，任着性子大发脾气，不仅解决不了问题，还会伤了和气。

查尔斯·罗伯特·达尔文（1809—1882），英国生物学家，进化论的奠基人。曾乘贝格尔号舰作了历时5年的环球航行，对动植物和地质结构等进行了大量的观察和采集。出版《物种起源》这一划时代的著作，提出了生物进化论学说，从而摧毁了各种唯心的神造论和物种不变论。除了生物学外，他的理论对人类学、心理学、哲学的发展都有不容忽视的影响。

运动是一切生命的源泉

达·芬奇曾说："运动是一切生命的源泉。"的确，生命在于运动，运动是保持身体健康的重要因素。早在2400年以前，医学之父希波克拉底就讲过："阳光、空气、水和运动，这是生命和健康的源泉。"生命和健康，离不开阳光、空气、水分和运动。长期坚持适量的运动，可以使人青春永驻、精神焕发。

青少年朋友们，现在的你正处于人生的初始阶段，朝气蓬勃，但也会在生活和学习中遇到种种问题而不知如何宣泄。其实，运动就是一个很好的方法。据统计，有50%的人一周中至少有一天会感到疲惫。美国乔治亚州大学的研究者通过研究分析得出：让身体动起来可以增加身体能量、减少疲累感。因此，你有必要从青少年阶段就养成运动的好习惯。

我国著名的地质学家李四光，在著名的伯明翰大学学习期间，正值第一次世界大战爆发。以英、法、俄为一方的协约国和以德、意、奥为一方的同盟国，为重新瓜分世界，争夺殖民地，展开了生死大战。一时间，生活物资日益短缺，物价开始上涨，生活极度困难，许多留学生已无法忍受，纷纷离开英国。但李四光硬是凭着顽强的毅力和从小养成的坚忍精神，节衣缩食，克服了种种困难，把学习坚持了下来。他常常利用假期，跑到矿山做临时工，赚钱维持生活，继续完成学业。

在这样艰难的时候，他乐观旷达，劳逸结合，偶尔在假日走进公园，看看名胜古迹，并利用业余时间学会了拉小提琴，成了终生的爱好。

的确，一个真正会学习的人不会打疲劳战，而是懂得通过锻炼来保持身体健康和调节情绪。不知你有没有这样的体验：当情绪低落时，参加一项自己喜欢又擅长的体育运动，可以很快地将不良情绪抛之脑后。这是因为体育运动可以缓解心理焦虑和紧张程度，分散对不愉快事件的注意力，将人从不良情绪中解放出来。另外，疲劳和疾病往往是导致人们情绪不良的重要原因，适量的体育运动可以消除疲劳，减少或避免各种疾病。一位著名医生说："运动就其作用来说可以代替任何药物，但世界上的一切药品并不能代替运动的作用。"

有研究表明，体育锻炼可以改善神经系统对肌肉的控制能力，使人体的反应速度、准确性和机体协调能力得到提高。科学工作者在对出生6周的婴儿进行脑生物电流测量时发现，长期对婴儿进行右手的屈伸练习，能加速大脑左半球语言区的成熟。这足以表明体育运动有助于孩子神经系统的发育和完善。

总之，青少年朋友，你应该明白的是，青春期就是挥洒汗水的年纪，学习之余，如果你能养成运动的好习惯，那么，你不但会练就健美的身体，还会收获一份好心情。

作者链接

列奥纳多·达·芬奇（1452—1519），意大利文艺复兴时期的博学者：除了是画家，他还是雕刻家、建筑师、音乐家、数学家、工程师、发明家、解剖学家、地质学家、制图师、植物学家和作家。他的天赋或许比同时期的其他人物都高，这使他成为文艺复兴时期人文主义的代表人物，也使得他成为文艺复兴时期典型的艺术家，也是历史上最著名的画家之一，与米开朗基罗和拉斐尔并称文艺复兴三杰。

勿以恶小而为之，勿以善小而不为

《三国志·蜀书·先主传》裴松之注中有这样一句话：“勿以恶小而为之，勿以善小而不为。”这句话告诫生活中的每一个人都要心存善心，从生活中的小事做起，多助人。青少年朋友们也要把“日行一善”作为自己人格砥砺的重要方面，做个善良的人，培养自己的良好品质。

在美国，有个叫亨利的著名作家，一次，他的侄子来他家做客，他们谈到了善良这个话题。

他问自己的侄子：“你知道什么是善良吗？”

侄子点点头，说“我知道，可是我不知道怎么表达。”

亨利微笑了一下，然后继续问：“你知道什么是人生中最宝贵的东西吗？”

侄子说自己知道，他说，人生宝贵的东西有很多，比如金钱。

听到侄子这么说，亨利摇了摇头，最后说道："在人的一生中，有三种东西是最宝贵的，第一是善良，第二是善良，第三还是善良。"

善良是什么？善良就是一种无私的付出，与人为善是人类永恒不变的天性。那么，当遇到需要帮助的人的时候，你是否愿意停下来为他们想想办法？或许在不经意间，受帮助的不仅是别人，而且还有你自己——爱加上智慧是能够产生奇迹的。其实任何一次助人行为，都是完善自我、实现自我价值的机会，一个人若想真正做到内心无私地对他人付出，就必须要具备善心。

一位智者曾经说过：善良是一种远见，一种自信，一种精神，一种智慧，一种以逸待劳的沉稳，一种快乐与达观……只要我们自己本身是善良的，我们的心情就会像天空一样清爽，像山泉一样清纯！因此，无论如何，你都不能将"善心"抛弃，这样，无论你走得多远，也不会迷失本性，你获得的将是一份内心的安宁。

当然，为他人付出并不是要停留在口头上，而是要付诸实践的。平素人们都说德行，何为德？何为行？德是个人的高尚情操，是先天品赋，但并非所有的人生下来就具备了好的品性，需要后天扎扎实实地修养，也就是行，所以德需要行，才能为善，不然的话，德就是一个空洞的东西，未能为善的德只能是伪善。行是行为，善是无私，行为的无私就是行善，积德是行善的必然结果，与对方没有关系，利于别人的行为与思想就是善！

因此，每一个青少年朋友都要心存善良，多帮助他人，这一做人原则必当会成为你人生路上的指明灯，帮助你追求人生的新高度！

作者链接

裴松之（372—451），字世期，汉族，南朝宋河东闻喜（今山西闻喜）人。后移居江南。著名史学家，为《三国志注》作者。与裴骃、裴子野祖孙三代有史学"三裴"之称。

裴松之为士族官僚家庭出身，祖父裴昧官居光禄大夫，父裴珪曾任正员外郎。裴松之从小喜爱读书，8岁时已熟知《论语》、《诗经》诸书。后博览典籍，学识日进。晋孝武帝太元十六年（391年），裴松之任殿中将军，时年20岁。

路见不平，拔刀相助

元代马致远在《陈情高卧》提到成语“路见不平，拔刀相助”，的确，路见不平之事，伸出援助之手是见义勇为的一种表现。在英国历史上曾经有一项法律，当街上发现小偷、强盗之类的坏人，法律规定每个人都必须大喊大叫，并协助捉拿坏人。这项法律似乎是针对“见死不救”的立法。青少年朋友们，作为社会中的一员，你也有责任在不平事面前挺身而出，同时，这也是体现你的胆量和勇气的一个方面。其实，在我们的生活中，每天都有一些正义的人做着拔刀相助的事。

老王今年45岁，在同事眼里，他是个老古董，每天上班都走同一条路线，每天穿样式相同的衣服，甚至每天上厕所都很有规律，上午一次下午一次。以至于在同事们的眼里，谁要和老王走得近，就是一个没有性格的人。但经过那件事后，大家彻底改变了对老王的态度。

这天，该到吃午饭时间了，单位食堂的饭实在让大家难以下咽，于是，大家决定AA制去附近的一家餐馆吃饭，老王心想，既然是AA制，就破例一次吧。

走在路上，大家有说有笑，正在这时，大家看见一个卖水果的老婆婆和一个中年男人吵起来了，听老婆婆的意思是，中年人给了假钱，但他就是不承认。看到这里，大家面面相觑，似乎谁都不想管这桩闲事。这时候，老王径直走过去，大家在原地等他，十分钟后，大家看情形不对，原来那个中年人竟然动手打了老王，他们赶紧赶了过去。人多势众，对方不敢怎么样，最后，只得如数付了买水果的钱。

看着流鼻血的老王，大家都投去了赞赏的目光，自打这件事后，再也没有人在背后嘲笑他了。

这则故事的主人公老王就是个正义的人，虽然他做的是一件小事，但却赢得了其他人的尊重。青少年朋友，在你的周围，是不是也经常会发生这样一些欺强凌弱的行为，比如，年轻力壮者欺负年老者，成年人欺负孩子，男人欺负女人？那么，在遇到此类事件时，你又是如何做的呢？也许你会说，我是个未成年人，不必要太逞强。然而，你需要明白的是，一个合格的社会人，就要有一份社会责任感，就不能对不平事睁一只眼闭一只眼，就应该站出来。

当然，真正的勇者不是莽夫，在拔刀相助时如果遇到危险，你最好懂得借助他人的力量，以安全第一的原则处理，绝不能凭一时意气。比如，如果遇到手持凶器的歹徒，你最好先报警，让警方来处理。

总之，每个青少年朋友都应该传承中华民族乐于助人这一传统美德，做一个有正义感、懂得关心他人的人，成为一个受欢迎的人。

作者链接

马致远（约1250—1324），字千里，号东篱（一说字致远，晚号“东篱”），汉族，大都（今北京）人，与关汉卿、郑光祖、白朴并称“元曲四大家”，是我国元代时著名大戏剧家、散曲家。

马致远所做杂剧今知有15种，《汉宫秋》是其代表作；散曲120多首，有辑本《东篱乐府》。青年时期仕途坎坷，中年中进士，曾任浙江省官吏，后在大都（今北京）任工部主事。马致远晚年不满时政，隐居田园，以衔杯击缶自娱，死后葬于祖茔。

从他的散曲作品中，可以知道，他年轻时热衷功名，有“佐国心，拿云手”的政治抱负，但一直没能实现，在经过了“20年漂泊生涯”之后，他看透了人生，遂有退隐林泉的念头，晚年过着“林间友”、“世外客”的闲适生活。

无私是稀有的道德，因为从它身上是无利可图的

德国诗人布莱希特曾说过这样一句话：“无私是稀有的道德，因为从它身上是无利可图的。”这句话告诉我们，在行善助人的过程中，我们应抱着不求回报的态度。我们帮助他人并不是为了回报，而是让内心更为快乐安然。

中国人常讲：“善恶有福终有报。”但真正的善行是不求回报的。《易经》：“所谓善人，人皆敬之，天道佑之，福禄随之，众邪远之，神灵卫之；所作必成，神仙可冀。欲求天仙者，当立一千三百善；欲求地仙者，当立三百善。”真心的付出，是心地纯洁、没有恶意，是看到别人需要帮助时毫不犹豫地伸出自己的援助之手。

因此，青少年朋友们，在为他人付出时，都不要总想着回报，也不要因为没有回报或回报甚少而不对他人付出。因为能付出的人，不求回报也是富有的。为他人付出，可以使人在精神上产生愉悦和快乐，尤其是得到称颂的时候，会有慰藉和满足的感觉。实际上你在做好事和有益的工作时，不管是有意还是无意都会聚精会神全身心地投入。此时此刻脑海里会排除杂念和私欲，心灵得到锤炼和净化。长期如此，当然有利于身心健康和品格塑造。

从前，有个心地善良的人。这天，他看到一只蝎子掉进水里，他赶紧伸手进去救那只蝎子，谁知道，这只蝎子居然狠狠地蜇了他一下，他

疼死了。

被蜇疼了的这个人下意识地松了一下手，蝎子又掉进水里。这人一看，赶紧又伸手救蝎子，结果，蝎子又蜇了他一下……旁边的人看见了，都说这个人很傻，不明白他为什么被蜇了，还要救这只可恶的蝎子，他是这样回答的："我当然还要救它，因为我们都知道，蜇人是蝎子的天性，这很正常。可对我来说，救人是我的天职，所以我不能因为蝎子蜇人的天性而放弃我救人的天职呀……"

生活中，能像故事中救蝎子性命的人又有多少？可见，不是所有人都能不计较后果地对人付出。但真心为他人付出的人，他们的人格是高尚的，是令人敬佩的。他们在帮助他人的过程中，虽然没有得到来自他人的回报，但心灵却得到了升华。

实际上，我们生活的周围一直都不缺乏那些为他人、为社会贡献力量的不求回报的人。比如，2008年汶川地震后，多少热血青年身赴灾区，帮助那些深陷困境中的人们、支援灾后重建工作；很多创业者成为成功的企业家后，却不忘回馈社会，用自己的绵薄之力支持慈善事业；一些闹市中的青年们，在忙碌之余，会带上自己的爱心来到孤儿院、敬老院，给孤儿老人带来欢乐……

的确，人的内心充满至深至纯的幸福感，不是在满足自我，而是在满足了"他人"的时候，自己的观点也得到了认同。青少年朋友们，当你为他人排忧解难的时候，也应该摒弃一些私念，这样，你才能真正获得一份心灵的满足。

作者链接

贝尔托·布莱希特（1898—1956），著名的德国戏剧家与诗人。小时候的布莱希特是个体弱的孩子，由于先天的心脏疾病，他曾被送到疗养院修养，六岁到教会国小念书，接受拉丁和人文科学的教育，在学校期间他便开始写作，成为学生杂志《收获》的发行兼编辑。他16岁开始为地方报纸写文章，并创作了第一个剧本《圣经》。

布莱希特年轻时曾任剧院编剧和导演，并曾投身工人运动。1933年后流亡欧洲大陆。1941年经苏联去美国，但战后遭迫害，1947年返回欧洲。1948年起定居东柏林。1951年因对戏剧的贡献而获国家奖金。

第9章

青春篇：滥用时间等于虚度青春

爱默生告诫我们：“人总归是要长大的。天地如此广阔，世界如此美好，等待你们的不仅仅是需要一对幻想的翅膀，更需要一双踏踏实实的脚！”的确，青春期就是努力积累知识和学习的阶段，现在阶段的每一个青少年朋友，都应该从现在起珍惜时间努力学习，并学会利用时间，以最高的效率收到学习效果。

利用时间是一个极其高级的规律

恩格斯曾说："利用时间是一个极其高级的规律。"这句话的含义是，会不会规划时间、会不会制订学习计划，对于一个人的学习有极其重要的影响。随着年龄的增长，可能很多青少年朋友也已经意识到学习的重要性，尤其是到了初中以后，你希望自己做个更优秀的学生，希望可以走在队伍前列，但事实上，你似乎总是力不从心，似乎总是感觉时间不够用，学习效率也很低。其实，这是因为你缺少一个合理的学习计划，不会利用时间的原因。

进入初中以后，班上的男孩们似乎一下子懂事了，这不，这天课间的20分钟，他们还在讨论学习的事。

"周进，你是怎么学习的呀？"

"听说你并不是每天晚上做题到深夜，而我却是一刻都没有休息，可是学习成绩却不见好，这是怎么回事呢？"

"是啊，我也是，每天忙忙碌碌的，有时候，饭都顾不上吃，努力学习，可学习成绩还是处在中等水平。"

"制订一个合理的学习计划，我们才会高效的学习呀，不然学没学好，玩没玩好，这是两头受累啊！"

的确，合理的学习计划是提高成绩的有效途径。没有学习计划，学习便失去了主动性，容易造成东抓一把西抓一把，以致生活松散，学习没有规律，抓不住学习的重点，因而总是被其他同学远远地甩在后面。

因此，每个青少年朋友都要学会制订合理的学习计划。制订一份合理的学习计划，就等于找到了促进学习进步的金钥匙，养成守时、有序、高效的好习惯，是你一生受用不尽的财富。从人生成功的角度讲，统筹规划的意识和能力是一个要做大事的人取得成功所必须具备的一项重要素质，而这种素质只能在从小就习惯制订具体的学习计划并严格执行的实践中才能培养形成。

在时间的利用上，你应注意以下几点：

1.充足的睡眠很重要。你最起码要保证自己每天有8小时以上的睡眠，晚上要早睡，不要熬夜，中午要午休。只有有饱满的精神，才能提高学习效率。

2.集中注意力学习，不要分心。无论是玩还是学习，都要做到全力以赴。24小时不放松的学习固然没有良好的效果，但学习时依然惦记着玩，更不能学好。因此，学习时一定要全身心地投入，手脑并用。

3.主动学习。人们常说，兴趣是最好的老师。的确，只有主动、积极的学习，才能挖掘出学习的乐趣，也才能提高效率。反过来，学好了，有成果了，兴趣也就有了。因此，对于学习过程中老是弄不懂的问题，一定不要羞于向人请教，不懂的地方一定要弄懂，一点一滴地积累，才能进步。如此，才能逐步地提高效率。

能不能掌握正确的学习方法，关乎一个人学习效率的高低，而学习效率的高度，又是一个学生综合学习能力的体现。在学生时代，学习效率的高低主要对学习成绩产生影响。当一个人进入社会之后，还要在工作中不断学习新的知识和技能，这时候，一个人学习效率的高低则会影响他的工作成绩，继而影响他的事业和前途。可见，在中学阶段就养成好的学习方法和习惯，拥有较高的学习效率，对人一生的发展都大有益处。

恩格斯，全名弗里德里希·冯·恩格斯（Friedrich Von Engels，1820—1895）德国思想家、哲学家、革命家，全世界无产阶级和劳动人民的伟大导师，马克思主义的创始人之一。恩格斯是卡尔·马克思的挚友，被誉为“第二提琴手”，他为马克思从事学术研究提供了大量经济上的支持。在马克思逝世后，将马克思的大量手稿、遗著整理出版，并且成为国际工人运动众望所归的领袖。

未来的文盲是没有学会怎样学习的人

美国著名学者阿尔文·托夫勒曾说：“未来的文盲不再是目不识丁的人，而是没有学会怎样学习的人。”自古以来，中国人都强调读书学习的重要，而现代社会，人们更是把学习作为个人安身立命的需要，学习比任何时候都显得更为重要和迫切。青少年朋友们，你若要顺应时代潮流，就应当比以往任何时候都更加重视学习，并把学习当成终身事业来经营。相反，假如你不愿意主动学习、不注意学习，就会墨守成规、缩手缩脚，只有抓好了学习，才能对新事物、新知识了然于胸，新情况、新问题心中有数，才能更好地适应时代的要求。

当然，在树立学习意识后，你更应该掌握一些基本的学习能力，因为学习能力是所有能力的基础。

的确，对于现阶段的你来说，你需要学习的东西实在很多，但精力却是有限的，你不可能将这些知识都一一学会，要想在有限的时间里学会更多知识，提高适应能力，关键是要懂得如何学习，掌握了学习能力，其他能力的获得也就容易得多。

对于怎么学习的问题，我国从古至今就流传着许多脍炙人口的警句名言。例如，“学海无涯苦作舟，书山有路勤为径”“敏而好学，不耻下问”等，但要想提高学习能力，你还需要强化“三个方面”知识的学习。

1.掌握好理论知识

这类知识即为你从书本上学到的知识，只有强有力的理论指导，才能减少我们在实践操作中的错误。

要掌握好理论知识，也需要积累。比如，你需要做到认真听讲。听课是获得知识的基本途径，听好课是学习的基础；如果你能认真听讲，做好笔记，就能提高学习效率。当然，听课的方法很多，因人而异，只要有利于提高听课效率的方法，就是最佳方法。

你还需要学会做课堂笔记。人们都说“好记性比不上烂笔头”，足见笔记的重要性。初中生应养成勤记善记的好习惯。笔记可记：老师反复强调的；相似知识的对比；课文内容与现实相联系的时政知识点；分散知识的归纳综合；等等。

2.参加社会实践，帮助你实现能力的转化

如果不注重能力的转化、反受知识的束缚，将影响你能力的发挥，结果会与我们的初衷背道而驰。

参加社会实践，对于你来说，也绝对不能是什么形式主义，更不是走过场。你会在活动过程中，得到许多的乐趣。真正的知识是对于一种事物发展规律的正确认识和经验，如果你什么社会生活的经验都没有，那你的所谓知识只能是书本上的“死”知识，而不是生活中真正的知识。这样的你也绝不能自立，更别说经受得住社会的洗礼了。

3.不要让理论知识束缚手脚，否定自己的能力

比如，在面对一项工作时，一个人如果对有关知识了解不深，他会说：“做做看。”然后着手埋头苦干，拼命地下工夫，结果往往能完成相当困难的工作。但是有知识的人，常会一开头就说：“这是困难的，看起来无法做。”这实在是划地自限，且不能自拔。

作者链接

阿尔文·托夫勒（1928—），未来学大师、世界著名未来学家。阿尔文·托夫勒是当今最具影响力的社会思想家之一，1970年出版《未来的冲击》，1980年出版《第三次浪潮》，1990年出版《权力的转移》等未来三部曲，享誉全球，成为未来学巨擘，对当今社会思潮有广泛而深远的影响。托夫勒的妻子海蒂也是知名的未来学者，两人多次合作著述，2006年5月，两人的最新作品《财富的革命》全球同步出版。

不叫一日闲过

我国著名画家齐白石曾说过这样一句鼓励青少年朋友努力学习的话：“不叫一日闲过。”在学习这一问题上，每一分的进步都不会凭空从天而降，每一阶段的小胜也都不是靠运气就可以获得，化梦想为现实的道路，是一个人勤勤恳恳，一手一脚闯荡的过程。具备成功者的素质才会使你胸有成竹，而任何投机取巧只会让你心虚。

因此，每一个处于知识积累阶段的青少年朋友都应该认识到勤勉的重要性。可能你会有疑问：我现在已经上高中了，曾经没有努力学习，荒废了很多时间，现在努力会不会已经晚了？当然不是，但你首先要做的就是收拾自己的心情，然后梳理好自己的思绪，从现在开始，为成功奋斗，“不叫一日闲过”！

著名画家齐白石年逾90，每天仍作画5幅。他说：“不叫一日闲过。”他把这句话写出来，挂在墙上以自勉。一次，他过生日，由于他是一代宗师，学生朋友很多，从早到晚，客人络绎不绝。白石老人笑吟吟地送往迎来，等到送走最后一批客人，已是深夜了。年老的人，精力是差了，他便睡了。第二天他一早爬起来，顾不上吃早饭就走进画室，摊纸挥毫，一张又一张地画着。他家里人劝他："你吃饭呀。""别急。"画完5张后，才用饭，饭后他继续作画。家里人怕他累坏了，说："您不是已画了5张吗？怎么还要画呢？""昨日生日，客人多，没作画。"齐白石解释，"今天多画几张，以补昨日的'闲过'呀。"说完，他又认真地画起来了。

齐白石已为画坛成功者，年迈之时仍不忘勤奋，这不正是告诉我们：奋斗不分年龄，只要你把握现在吗？

伟大的成功和辛勤的劳动是成正比的，有一分耕耘就有一分收获，日积月累，奇迹就可以创造出来，这是绝对的真理。只有勤奋才是最高尚的，才能给人带来真正的幸福和乐趣。青少年朋友们，从现在起努力吧，你一定要树立脚踏实地的学习态度。

任何事情都必须要具备勤奋的工作态度。真正的成功是一个过程，是将勤奋和努力融入每天的生活中，融入每天的工作中。成功没有捷径，它需要脚踏实地。

另外，你可能还会问，怎样才能做到中途不放弃？对此，你要有良好的心态，乐观的精神和自信心。很多人选择目标后又中途放弃，就是因为觉得坚持这么久，没有成果，觉得自己学的没有用。其实，条条大路通罗马，既然选择了自己的路，就要毫不犹豫地走，一直在原地徘徊，犹豫不决，不知是否该前进，只能让时间白白流走。

爱因斯坦说："人的价值蕴藏在人的才能之中。在天才和勤奋两者之间，我毫不迟疑地选择勤奋，她是几乎世界上一切成就的催产婆。"如果你能做到勤奋学习、勤奋做事，你必当会有所收获。

作者链接

齐白石（1864—1957），原名纯芝，字渭青，后改名璜，字濒生，号白石、白石山翁。湖南湘潭人。近现代中国画大师，世界文化名人。早年曾为木工，后以卖画为生，57岁后定居北京。擅画花鸟、虫鱼、山水、人物，笔墨雄浑滋润，色彩浓艳明快，造型简练生动，意境淳厚朴实。所作鱼虾虫蟹，天趣横生。其书工篆隶，取法秦汉碑版，行书饶古拙之趣，篆刻自成一家，亦能诗文。曾任中央美术学院名誉教授、中国美术家协会主席等职。代表作有《蛙声十里出山泉》《墨虾》等。著有《白石诗草》《白石老人自述》等。

青年的主要任务是学习

朱德曾经说过这样一句鼓励年轻人努力学习的话："青年的主要任务是学习。"青少年朋友最大的使命莫过于学习，努力学习积累科学文化知识，才能用知识武装自己，从而更好地完成自己在未来社会的使命。

现实生活中，我们每个人都有自己的理想，并渴望成功，而最终能成功的人只不过是极少数，而大多数只能与成功无缘，他们不能成功是因为他们往往空有大志却不肯低下头、弯下腰，不肯静下心来努力学习、从身边的本职工作开始积聚自己的力量。要知道，只有一步一个脚印，踏实、不浮躁的学习，才能为成功奠定基础。而实际上，这正是生活中的一些青少年朋友所欠缺的，有些时候，他们总是怨天尤人，给自己制定那些虚无缥缈的终极目标。

美国前总统威尔逊出生在一个贫苦的家庭，当他还在摇篮里牙牙学语的时候，贫穷就已经向他露出了狰狞的面孔。威尔逊10岁的时候就离开了家，在外面当了11年的学徒工，每年只能接受一个月的学校教育。

在经过11年的艰辛工作之后，他已经设法读了1000本好书——这对一个农场里的孩子，是多么艰巨的任务啊！在离开农场之后，他徒步到100英里之外的马萨诸塞州的内蒂克去学习皮匠手艺。

在度过了21岁生日后的第一个月，他就带着一队人马进入了人迹罕至的大森林，在那里采伐圆木。威尔逊每天都是在天际的第一抹曙光出现之前起床，然后就一直辛勤地工作到星星出来为止。在一个月夜以继日的辛劳努力之后，他获得了6美元的报酬。

在这样的穷困潦倒中，威尔逊暗下决心，不让任何一个发展自我、提升自我的机会溜走。很少有人能像他一样深刻地理解闲暇时光的价值。他像抓住黄金一样紧紧地抓住了零星的时间，不让一分一秒无所作为地从指缝间白白流走。

12年之后，他在政界脱颖而出，进入了国会，开始了他的政治生涯。

威尔逊的成功，就是勤奋学习的结果。学习是走向成功的基础。当今社会，竞争的日益激烈告诉每个青少年朋友，只有知识才能改变命运，只有学习才能突破自我，才能具备竞争力。

CNN电视台名嘴赖瑞金曾经邀请43位全美国最精英的人士，来一起探讨如何迎接新世纪，并请他们提出一些建言。结果他发现，这些精英人物提出最多的字眼就是“改变”和“学习”。赖瑞金走进国会图书馆，找出一些百龄的报纸，看看100年前的建言与今日的差别何在。结果他找到了同样的字眼。全录公司的首席科学家约翰·西里·布朗提到，将跨越21世纪的人类，首先要学会如何去学习，并且学会如何去喜爱学习新事物。

相信每一个青少年朋友都知道学习的重要性，但这些往往是泛泛之谈，并不能起到任何实质性的作用。而一旦将这一想法与自身情况相结合，比如根据自己的兴趣树立人生目标和理想，这一想法就具备了可实施性。

当然，你需要将这一理念付诸行动，坚持每天学习，因为任何知识的学习都需要持之以恒，才能收到效果。

朱德（1886—1976），字玉阶，原名朱代珍，曾用名朱建德，伟大的马克思主义者，无产阶级革命家、政治家和军事家，中国共产党、中国人民解放军和中华人民共和国的主要缔造者和领导人之一。中华人民共和国十大元帅之首。

最有成就的科学家都具有狂热者的热情

澳大利亚科学家贝弗里奇曾说：“最有成就的科学家都具有狂热者的热情。”其实，不只是科学家，日常生活中的所有人，也包括青少年朋友，要想学有所成，都必须要对学习倾注全部的热情。

人们常说，热情大于本领。热情就像火种，它能点燃人身上的潜能，让人所有的智能充分地发出光来。而相反，一旦失去热情，人便失去了斗志，就不可能再取得任何的进步。爱默生说：“没有热情，任何伟大的业绩都不可能成功。”不少人失败的原因，不是没有能力，也不是没有机会，而是失去了热情。

“当我退伍后，我加入了职业球队，但不久，遭到有生以来最大的打击，因为我被开除了。我的动作无力，因此球队的经理有意要我走人。他对我说：‘你这样慢吞吞的，哪像是在球场混了20多年的人。杰克，离开这里之后，无论你到哪里做任何事，若不提起精神来，你将永远不会有出路。’本来我的月薪是175美元，离开之后，我参加了亚特兰大球队，月薪减为25美元，薪水这么少，我做事当然没有热情，但我决心努力试一试。待了大约10天之后，一位名叫丁尼·密亭的老队员把我介绍到罗杰斯曼顿镇去。在罗杰斯曼顿镇的第一天，我的一生有了一个重大的转变。我想成为得克萨斯最具热情的球员，并且做到了。

我一上场，就好像全身带电一样。我强力地击出高球，使接球手的双手都麻木了。记得有一次，我以强烈的气势冲入三垒，那位三垒手吓呆了，球漏接了，我就击垒成功了。当时气温高达华氏100度，我在球场上奔来跑去，极有可能中暑而倒下去。

这种热情所带来的结果让我吃惊，我的球技非常好。同时，由于我的热情，其他的队员也都兴奋起来。另外，我没有中暑，在比赛中和比赛后，我感到自己从来没有如此健康过。第二天早晨我读报的时候异常兴奋。《得克萨斯时报》说：‘那位新加入的球员，无异是一个霹雳球手，全队的其他人受到他的影响，都充满了活力，他们不但赢了，而且是本赛季最精彩的一场比赛。’由于对工作和事业的热情，我的月薪由25美元提高到185美元，多了7倍。在后来的2年里，我一直担任三垒手，薪水加到当初的30倍之多。为什么呢？就是因为一股热情，没有别的原因。”

从这段自述中，我们看到了热情对于一个球员的巨大影响力。的确，热情能带动人不断奋斗的积极性，而如果这种热情冷却了，那么，也就失去了奋斗的动力，哀莫大于心死，一个人，一旦放弃了奋斗的心，那么，他就只能注定失败。

青少年朋友们，面对繁重的学习生活，你是不是经常抱怨？而在抱怨下，你是不是感觉到自己学习效率低下？其实，你只有倾注热情，才能产生积极向上的学习兴趣，也才会产生好的学习效果。

作者链接

贝弗里奇（1908—2006），出生于澳大利亚，1947年起任英国剑桥大学动物病理学教授，是一位卓有成效的科学家。著有《科学研究的艺术》。该书理论鲜明，语言风趣，1984年传入我国。

心有浮躁，犹草置风中，欲定不定

国学大师陈寅格在一次演讲中送给青年人的一句话：“心有浮躁，犹草置风中，欲定不定。”他告诫学生要自定心神，集中精力，清除浮躁，专注功课。这句话告诉所有成长中的青少年，无论现在还是未来，无论是学习还是做事，你都要专心致志，不腻烦、不焦躁，埋头苦干，不屈服于任何困难，坚持不懈。只要你坚持这样做，就能造就优秀的人格，而专注的这种品格必须从小培养，从日常的生活和学习中培养，只有这样，你的人生才会开出美丽的鲜花，并结出丰硕的果实。

爱迪生自身就是一个专注做事的代表：

他曾经长时间专注于一项发明。对此，一位记者不解地问：“爱迪生先生，到目前为止，你已经失败了一万次了，您是怎么想的？”

爱迪生回答说：“年轻人，我不得不更正一下你的观点，我并不是失败了一万次，而是发现了一万种行不通的方法。”

在发明电灯时，他尝试了一万四千种方法，尽管这些方法一直行不通，但他没有放弃，而是一直做下去，直到发现了一种可行的方法为止。他证实了大射手与小射手之间的唯一差别：大射手只是一位继续射击的小射手。

事实证明，任何一个取得成功的人，都是因为他付出了超乎常人的努力。一个人要想获得人生的幸福，那么每一天都应该勤奋工作。付出不亚于任何人的努力是一个长期的过程，只要坚持就一定能够获得不可思议的成就。

处于青春期阶段的你们，也应该从中有所启示。无论是学习还是其他事情，都应该先拟订一个切实可行的计划，并努力做好第一步，而后再努力做好第二步，第三步……如此各个击破，最终达到自己的目标。

总之，青少年朋友们，对于现阶段的你来说，学习是最重要的任务，而学习并不是一件轻松的事，它需要你不断坚持、不断探求，这样才能不断进步，并且，它还需要你有严谨的思维、踏实的学习精神，千万不能浮躁。因为浮躁心态是学习的大敌，是学习失败者的亲密朋友。

陈寅恪（1890—1969），江西九江市修水县客家人，中国现代最负盛名的历史学家、古典文学研究家、语言学家。清华百年历史上四大哲人之一，另外三位是叶企孙、潘光旦、梅贻琦。其父陈三立是“清末四公子”之一、著名诗人，祖父陈宝箴（支持变法的开明督抚）曾任湖南巡抚。因其身出名门，而又学识过人，在清华任教时被称作“公子的公子，教授的教授”。

如果你富于天资，可以发挥它的作用；如果你智力平庸，勤奋可以弥补它的不足

英国画家雷诺兹曾说：“如果你富于天资，可以发挥它的作用；如果你智力平庸，勤奋可以弥补它的不足。”这也就是中国人常说的“勤能补拙”。一个天资笨拙的人，只要能勤勤恳恳，做到“人一能之，己百之，人百能之，己千之”，就能变得聪明起来，成为对社会有用的人才。但反过来说，一个人即使天资再好，若不勤奋求学，也是不能成才的。

在日常生活中，一些青少年朋友，年纪轻轻，就叹息自己天生笨拙，成不了大器。其实，这种叹息是没有必要的。天资差，是可以用后天的努力来补偿的。事实不正是如此吗？古今中外，任何一个成大事者，无不是用勤奋换来成功。

爱因斯坦小时候，是被大家公认的笨，无论是同学还是老师都认为他笨的无可救药了，但爱因斯坦却没有认为自己笨，并且，他最终用勤奋证明了这一点。

一次，老师给大家上手工课，其他同学都交给老师自己做的精美的作

品，而爱因斯坦交给老师的，却是一个做工粗糙的小木凳子，大家一看，都忍不住笑出声来，都认为这无疑是世界上最糟糕的东西了。而就在此时，爱因斯坦又拿出了两个比这个更加糟糕的小凳子，这时，老师和同学们惊呆了，也由此改变了对他的看法。

这件事证明了爱因斯坦的勤奋，从此，他的同学们和老师对他产生了新的认识。而长大后的他更是异常的勤奋，一天24小时的大部分时间，他都是在实验室度过的。别人学习时，他在学习，别人玩耍时，他还在学习，甚至别人休息时，他依然在不停地学习、钻研。经过多年的努力，爱因斯坦最终以“相对论”而闻名于世。

“勤能补拙”这句话用在爱因斯坦身上再合适不过了。爱因斯坦之所以能取得伟大的成就，就是因为他的勤奋，是因为他符合时代的要求，不断探索，敢于创新。

不得不承认，很多时候，我们身体里懒惰的虫子会经常侵蚀我们，此时，我们就需要用勤奋来克服。我们可能不曾了解的是：从科学的角度看，勤奋可以反复地刺激人类的脑细胞，而且勤奋还可以提高头脑的灵活性，使人变得更加聪慧灵敏。生活中一些天资较差的人，往往都会因为勤奋而让自己变得机敏起来。

青少年朋友们，如果你对自己还没有全面的认识，甚至会因为不够优秀、因为外貌上的一些不足而感到自卑，那么你应该坚信，如果你足够勤奋、做足准备的话，你也是优秀的。正如人们常说的“没有十年寒窗苦，怎有金榜题名时？”如果你能静下心来，勤奋学习，那么，你的汗水总会收到成效。

作者链接

雷诺兹（1723—1792），英国18世纪伟大的学院派肖像画家。雷诺兹推崇古希腊罗马和文艺复兴意大利的美术，在一系列讲演中宣扬“纯正”的趣味和法则，大力倡导“宏伟风格”。根据古典传统，用庄重风格表现严肃题材是美术的崇高任务，历史画便是实现这一任务的最佳方式，这一直是雷诺兹的梦想。可现实的情况使他无法以历史画谋生，他只得用大部分精力绘制社会需要的肖像画。

责任感，就是成就神话的土壤和条件

微软公司首席执行官史蒂夫·鲍尔默曾经说过：“责任感，就是成就神话的土壤和条件。”这句话说的是责任感在一个人成长、成功过程中的重要性。我们都知道，人是一种社会性的动物，责任是一种对人的制约，一个人必须要有社会责任感。在一个人的成长过程中，每个人所要学习的东西很多。其中，培养自己对社会的责任感，是青少年朋友成长过程中必经的一个重要步骤，是人生旅途中非常重要的一堂课。

有人说，一个健康的人就好比一棵树，必须以善良为根，正直为干，丰富的情感为蓬勃的枝丫，这样才能结出美丽善良的果子。青少年朋友正直的情感及其修养是人道精神的核心，必须在童年时细心培养。因此，在现实生活中，你不妨全力寻求能够帮助别人的机会，让自己成为一个具备正直、善良、有高度的社会责任感的人。

“七八十岁的老太太了，还这么奋不顾身去救人，真是难得呀！”这是发生在广东的一件真实的案例。一个七十几岁的老太太勇救溺水小孩的事迹，被当地的人们传为佳话。人们提起这事，都纷纷跷起大拇指，对老太太的义举赞叹不已。

事情的经过是这样的：这天，有三个男孩到附近村子里游泳，不久，就听到有人大声呼叫：“救命……救救我！”人们循声望去，原来有一个小男孩正被水冲往下游，小男孩已经支持不住，正在大声呼救。此时，正在离河边约50米处河畔除草的一个老太太闻讯后立即冲向河边，边走边大声叫喊船家快撑竹排去救人。但船家年老体弱有心无力。眼看溺水小孩被急流越冲越远，老太太情急之下，接过竹篙，奋力划出百余米，来到溺水小男孩身边，早已筋疲力尽的小男孩一把抓住了竹排的边沿，终于得救了。

事后，当人们问老太太，面对急流，是怎么有勇气做到的时，老太太说："我虽然年纪大了，但还常干些锄地种菜之类的农活，因此身体还非常硬朗。几十年来，我一个人生活，周围的乡亲们也帮了我很多，我也该回报社会啊！"

一个七十几岁的老太太，纵使有生命危险，还是义无反顾地去救落水儿童，青少年朋友，除了敬佩之外，相信你能感受到的便是强烈的社会责任感。有些青少年可能认为，跳水救人应该是成人的责任与义务，而实际上，你同样是社会成员，也有责任和义务为社会付出。

因此，每个青少年朋友都要明白，心智的磨炼和人格的提高都来源于日常生活，只要我们从身边做起，多关心国家大事、社会新闻，多关心慈善事业，多为他人伸出援助之手，那么，哪怕你只捐出一块钱，哪怕你只是简单地拾起了马路上的一片废纸，你也是高尚的！

作者链接

史蒂夫·鲍尔默生（1956— ），是全球领先的个人及商务软件开发商——微软公司的首席执行官。鲍尔默在高中时候参加数学竞赛获得了全美国前10名的好成绩，在美国高考SAT考试中获得了1600分的满分。

1980年，鲍尔默加盟微软，他是比尔·盖茨聘用的第一位商务经理。史蒂夫·鲍尔默最引人注目的特点就是"易于激动"。激动的时候，鲍尔默习惯于把任何东西都强调三遍，他是天生的销售明星和演说家，一站上演讲台就会有难以抑制的澎湃活力。鲍尔默在底特律长大，他父亲曾任福特汽车公司的经理。他毕业于哈佛大学，获得了数学和经济学学士学位。

第10章

思维篇：复杂的事简单做

我们发现，古今中外，任何一个成功者，都具有一些共同的特质：他们积极主动，富有创造力。而当今社会，一切竞争都可以归结为头脑的竞争，因为思维能帮助人们化繁为简，更便捷地解决问题，更能催生出创意。青少年朋友，如果你希望获得进步，希望在未来有一番成就，那么，从现在起，你就要重视思维能力的培养，思维能力提高了，你的应变能力自然也就会有所提高。

思考是人类最大的乐趣

德国诗人布莱希特曾说过："思考是人类最大的乐趣。"这句话道明了思维在一个人的生活中的重大作用。可以这样说，人的一切发明与创造都源于思维活动。一个人一生的成就，全归功于他能建设性地、积极性地利用自己的大脑。有与众不同的想法，才能有与众不同的收获。因此，每一个尚处于成长期的青少年朋友，都应该学会在日常生活中多开动你的大脑，培养自己的创造性思维和创造力。

曾经有两个人，他们一起出差。这天，工作任务完成后，他们来到大街上闲逛，其中一个人看见路边一个老妇在卖一只黑色的铁猫，细心的他发现，这只铁猫的眼睛很特别，应该是宝石做的，于是，他询问老妇能不能用一整只铁猫的价钱来买一双眼睛，老妇虽然不高兴，但最终还是同意了，然后把这只铁猫的眼珠子取出来卖给了他。

回到宾馆以后，他迫不及待地把自己的经历告诉了同伴。同伴听完后，问清楚了事情的前因后果，然后问他老妇在哪里，说自己想买剩下的那只铁猫。

于是，他便把地点告诉了同伴，同伴拿了钱立即就去寻老妇去了，一会儿，他把铁猫抱了回来。他说，既然这只铁猫的眼睛都是宝石做成的，那么，这只铁猫的猫身肯定也价值不菲，于是，他拿起铁锤往铁猫身上敲，铁屑掉落后发现铁猫的内质竟然是用黄金铸成的。

这里，我们不得不佩服这个最后买走缺了眼睛的铁猫的人，他的思维是独特的。的确，既然猫的眼睛是宝石做的，那么它的身体肯定不会是铁。正是这种思维方法使同伴摒弃了铁猫的表象，发现了猫的黄金内质。

生活中，我们经常说，方法总比问题多，事实上，人们都不愿意开动脑筋去寻找方法，因为这是一件伤脑筋的事情，于是，为了保险起见，我们更愿意使用前辈们已经传授给我们的方法和经验，而这却容易使得我们陷入思维的惯性中，即按固定的思路去想问题，而不愿意换个角度、换种方式去想，拘泥于某种模式。这样不仅不利于问题的更好解决，更是阻碍了我们的思维活性。

独立思考，就是要求我们不要当思想上的懒汉，不要自己还没有动脑筋想一想，就肯定某某是负责同志，讲的话不会错；某某是有名的专家或学者，写的文章一定好；也不要遇事不经过自己的脑筋考虑，就把人家的意见或书本上的东西拿来当做理论根据，或者当结论。

的确，不寻常的方法引导不寻常的成功，青少年朋友们，在思考的过程中，你应该学会变通，当大家都朝着一个固定的思维方向思考问题时，你不妨换个方向思考，这实际上就是以“出奇”去达到“制胜”。这种思维方式一旦运用到学习中，学习效率就会大大提高，而当你长大成人时，这种思维方法会让你事半功倍，甚至会得到不同寻常、意想不到的成功。

作者链接

贝尔托·布莱希特，著名的德国戏剧家与诗人。1898年2月10日，贝尔托·布莱希特生于德国巴伐利亚奥格斯堡镇。年轻时曾任剧院编剧和导演。曾投身工人运动。1933年后流亡欧洲大陆。1941年经苏联去美国，但战后遭迫害，1947年返回欧洲。1948年起定居东柏林。1951年因对戏剧的贡献而获国家奖金。

把时间用在思考上是最能节省时间的

卡曾斯说："把时间用在思考上是最能节省时间的。"这是一句非常有哲理的话。通俗的说法是做事要动脑子，对一件事情分析认识得不透彻，就很难找到正确的方法，不能对症下药，自然就无法以最短的时间到达目的地，可以说思考是成功唯一的捷径。为此，每一个青少年朋友都应该养成多动脑的习惯，从而以最快的速度解决问题。

一天，司马光和一些小孩玩捉迷藏。有个小孩不知躲到哪里，看见前面有个大缸，便眼珠子一转，踩着假山想进去。结果一看，里面有水，刚想躲到别的地方但脚下一滑掉了进去，便大声喊救命，小孩们听到了，有的去喊大人救命，有的大哭起来。但是司马光一点也不惊慌，灵机一动，想出了个好办法，他拿起身边的大石头，用尽全身力气，向大水缸砸去，大水缸破了，水流了出来，小孩得救了。这就是流传至今的"司马光砸缸"的故事。这件偶然的事件使小司马光出了名，有人把这件事画成图画，广为流传。

这里，司马光为什么能做到急中生智救出同伴？这就是思考的结果。看完这则故事，不妨试想一下，如果你也遇到这种情况，你会怎么做呢？可能你也会和故事中的其他孩子一样，要么喊人救命，要么大哭，而只要你冷静下来思考一下，其实就能找到最有效的解决办法。

在生活中，很多人之所以在某些事情上失败，就是因为他们一直在做无用功。青少年朋友，如果你也是个不爱动脑的人，那么，你不妨试着学会思考，你就会发现积极思考的惊人力量，任何困难和失败均能通过它来解决，即使是那些杂乱无章的事情，只要你运用思考的力量，就会将它们一一捋顺，就会摆脱困境，化解难题。

我们也发现，一些青少年朋友，因为学习成绩不好，不得不让父母为自己报各种补习班，以为这样就能查缺补漏、提高成绩，但实际上，那些在课后“恶补”的孩子并不都取得了理想的成绩。究其原因，还是方法的问题。

找到正确的学习方法也是积极思考的结果。你要重视听课方式，发挥在课堂上的主动精神，大胆提问，大胆发表看法，积极参加讨论。还要带着问题上课，集中精力听教师讲重点、难点和要点。如果听课时遇到某一问题没听懂可迅速记下来，此时不必死钻“牛角尖”，还要顺着教师的讲解去听，那个问题可相机思考或提问。

正确的学习方法除了把握好课堂时间以外还有很多，但无论如何，盲目地学习、死记硬背都不能真正汲取到知识。

作者链接

诺曼·卡曾斯，加州大学洛杉矶分校医学院精神病学与生物行为科学系副教授。他担任了35年《星期六评论》杂志的编辑，写过《人类的抉择》《一本自传手记》《一种病症的剖析》等15本著作。

管理效率出自于简单

原通用电气董事长兼CEO杰克·韦尔奇先生曾经就管理问题提出：“管理效率出自于简单。”的确，一个健康的管理便是企业员工人尽其才的管理。这就如同一个交响乐团，其中的任何一个人，都知道自己在什么时候正确地做什么事情，那么乐队指挥就会得心应手。同样的道理，只要我们的员工在工作的链条上不需要提醒和监督就能默契配合，知道该在何时做何事，那么，企业内部的自然秩序也就形成了，工作就变得像呼吸一样自然，管理也就变得简单了。

其实，杰克·韦尔奇先生的这句话不仅适用于管理工作，更适用于人类的思考活动。青少年朋友们，在学习和做事的过程中，你只有做到化繁为简，摆脱传统思维的限制，才能一针见血找到问题的关键。

有这样一个有奖征答活动，题目是：一次，三个人一起坐热气球旅行，这三个人都是关系人类命运的科学家。第一位是核子专家，他有能力防止全球性的核子战争，使地球免于遭受灭亡的绝境。第二位是环保专家，他可以拯救人类免于因环境污染而面临死亡的厄运。第三位是粮食专家，他能在不毛之地种植粮食，使几千万人脱离饥荒而亡的命运。但旅行到一半旅程，却发现热气球充气不足。此刻热气球即将坠毁，必须丢出一个人以减轻载重，使其余的两人得以存活，请问该丢下哪一位科学家?

因为奖金数额庞大，征答的回信如雪片飞来。每个人都竭尽所能地阐述他们认为必须丢下哪位科学家的见解。最后，结果揭晓，巨额奖金的得主是一个小男孩。他的答案是：将最重的那位丢出去。

我们在赞叹小男孩的答案时，也不难得出这样一个结论：任何复杂的现象，其复杂的也只是表面，其实都有它一般性的规律，都可以找到简单的分析、处理方式。这就是化繁为简的过程，就是找寻规律，把握关键。

因此，每个青少年朋友都要做到善于变通，并在生活和学习中灵活运用，为此，你可以做到：凡事问问自己有没有更简单的方法。你是不是曾经有过这样的做题经历：你遇到一道数学题，你告诉自己一定要演算出来，当你算出结果的一刹那，你发现，原来答案和题目之间只要进行一个简单的思维转换就可以，而你在这道题上却花费了很长时间。试想一下，假如这是一道考试题，那你是不是浪费了很多时间呢?

因此，在生活中，你就要训练自己凡事从简出发的习惯，在做题和做事时，都问问你自己，“还能简单点吗？”找到最简单的方法，你做事的效率也就提高多了。

当然，找到最简单的方法并不是说你可以投机取巧，每个青少年朋友在做事和学习时都应该养成孜孜不倦、一丝不苟的习惯，注重基础知识的学习很重要，因此，我们这里说的思维上的避重就轻并不是要你凡事投机取巧，而是应该摒除烦琐思维的限制而已。

总之，聪明的人会在最短的时间内，在花费最少的精力的前提下解决问题，如果你也能训练出这样的思维，你就能少走很多冤枉路。

作者链接

杰克·韦尔奇（Jack Welch）是通用电气（GE）原董事长兼CEO，1935年11月19日出生于马萨诸塞州塞勒姆市，1960年，加入通用电气塑胶事业部；1981年4月，成为通用电气历史上最年轻的董事长和CEO。从入主通用电气起，在短短20年间，他将一个弥漫着官僚主义气息的公司，打造成一个充满朝气，富有生机的企业巨头。在他的领导下，通用电气的市值由他上任时的130亿美元上升到了4800亿美元，也从全美上市公司排名第十位发展成盈利能力位列全球第一的世界级大公司。他被誉为“最受尊敬的CEO”“全球第一CEO”“美国当代最成功最伟大的企业家”。

一个具有天才禀赋的人，绝不遵循常人的思维途径

法国作家司汤达曾说过：“一个具有天才禀赋的人，绝不遵循常人的思维途径。”这句话的含义是，一个有才能的人，通常都有自己的思维方式，绝不会因循守旧，这也是他们能在众人中脱颖而出和成功的原因。

生活中，我们经常说要打破定式思维。这里的定式思维，就是按照积累的思维活动、经验教训和已有的思维规律，在反复使用中形成的比较稳

定的、定型化了的思维路线、方式、程序、模式。定式思维有时有助于问题的解决，有时会妨碍问题的解决。

事实上，一个人之所以能够迈出众人的行列，一半在于他的努力与智慧，一半在于他恰逢时机地打破了常规。

因此，青少年朋友，虽然现阶段的你还处于学习阶段，但如果你想培养自己的创新能力，就必须要学会突破，因为只有突破，才有超越。

曾经有过这样一个故事：

一天，某公司总经理向全体员工宣布了一条纪律："谁也不要走进8楼那个没挂门牌的房间。"但是，他没有解释为什么。此后真的没人违反他的这条"禁令"。

三个月后，公司又招聘了一批员工。在全体员工大会上，总经理再次将上述"禁令"予以重申。这时，只听一个新来的年轻人在下面小声嘀咕了一句："为什么？"总经理听到后并没有因这位新人的不礼貌而恼怒，只是满脸严肃地答道："不为什么！"回到岗位上，那个年轻人百思不得其解，还在思考着总经理为什么要这样做。其他工友则劝他只管干好自己的那份差事，别的不用瞎操心，因为"听总经理的，总是没错"。可那个年轻人偏偏来了犟脾气，非要把事情弄个水落石出不可。于是他决定冒公司之大不韪，走进那个房间探个究竟。

这天，他爬上8楼，轻轻地叩了叩那扇门，没有反应。年轻人不甘心，进而轻轻一推，虚掩着的门开了（原来门并没有上锁）。房间里没有任何摆设，只有一张桌子。年轻人来到桌旁，看到桌子上放着一个纸牌，上面用毛笔写着几个醒目的大字——"请把此牌送给总经理"。

年轻人拿起那个已落满灰尘的纸牌，走出房间似有所悟，乘电梯直奔15楼总经理办公室。当他自信地把纸牌交到总经理手中时，仿佛期待已久的总经理一脸笑意地宣布了一项让年轻人感到震惊的任命："从现在起，你被任命为销售部经理助理。"

在后来的日子里，那个年轻人果然不负众望，不断开拓进取，把销售部的工作搞得红红火火，并很快被提升为销售部经理。事后许久，总经理才向众人做了如下解释："这位年轻人不为条条框框所束缚，敢于对上司的话问个'为什么'，并勇于冒着风险走进某些'禁区'，这正是一个富有开拓精神的成功者应具备的良好素质。"

其实，很多成功的门都是虚掩着的，只有勇敢地去叩开它，大胆地走进去，才能探寻出个究竟来。或许，那时呈现在你眼前的真的就是一片崭新的天地。

青少年朋友们，如果你做什么事情只会做"规定动作"，而不能突破自我、超越别人，就难以在未来社会激烈的角逐中夺魁。而你只有做一个能灵活处世、善于变通的人，勇于向一切规则挑战，敢于突破常规，才可以在未来社会赢得他人所无法得到的胜利。

作者链接

司汤达，19世纪法国杰出的批判现实主义作家。他的一生不到60年，并且在文学上的起步很晚，三十几岁才开始发表作品。然而，他却给人类留下了巨大的精神遗产，包括数部长篇，数十个短篇故事，数百万字的文论、随笔、散文和游记。他以准确的人物心理分析和凝练的笔法而闻名。被誉为最重要和最早的现实主义的实践者之一。代表著作为《红与黑》、《巴马修道院》。

没有观察就没有科学，科学发现诞生于仔细的观察之中

英国物理学家法拉第曾说过："没有观察就没有科学，科学发现诞生

于仔细的观察之中。”任何科学成果的诞生都离不开观察，只有观察，科学家们才能获取第一手资料，才能得到最客观、现实的研究成果，也就能在最大限度上避免失误的出现。

观察力就是对一件事物的留心程度，对你身边的每一个人或者事都要细心地去看，去思考，无论它是多么的常见与平凡，重在引发观察后的思考。生活中，人们都会观察到“母鸡孵出小鸡”这一现象，可是，如果没有人去思考，像“发明大王”爱迪生那样去孵小鸡，我们今天会用到电热孵化器吗？如果瓦特没有积极思考水壶盖为什么被顶起，又怎么能发明蒸汽机呢？

我们都知道，良好的观察力是中小学生智力发展的重要条件。然而，每个人的观察力不是自然而然形成的，它需要经过长期的观察实践和观察训练。然而，真正观察力的获得是需要运用思维力量的，不动脑的观察也是无效用的。

在英国剑桥大学的卡文迪许实验室，一直坚持这样的规定：每天下午六点整，会有资历深的老研究人员，对在场的所有研究者宣布实验时间已到。如果谁听不进去继续做实验，那么，这位实验人员就会搬出卢瑟福的话。因为卢瑟福说过：“谁未能完成六点前必须完成的工作，也就没有必要拖延下去，倒是希望各位马上回家，好好想想今天做的工作，好好思考明天要做的工作。”卢瑟福的话意味着：在实验前、实验中、实验后都要进行认真思考，从此卡文迪许实验室的人记住了卢瑟福的忠告：“别忘了思考！”

可见，人们在不经意的观察中，要善于思考，发现问题、提出问题。正如爱因斯坦所说：“学习知识要善于思考，思考，再思考，我就是靠这个方法成为科学家的。”

当然，青少年朋友们，为了将思维带入观察中，你需要做到：

要有目标地观察；

仔细、认真、有序；

多角度观察；如观察建筑工地上的吊车时，一方面观察它的外部构造，另一方面要观察它如何吊东西；观察苹果时，要从外形、色泽、味道等方面观察。

记观察日记，这样可以掌握事物的发展变化过程。

对类似的事物进行对照、比较，如将苹果和梨放在一起，比较它们的外形、表皮、果肉以及味道。

在观察中提出问题，这样可以引导观察的进一步深入，揭示事物的本质。

运用多种感官去感知事物的不同特征，这样可以使观察更全面。

总之，青少年朋友们，观察中，你要做到善辨多思。良好的观察品质是善于发现细小的但是很有价值的事实的，能透过个别现象发现事物的本质以及事物间内在的、本质的、必然的联系，这就要求你们在观察中要开动脑筋，积极思维。

作者链接

迈克尔·法拉第（1791—1867），英国物理学家、化学家，也是著名的自学成才的科学家。生于萨里郡纽因顿一个贫苦铁匠家庭，仅上过小学。1831年，他的力场研究取得了关键性突破，改变了人类文明。1815年5月回到皇家研究所，在戴维指导下进行化学研究。1824年1月当选皇家学会会员，1825年2月任皇家研究所实验室主任，1833—1862年任皇家研究所化学教授。1846年荣获伦福德奖章和皇家勋章。

所有的人都认为对的，那么他一定是错误的

在英国小说家柯南·道尔的小说中，福尔摩斯曾经说过这样一句话："所有的人都认为对的，那么他一定是错误的。"这句话的含义是，我们要打破常规思维，当他人使用常规思维思考的时候，如果我们能使用逆向思维，那么，我们很可能会因此豁然开朗。

我们都知道，人一旦形成了某种认知，就会习惯地顺着这种思维定式去思考问题，习惯性地按老办法想当然地处理问题，不愿也不会转个方向解决问题，这是很多人都有的一种愚顽的"难治之症"。这种人的共同特点是习惯于守旧，迷信盲从，所思所行都是唯上，唯书，唯经验，不敢越雷池一步。而要使问题真正得以解决，往往要废除这种认知，将大脑"反转"过来。

青少年朋友们，在培养自己的逆向思维过程中，你必须学会反转你的大脑、破除旧有思维的限制。

在战争时期，有一个小八路，运用逆向思维成功地闯过了敌人的种种关卡，把重要情报送到了目的地。事情是这样的：

在抗日战争时期，有一次，敌人把一个村庄包围了，不让村里的任何人出去，派了一个伪军在村子通向外界的唯一通道——一个小桥上把守，正巧村里有一个重要的情报要报告给在村外的八路军，在敌人看守如此严密的情况下，怎样才能把情报顺利又安全地送出去呢？村里的一个小八路勇敢地担当起这个任务，这个小八路在黄昏时趁着夜色的掩护，悄悄地来到了小桥旁边的芦苇地，躲藏了起来，他认真地观察小桥上发生的一切，他注意到守关卡的敌人打起了瞌睡，凡是有村外的人来，他总是头也不抬就说，回去，回去，村里不让进。如此几次，小八路心里有了主意，于是他钻出了芦苇地，悄悄接近并上了小桥，就在敌人抬头发话之前，他突然转身向村里的方向走来，并且故意把脚步声弄得挺大，敌人听到后，还是

头也不抬地说，回去，回去，村里不让进，结果小八路顺利过关把情报安全地送了出去，为部队打胜仗立下了汗马功劳。

这里，小八路之所以能把情报安全地送出去，也就是因为他成功地运用了逆向思维。

的确，逆向思维在生活、学习和创新过程中，常常能表现出传统思维所不具备的很多优势，比如：

优势一：在日常生活中，常规思维难以解决的问题，通过逆向思维却可能轻松破解。

优势二：逆向思维会使你独辟蹊径，在别人没有注意到的地方有所发现，制胜于意料之外。

优势三：逆向思维会使你在多种解决问题的方法中获得最佳方法和途径。

优势四：生活中自觉运用逆向思维，会将复杂问题简单化，使办事效率和效果成倍提高。

总之，青少年朋友们，你应该能明白“逆向思维”的妙处了，它能使你打开眼界。在今后的学习和生活中，如果你也能运用“逆向思维”来考虑问题，突破常规，换一个角度去思考，那么，你就可以产生一些新观点，就能给自己打开更多的门，看到更多不一样的风景！

作者链接

福尔摩斯，英国小说家阿瑟·柯南·道尔所创造出的人物，现在已成为世界通用的名侦探的代名词。福尔摩斯不但头脑冷静、观察力敏锐，推理能力更是无人能及。另外，他的剑术也相当高明。平常他都悠闲地在贝克街211号的B室里，抽着烟斗等待委托上门。但一旦接到案子，他马上会变成一匹追逐猎物的猎犬，开始锁定目标，将整个事件抽丝剥茧、层层过滤，直到最后真相大白！他的好朋友华生医生虽然有点“反应迟钝”，但也正因为如此，才特别衬托出福尔摩斯的足智多谋。

要独立思考问题，不要人云亦云

美国文学家爱默生曾说过：“要独立思考问题，不要人云亦云。”这句话是说，每一个青少年朋友最终都会脱离父母长辈而走向社会，而真正的成熟是心理的成熟，心理成熟的标志之一就是独立思考，不盲从。

一位心理学家称，每个人都容易羡慕别人，因为在比较中，你总会发现比你优越的人。很多人不禁感叹，自己何时能赶上别人？世界著名的成功学大师拿破仑·希尔著有《思考致富》一书，在书中，他提出是“思考”致富，而不是“努力工作”致富。希尔强调，最努力工作的人最终绝不会富有。如果你想变富，你需要“思考”，独立思考而不是盲从他人。如果你希望在未来社会也闯出一片天地，那么，从现在起，无论遇到什么，都要学会独立思考，别人云亦云。

在心理学上，有个著名的名词叫路径依赖，又称路径依赖性，关于这个名词，涉及这样一个心理学实验：

有五只猴子被放进一个笼子里，在笼子的上面，放了一串香蕉，众所周知，猴子是最爱吃香蕉的，看到香蕉，它们就伸手去拿，但此时主人会用水去教训“越界”的猴子，直到后来，再也没有一只猴子敢拿香蕉了。

再后来，主人在这个笼子里放了一只新的猴子，并拿出一只老的猴子，新来的猴子不知这里的“规矩”，也伸手去拿香蕉，结果触怒了原来笼子里的4只猴子，于是它们代替主人执行惩罚任务，把新来的猴子暴打一顿，直到它服从这里的“规矩”为止。

主人不断地将最初经历过水惩戒的猴子换出来，最后笼子里的猴子全是新的，但没有一只猴子再敢去碰香蕉。

起初，猴子怕被新来的、不懂规矩的猴子牵连，不允许其他猴子去碰香蕉，这是合理的。但后来人和水惩戒、都不再介入，而新来的猴子却固守着“不许拿香蕉”的制度不变，这就是路径依赖的自我强化效应。

其实，我们人类何尝不是如此呢？当我们接受某个观念或某种行为模式后，便也开始给自己限定条条框框，然后盲从于这种既定模式。然而，新时代的青少年朋友们，如果你想有所突破和创新，想要真正获取知识，你就必须要有质疑的精神。

依赖足以抹杀一个人意欲前进的雄心和勇气，阻止用自己的努力去换取成功的快乐。依赖会让自己日复一日地裹足不前，以致一生碌碌无为。过度依赖，会使自己丧失独立的权利，它是给自己未来挖下的失败陷阱。每一个青少年朋友早晚都要脱离父母走向社会，因此，你有必要把培养自己的自主能力放在突出的地位，而一个人的自立，要从思想上开始，也就是独立的思考能力。

那么，你该如何避免人云亦云、不假思索的毛病？该如何养成遇事多思考、认识自己也认识别人的习惯？这就需要“质疑”，创造思维的关键即在于此。

青少年朋友们，请列出一张单子看看自己的日常习惯，对其中的每种习惯提出质疑。不人云亦云，不盲从，你才能做自己，才能真正长大成熟！

作者链接

爱默生，全名拉尔夫·沃尔多·爱默生（Ralph Waldo Emerson，1803—1882），生于波士顿。美国思想家、文学家，诗人。爱默生是确立美国文化精神的代表人物。美国前总统林肯称他为“美国的孔子”“美国文明之父”。他的生命几乎横贯19世纪的美国，他出生时候的美国热闹却混沌，一些人意识到它代表着某种新力量的崛起，却无人能够清晰地表达出来。

擒贼先擒王

生活中，我们经常听到人们说："擒贼先擒王。"其实这句话出自杜甫的《前出塞·其六》，其原诗为："挽弓当挽强，用箭当用长。射人先射马，擒贼先擒王。"诗句的意思是，在两军对战中，如果把敌人的主帅擒获或者击毙，其余的兵马则不战自败。比喻在解决问题时要抓住关键，解决主要矛盾，其他的细节便可以迎刃而解。然而，要做到直击问题的关键，需要我们运用聚合思维。

聚合思维是创新性思维的另一基本成分，又叫集中思维、求同思维，是思维者聚集问题有关的信息，在思考和解答问题时，进行重新组织和推理，以求得唯一正确答案的收敛式思维方式。

相信青少年朋友们在考试时都遇到过这样的情况：很多选择题的选项都很有迷惑性，你常常陷入困惑，但此时，如果你能发挥聚合思维的作用，你就能直击问题的症结，找到最佳答案。其实，你在学校里的学习、考试，大都是靠聚合思维进行的，因而也可以说，你成绩的优劣，是与你的聚合思维水平关系极为密切的。

1960年，英国某农场主为节约开支，购进一批发霉花生喂养农场的十万只火鸡和小鸭，结果这批火鸡和小鸭大都得癌症死了。不久，在我国某研究单位和一些农民用发霉花生长期喂养鸡和猪等家畜，也产生了上述结果。1963年，澳大利亚又有人用霉花生喂养大白鼠、鱼、雪貂等动物，结果被喂养的动物也大都患癌症死了。研究人员从收集到的这些资料中得出一个结论：在不同地区，对不同种类的动物喂养霉花生都患了癌症，因此霉花生是致癌物。后来又经过研究发现：霉花生内含有黄曲霉素，而黄曲霉素正是致癌物质，这就是聚合思维法的运用。

当然，如果你有兴趣再进一步发散思考的话，你还会想下去，那就是既然黄曲霉素是致癌物质，那么凡是含有黄曲霉素的食物也都是致癌物，除霉花生含有黄曲霉素外，还有哪些食物含有黄曲霉素呢？

从这个案例中，你是否有所启示呢？如果你遇到了问题，那么，对于手中掌握的多个相关素材，你也要学会聚合思维，找到相关要素，或并列，或正反，或层进，以便在素材运用时能产生“合力”。当然，你在应用聚合思维方法时，一般要注意三个步骤：

第一步是收集掌握各种有关信息。采取各种方法和途径，收集和掌握与思维目标有关的信息，而资料信息愈多愈好，这是选用聚合思维的前提，有了这个前提，才有可能得出正确结论。

第二步是对掌握的各种信息进行分析清理和筛选，这是聚合思维的关键步骤。通过对所收集到的各种资料进行分析，区分出它们与思维目标的相关程度，以便把重要的信息保留下来，把无关的或关系不大的信息淘汰。经过清理和选择后，还要对各种相关信息进行抽象、概括、比较、归纳，从而找出它们的共同的特性和本质的方面。

第三步是客观地、实事求是地得出科学结论，获得思维目标。

总之，在运用聚合思维时，遵循以上三个步骤，一定能帮你找到问题的症结，从而有的放矢地解决问题。

作者链接

杜甫（712—770），字子美，自号少陵野老，世称“杜工部”“杜老”“杜陵”“杜少陵”等。汉族，河南巩义人，盛唐时期伟大的现实主义诗人。他忧国忧民，人格高尚，他的约1400余首诗诗艺精湛，在中国古典诗歌中的影响非常深远，备受推崇。759—766年间曾居成都，后世有杜甫草堂纪念他。杜甫被世人尊为“诗圣”，其诗被称为“诗史”。杜甫与李白合称“李杜”，为了跟另两位诗人李商隐与杜牧即“小李杜”区别开来，杜甫与李白又合称“大李杜”。

条条大路通罗马

西方有一句闻名世界的谚语：“条条大路通罗马。”实际上，这句话出自西哥特王阿拉里克。关于这句名言，有这样一个由来：

公元5世纪前后，西罗马帝国内政腐败，日益强悍的日耳曼族群势力严重威胁着罗马。日耳曼族群中最有实力的西哥特王阿拉里克一直想要攻占罗马，但是屡屡败于西罗马将军斯提里科之手，双方交锋近15年，阿拉里克每每都被斯提里科打的大败。虽然屡战屡败，但阿拉里克从未放弃。公元407年，西罗马皇帝霍诺留自毁长城，以反叛罪杀死斯提里科，当时身在斯洛文尼亚的阿拉里克得到斯提里科被杀的消息后，仰天大笑：“终于没有人能阻止我去罗马了。”当他手下的将军问：“不知大王打算走哪条路去罗马？”西哥特王哈哈大笑，说出了那句千古名言：条条大路通罗马。

从“条条大路通罗马”这句谚语中，我们同样能悟出一个思维上的道理：思考的最本质目的是为了解决问题，只要能解决问题，我们不必把目光拘泥于某种单一的思路。多方面考虑问题，才能避免思路的阻塞，才能最终找到那条“罗马大道”。

然而，在我们生活的周围，有太多死板的人，他们在考虑问题时非要吊死在一棵树上才安心。以工作为例，他们把大量的时间纠结于自己是否该另谋出路，而错失了摆在自己面前的一个又一个的良机。所谓条条大路通罗马，三百六十行，行行出状元，成功没有高低贵贱之分，关键之处在于肯不肯做。一味的死板，只会把自己束缚在一个狭小的空间里，就算有一双翅膀也不能高瞻远瞩，一味的死板，只会把自己幼小未发芽的梦想扼杀于摇篮，只会使自己堕入懒惰的深渊而止步不前。

所以，有时候，懂得在穷途末路时另谋出路才是智者之为。每个青少年朋友也应该训练自己多角度考虑问题的习惯。

比如，这道课后数学题，用今天刚学到的知识点进行解答可行，那么，可不可以用其他的知识点解答呢?

再比如，美术课上，老师让你画某个物品，当大家都按照某个常规的角度去画时，你应该想想，如果换个角度呢，是不是会得到完全不一样的效果?

总之，在思维的过程中，往往要多一些大胆的尝试才会越发的精彩，才能做到凡事朝前看。如果你能从生活中学会凡事从多角度考虑，你就能将自己培养成一个思路开阔的人。

作者链接

西哥特王阿拉里克，395年，他被推举为首领,乘罗马帝国分裂之几率西哥特人起事，进军君士坦丁堡（今伊斯坦布尔），受阻后南下攻入色雷斯和希腊半岛，劫掠雅典、科林斯、迈加拉和斯巴达等地。397年占领亚得里亚海东岸的伊利里亚，迫使东罗马皇帝阿卡狄乌斯任命他为该地总督。此后曾五次攻入意大利。

耳听为虚，眼见为实

生活中，我们常听到周围的人说“耳听为虚，眼见为实”，其实，这句话真正的提出者是西汉的刘向，他在《说苑·政理》中说：“夫耳闻之，不如目见之；目见之，不如足践之。”这句话形容的是不要轻信传闻，看到的才是事实。听来的传闻是靠不住的，亲眼看到才算是真实的。的确，很多时候，事实的真相往往都不会直接展示给人们看，要想找到事实真相，就必须要学会运用逻辑思维进行判断和推理。

那么，什么是逻辑思维呢？

逻辑思维，又叫理论思维，它是人们在认识过程中借助于概念、判断、推理等思维形式能动地反映客观现实的理性认识过程。它是作为对认识着的思维及其结构以及起作用的规律的分析而产生和发展起来的。它还是人的认识的高级阶段，即理性认识阶段。

逻辑思维，是思维的一种高级形式。是指符合某种人为制定的思维规则和思维形式的思维方式，我们所说的逻辑思维主要指遵循传统形式逻辑规则的思维方式。常称它为“抽象思维”或“闭上眼睛的思维”。逻辑思维是一种确定的，而不是模棱两可的；前后一贯的，而不是自相矛盾的；是有条理、有根据的思维。在逻辑思维中，要用到概念、判断、推理等思维形式和比较、分析、综合、抽象、概括等方法，而掌握和运用这些思维形式和方法的程度，也就是逻辑思维的能力。

青少年朋友们，在日常的生活和学习中，你也要养成凡事不要看表象的习惯，有问题时就要有追本溯源的愿望，然后巧用逻辑思维找到答案，这一点，1000多年前的伽利略就给我们树立了榜样。

在伽利略之前，古希腊的亚里士多德认为，物体下落的快慢是不一样的。它的下落速度和它的重量成正比，物体越重，下落的速度越快。比如说，10千克重的物体，下落的速度要比1千克重的物体快10倍。

1700多年以来，人们一直把这个违背自然规律的学说当成不可怀疑的真理。年轻的伽利略根据自己的经验推理，大胆地对亚里士多德的学说提出了疑问。经过深思熟虑，他决定亲自动手做一次实验。他选择了比萨斜塔作为实验场。

这一天，他带了两个大小一样但重量不等的铁球，一个重100磅，是实心的；另一个重1磅，是空心的。伽利略站在比萨斜塔上面，望着塔下。塔下面站满了前来观看的人，大家议论纷纷。有人讽刺说："这个小伙子的神经一定是有病了!亚里士多德的理论不会有错的!"实验开始了，伽利略两手各拿一个铁球，大声喊道："下面的人们，你们看清楚，铁球就要落下去了。"说完，他把两手同时张开。人们看到，两个铁球平行下落，几乎同时落到了地面上。所有的人都目瞪口呆了。

伽利略的试验，揭开了落体运动的秘密，推翻了亚里士多德的学说。这个实验在物理学的发展史上具有划时代的重要意义。

表面上看，重的铁球应该是最先着地的，但实际上，伽利略向所有人证实了事实并不是如此。

从这里，青少年朋友们也应该有所启示，很多时候，事物的表象往往具有迷惑作用，要想拨开迷雾，就要善于运用逻辑思维。因为思维既不同于以动作为支柱的动作思维，也不同于以表象为凭借的形象思维，它已摆脱了对感性材料的依赖。

作者链接

刘向（约前77—前6），原名更生，字子政，祖籍沛郡（今属江苏徐州）人。西汉经学家、目录学家、文学家。刘向的散文主要是秦疏和校雠古书的"叙录"，较有名的有《谏营昌陵疏》和《战国策叙录》，叙事简约，理论畅达、舒缓平易是其主要特色。

每有患急，先人后己

西晋史学家陈寿在《三国志·蜀志》说：“每有患急，先人后己”，这句话的意思是，在他人遇到紧急事件的情况下，我们应该懂得礼让，与人方便。的确，先人后己是一种美德，是一种利他主义的表现。哲学家弗洛姆认为，利己主义与孤独是同义语，而人不可能在与外界毫无关系的情况下实现自己的目的。人只有和他的同胞休戚相关、团结一致，才能求得满足与幸福。爱邻人并不是一种超越于人之上的现象，而是某些存在于人之中，并且从人心中迸发出来的东西，它是自己的力量。凭借这种力量，人使自己和世界联系在一起，并使世界真正成为他的世界。

因此，每个青少年朋友，在与人打交道的过程中，都应该学会为他人着想，赠人玫瑰，手有余香！愿意为他人付出的人，从来都被认为是正直的、善良的。当我们怀着一颗真诚之心善待我们身边的每一个人时，我们收获的也是真诚与善良，当然，还会有浓浓的爱！

东汉时，光武帝有名心腹大将叫冯异，他是东汉的开国功臣，官至征西大将军，封阳夏侯。他为人非常谦让，从不居功自傲。

冯异在路上遇到其他的将领，总是驱车让路。军队每到一处安营扎寨完毕，将领们都会聚在一起互相夸耀自己的战功，只有冯异总是一人背靠在大树下沉默不语，因此军中都称他为“大树将军”。军队攻破邯郸时，刘秀重整军队，很多军士都说愿意被分配到冯异的军中，希望听从“大树将军”的指挥。刘秀从此对他也更加重视。

建武二年，冯异被派往三辅地区，征讨那里的赤眉军和延岑。冯异领军西行过程中，所到之处，施恩于民，取信于民。弘农地区原有十几个自立为将军的，但由于冯异威行信成，都率众归降。

建武六年夏，隗嚣叛汉，光武帝所派的平叛诸将屡次战败。冯异被光武帝下诏率军前往，结果隗嚣的军队被冯异打得惨败，北地的豪长耿定等人相继降汉。冯异上书向皇帝奏明军中情况，他谦恭礼让，一点也没有显扬自己的功劳。

每个青少年朋友都应该以冯异为榜样，不管在重大事件上，还是在日常生活中，都要牢记，助人乃快乐之本！助人为乐要有一种忘我的奉献精神，并要把它贯穿在自己的生活中，作为为人处世的一种原则。一个人，在助人为乐的道德实践中，会自然的使思想得到升华，正如托尔斯泰所言：一个人给予别人的东西越少，而自己要求得越多，它就越坏。

然而，我们不难发现，在学校，青少年间因不会谦让或不肯谦让而发生的矛盾十分常见，其实这是因为他们没有认识到礼让在品质形成中的重要性。要改正这一点，必须从现在起学会关心他人，可以从关心身边的人开始，比如你的父母、你的亲人、你的朋友等。一个人，如果连自己周围的人都不关心，又怎么可能关心其他人呢？因此，如果你的朋友需要你的帮助，千万不要袖手旁观，给予他实在的帮助并加以安慰。在这种举动中，你将会体验到帮助别人的快乐。

作者链接

陈寿（233—297），字承祚，西晋史学家，巴西安汉（今四川南充）人。在蜀汉时曾任卫将军主簿、东观秘书郎、观阁令史、散骑黄门侍郎等职。当时，宦官黄皓专权，大臣都曲意逢迎。陈寿因为不肯屈从黄皓，所以屡遭遣黜。入晋以后，历任著作郎、长平太守、治书待御史等职。280年，晋灭东吴，结束了分裂局面。陈寿当时48岁，开始撰写《三国志》。历经10年艰辛，陈寿完成了流传千古的历史巨著《三国志》。《三国志》是一部纪传体三国史，书中有440名三国历史人物的传记，全书共65卷，36.7万字，完整地记录了自汉末至晋初近百年间中国由分裂走向统一的历史全貌。

第11章

思维篇：懂变通才能成功

当今社会，任何人要想在竞争中脱颖而出，都不能忽视思维的力量，那些头脑灵活、有思想的人在这个社会更能打拼出一片天地。因为在打拼的过程中，谁都会遇到难题，只有开动大脑，能做到变通，才能解决难题。变通思维是创造性思维的一种形式，是创造力在行为上的一种表现。思维具有变通性的人，遇事能够举一反三，闻一知十，做到触类旁通，因而能产生种种超常的构思，提出与众不同的新观念。因此，每个青少年朋友都应该在日常生活中练习拓展自己的思维。很多时候，只要你转换一下思维，拓宽自己的思路，其实，出路就在眼前。

易穷则变，变则通，通则久

《易经·系辞下》中有这样一句话："易穷则变，变则通，通则久"，其意思是指，事物是不以人的意志为转移而发生变化的。不过，朴实的中国老百姓从这句话中，摘出了两个字，表达了更为实用主义的意思。那便是"变"和"通"二字，合起来，即为"变通"。变通一词，目前仍然极具通用性。人们遇事不必死钻牛角，而应该懂得通融、屈伸。

中国人对"变通"二字，应该是有着深入骨髓的理解。从"卧薪尝胆"到"韩信忍胯下之辱"无不体现出国人变通的能力。的确，思维的力量是无限的，有时候，当你换个角度思考问题时，你就能获得全新的答案。

我们发现，任何一个成功者，都具有一些共同的特质：他们积极主动，富有创造力。每个人都渴望能够获得成功，那么，就要重视思维的力量。一个人有没有创造力是由他的思维方式所决定的，创造性思维是创造力的核心，是人类智慧的体现，不寻常的思维会引导不寻常的成功，你要想在未来社会竞争中脱颖而出、担当大任，就必须会灵活变通，必须学会创新。创造性思维通常包括逆向思维、发散思维、抽象思维，其实思维的实质是一致的，只是换了一个完全不同的角度和方向。

电影界突然一窝蜂地拍摄有动物参加演出的影片。虽然大家几乎是同时开拍，但是其中有一家，不但推出得早了许多，而且动物的表演也远较别人精彩，这是为什么呢？

原来，这位导演在同一时间找了许多只外形一样的动物演员，并各训练一两种表演。于是当别人唯一的动物演员费尽力气也只能演几个动作时，他的动物演员却仿佛通灵的天才一般，变出许多高难度的把戏。而且因为他采取好几组同时拍的方式，剪接起来立刻就可以将电影推出。观众只见其中的小动物爬高下梯、开门关窗、卸花送报却不知道全是不同的小动物演的。

这个世界上没有任何事是一成不变的，世界上也没有死胡同，关键就看你如何去寻找出路。而改变事物的现状就是运用思维的力量，思路一变方法来，想不到就没办法，想到了又非常简单，人的思维就是这样奇妙。

青少年朋友们，试想一下，当提到铅笔的用途的时候，你能想到些什么呢？可能你会说“书写”，但实际上，这只是铅笔的通常用途，你至少可以得出这样多的答案：绘画、当发簪、做书签、当尺子画线，它削下的木屑可以做成装饰画，在遇到坏人时，削尖的铅笔还能作为自卫的武器……所以，千万不要以为铅笔只有一种用途——写字。这就考验了你的思维能力。

有一句话说得好：“横切苹果，你就能够看到美丽的星星。”思维一变天地宽，青少年朋友，勤思考、多培养自己的逆向、转向和多向思维，那么，你总能找出解决问题的方法，总能以最少的力气，达到最满意的效果。

作者链接

《周易》是我国最早的一部哲学著作，在我国古代思想史上占有重要地位，它不仅对先秦诸子百家产生过巨大影响，而且在整个封建社会里，凡是有成就的学者，无不研究过它并得它的启示。然而，《周易》这部辉煌巨著的作者是谁呢？这是数千年来人们争论不休的谜题。

据《汉书·艺文志》云：“易，人更三圣，事历三古。”是说易经是由伏羲、文王、孔子三位圣人的集礼创作，是中华文化学术思想的根源。

舟已行矣，而剑不行，求剑若此，不亦惑乎

战国时期的吕不韦曾在《吕氏春秋·察今》中说过这样一句话：“舟已行矣，而剑不行，求剑若此，不亦惑乎？”意思是，船已经在前行了，但剑是不会前进的，像这样找剑，不是很糊涂吗？从这句话中，我们不难得出，事物总是发展变化的，这也要求我们每个人做到变通，不能用老的眼光、思维去看待和解决问题，只有开动大脑，运用想象力，跳出思维的框框，才能发现思维的另一个高度，才能找到答案。

关于“舟已行矣，而剑不行，求剑若此，不亦惑乎”这句话，有这样一个由来：

有一个楚国人出门远行。他在乘船过江的时候，一不小心，把随身带着的剑落到江中去了。船上的人都大叫：“剑掉进水里了！”

这个楚国人马上用一把小刀在船舷上刻了个记号，然后回头对大家说：“这是我的剑掉下去的地方。”

众人疑惑不解地望着那个刀刻的印记。有人催促他说：“快下水去找剑呀！”

楚国人说：“慌什么，我有记号呢。”

船继续前行，又有人催他说：“再不下去找剑，这船越走越远，当心找不回来了。”

楚国人依旧自信地说：“不用急，不用急，记号刻在那儿呢。”

直至船行到岸边停下后，这个楚国人才顺着他刻有记号的地方下水去

找剑。可是，他怎么能找得到呢。船上刻的那个记号是表示这个楚国人的剑落水瞬间在江水中所处的位置。掉进江里的剑是不会随着船行走的，而船和船舷上的记号却在不停地前进。等到船行至岸边，船舷上的记号与水中剑的位置早已风马牛不相及了。这个楚国人用上述办法去找他的剑，不是太糊涂了吗?

他在岸边船下的水中，白费了好大一阵工夫，结果毫无所获，还招来了众人的讥笑。

这则寓言告诉我们，用静止的眼光去看待不断发展变化的事物，必然要犯脱离实际的主观唯心主义错误。

青少年朋友们，可能你会觉得故事中的人实在愚蠢，然而，我们生活的周围，又何尝没有那些思维僵化的人呢？而正因为如此，他们也和故事中的人一样，总是找不到解决问题的出路，而那些聪明的人总是能做到不断变通、能根据情况的变化做出明智的决定，于是，他们能不断找到成功的机遇，即使在困境中亦是如此。

可能你在生活中会经常遇到一些难以解决的问题，你甚至为此感到很苦恼，但只要你能跳出限定的思维，学会用全新的眼光看问题，你就能很轻松地找到一个出口。

作者链接

吕不韦（？—前235），战国末期卫国著名商人，后为秦国丞相，政治家、思想家，卫国濮阳（今河南滑县）人。吕不韦是阳翟（今河南省禹州市）的大商人，故里在城南大吕街，他往来各地，以低价买进，高价卖出，所以积累起千金的家产。他以“奇货可居”闻名于世，曾辅佐秦庄襄王登上王位，任秦国相邦13年，其门客有3000人。吕不韦组织门客编写了号称“一字千金”的《吕氏春秋》（又称《吕览》，这是杂家思想的代表作）。

今日的世界，并不是武力统治而是创新支配

松下幸之助曾经说过：“今日的世界，并不是武力统治而是创新支配。”这句话道明了创新在当今世界的重要性。自古以来，人类就是在不断创新中不断进步的，可以说，人类如果没有创新，只会停滞不前。同样，作为未来社会生力军的青少年朋友们，更要培养自己的创新能力。因为未来社会，一个人是否能保持创新思维，直接关系到他的事业成败。

当然，创新是一个相当宽泛的概念，它既可以指理论创新，也可以指技术的发明创造，还可以是观念、体制的更新等，其中的核心要素是取得新的认识。新的认识是在突破原有认识基础上的一种创造性的智力活动。

法国心理学家约翰·法伯曾经做过一个著名的实验，他把许多毛毛虫放在一个花盆的边缘上，使其首尾相接，围成一圈。在花盆周围不远的地方，他撒了一些毛毛虫喜欢吃的松叶。毛毛虫开始一个跟着一个，绕着花盆的边缘一圈一圈地走，一小时过去了，一天过去了，又一天过去了，这些毛毛虫还是夜以继日地绕着花盆的边缘转圈，一连走了七天七夜，它们最终因为饥饿和精疲力竭而相继死去。其实，如果有一个毛毛虫能够破除尾随的习惯而转向去觅食，就完全可以避免悲剧的发生。后来，科学家把这种喜欢跟着前面的路线走的习惯称之为“跟随者”的习惯，把因跟随而导致失败的现象称为“毛毛虫效应”。

这个事例告诉我们，盲目地跟随他人不一定有好结果，我们的生活需要创造力。

每一个青少年朋友在学习科学文化知识时，都应该摒除生搬硬套和墨守成规这两点，学会创造性思维，你才能真正学到知识。

曾有人这样诠释创新：“你只要离开常走的大道，潜入森林，你就肯定会发现前所未有的东西。”创新的成功，总是孕育着创新者的强烈创

新意识。要想摆脱传统观念和习惯思维的局限，就要鼓励自我打破思维禁锢，突破常规的路线，激活创新的意识。

作者链接

松下幸之助是日本著名跨国公司“松下电器”的创始人，被人称为“经营之神”——“事业部”“终身雇佣制”“年功序列”等日本企业的管理制度都由他首创。

少年时代的松下幸之助只受过4年小学教育。1918年，23岁的松下在大阪建立了“松下电气器具制作所”，当时环境很艰苦，但松下幸之助带领制作所员工一同努力、创新，连续推出了先进的配线器具、炮弹形电池灯、电熨斗、无故障收音机、电子管、真空管等一个又一个成功的产品。直到1988年的63年中，有10年他的收入均为日本第一位，有6年居第二位，1989年他逝世时，留下了15亿多美元的遗产。

变者，天下之公理也

梁启超在《变法通议》中说：“变者，天下之公理也。”世间万事，皆应变而生，万事万物都处于不断变化中，这才是真理，也就是说，无论是做人做事还是思考问题，我们都要懂得变通，毕竟我们所生活的时代每天都在变化，守旧的思维模式只能让我们被时代抛弃。事实上，自古以来，人类的进步就是因为能做到与时俱进，能做到思维的创新，可以说，人类如果故步自封，就只会停滞不前。

因此，每一个青少年朋友都应该明白，在瞬息万变的当今社会，能不能做到思维上的与时俱进，直接关系到你日后的事业成败，因为只有创新才能激活自己全身的能量。

我们先来看看通用公司在管理创新上的经验。

杰克·韦尔奇提出的“无边界行为”，打破GE13大业务集团的界限，像“小公司”一样灵活，已经成为通用非常重要的管理价值观。通用所有部门的员工都已接受了这种工作方式，相互之间有非常好的沟通环境和团队合作的氛围。“无边界行为”不但不会和有序的组织管理发生冲突，反而为通用创造了一种自由、轻松、平等的沟通环境。

通用电气公司首席执行官杰夫·伊梅尔特说：“寻找可持续性更高的经营方式，这种社会发展趋势显而易见，如果能乘此东风，我们就会为将来的发展而占得先机。”通用电气公司开展了一次绿色审核，找出他们已有的在业内一流的绿色产品，并开始对雇员突出强调这些现成的绿色产品的领域。LED3照明系统（可以发出很亮的光，但所耗电力仅为其他系统耗电量的10%）就是这样的领域。通用电气公司认为：我们就是那种能在日益注重可持续性的新业务环境中获得成功的人。

通用的变革成功了！这一成功得益于“无边界行为”的提出。

人都是善于思考的动物，处于竞争激烈、变化多端的社会中，当我们一旦发现自己的定位与现实不合拍的时候，调整步调才是最明智的选择。对于真正的强者来说，在变化面前，他们丝毫不畏惧，相反，他们能适应变化，并能把变化当做机会，让变化帮助自己成功。通用汽车公司总裁杰克·韦尔奇说，他一生追求的只有三个字：变！变！变！有原则有方向地变，在变化中获得发展。在这个变革的年代，最怕的就是你把自己局限于某个既定的框架里而不思改变。

青少年朋友们，在社会中，当一些事物已经改变的时候，切记不要再按照原来的规则思考，否则一定会因为忽视游戏规则的变化而使自己丧失成功的机会。

梁启超（1873—1929），字卓如，一字任甫，号任公，广东新会人，清光绪举人，和其师康有为一起，倡导变法维新，并称“康梁”。他是中国近代维新派代表人物、领袖，学者，近代中国的思想启蒙者，是中国从旧社会向现代社会变革的伟大社会活动家，民初清华大学国学院四大教授之一、著名新闻报刊活动家。他的文章富有独特的历史视角，对人们起到了启蒙作用。

想象力比知识更重要，是知识进化的源泉

爱因斯坦说：“想象力比知识更重要，是知识进化的源泉。”的确，在创新的过程之中，最可怕的是想象力的贫乏。可以这样说，人的一切发明与创造都源于想象力。一个人一生的成就，全归功于他能建设性地利用想象力。有与众不同的想法，才能有与众不同的收获。因此，每一个青少年都应该学会在日常生活中多开动你的大脑，培养自己的想象力。

达·芬奇在创造上一直持着严谨的态度。

曾经，他在创作《最后的晚餐》时，不知道如何下笔，因此，他终日看着未完成的画，偶尔才添几笔。教堂里一位副院长看到后，便向委托人米兰大公汇报，说达·芬奇整天游荡。当大公问及时，达·芬奇和蔼地回答：“画家必须想好了才可以动笔，特别是两个头至今我画不好。一个是基督那种仁慈的美，一个是犹大的头，我想不到一个人得到那么多好处，竟会背叛其恩人。不过，为了快一点，我发现这位副院长的头是可以放在犹大的身上的。”

从达·芬奇的话中，我们发现，创作离不开形象思维，而形象思维离

不开想象。形象思维必须借助想象力才能完成。

其实，每一个青春期的孩子，也都是善于想象的，小时候，当你对外在世界不理解时，你会询问父母，父母的解释就成了你眼中的真理。而到了青春期，当你有疑问时，你会选择自己去找答案，求知欲的增强会激发你想象，这也会让你的形象思维能力得到增强。人们也常说："世界上最善于想象，最富有想象力的就是我们的儿童，因为他们的心未受到任何框框的禁锢。"因此，对于自我意识渐强的青少年朋友来说，要想培养你的形象思维能力，你就必须开动你的大脑，让你的思维插上想象的翅膀。

可能在学习中，你经常会遇到一些思维上的死胡同，你找不到解决的方法，但实际上，方法总比问题多。只要你愿意开动你的大脑，愿意发挥想象的空间。

总之，青少年朋友们，想象力能为你思维的飞跃提供强劲的推动力。因此，在生活中，你要经常发现问题并提出问题，然后通过猜想来打开思路，发挥自己的想象力。

作者链接

阿尔伯特·爱因斯坦（1879—1955），美籍德裔犹太人，1921年诺贝尔物理学奖获得者，现代物理学的开创者、奠基人，相对论——"质能关系"的创立者，"决定论量子力学诠释"的捍卫者（振动的粒子）——不掷骰子的上帝。

他创立了代表现代科学的相对论，为核能开发奠定了理论基础，开创了现代科学新纪元，被公认为是自伽利略、牛顿以来最伟大的科学家、物理学家。1999年12月26日，爱因斯坦被美国《时代周刊》评选为"世纪伟人"。

如果你不怀疑自己，你的立足点确实不稳固了

挪威剧作家易卜生曾经说过这样一句话：“如果你不怀疑自己，你的立足点确实不稳固了。”这句话的含义是，人要质疑自己，才能不断做到自我完善。而我们在日常生活中也常常听到：“学贵多疑，小疑则小进，大疑则大进。”为了要创造，就必须对前人的想法和做法加以怀疑，这样才能发现前人的不足之处，才能提出自己新的想法和做法。当我们能够提出自己的疑问，提出自己的怀疑，就说明我们对这件事情有了独立思考。

事实上，提出问题比解决问题更重要。我们首先要怀疑，才能够提出问题，在提出问题的基础上，才能够解决问题，才能够发现新的观念。

在生活实践中，青少年朋友大多有强烈的求知欲。但由于涉世未深，加之时间、文化水平、实践经验等各种条件的限制，所获知识往往真假参半，如果不加甄别地全盘相信，人云亦云，盲目付诸实践，就可能干出错事。鲁迅先生说过，老年人常常怀疑许多真的东西，青年人往往相信许多假的东西。这就需要我们遇事认真思考，多问几个为什么，杜绝盲从态度，坚持去伪存真，在努力求真中弘扬科学精神。

所谓质疑思维，就是对已有观点不盲目迷信而提出疑问的思维方式，它通过比较、挑剔、批判等手段，对想什么、怎么想和做什么、怎么做，作出合理的决断。不疑不决，不破不立，质疑是思维创新的前提。可以说，质疑思维是许多新事物、新观念产生的开端，也是创造思维最基本的方法之一。

陶弘景是我国南北朝时一位伟大科学家，一生有许多骄人的创造与独到的发明，其中关于蜾蠃秘密的揭示，解开了长期误传的谜团。

自然界，有一种细腰蜂名叫蜾蠃，传说它只是雄性，其后代是从菜

地里偷来的一种名叫螟蛉的幼虫，经过自己精心抚养而成。从《诗经》开始，人们一直用“螟蛉”来形容假子、义子。陶弘景为了搞清真假，在查书无果的情况下，亲自去实际中看个究竟。他找到了一窝蜾蠃，用竹签细心挑开它的窝，看到里面不但有衔来的螟蛉，还有几条小肉虫，同时发现蜾蠃也是雄雌成对的并进并出。第二天陶弘景又去观察，发现一条小肉虫将一条螟蛉已吃了一半。过两天后再去看，窝里的螟蛉已被吃完，肉虫都变成了蛹。不久，蛹化成蜾蠃飞跑了。陶弘景恍然大悟：原来蜾蠃有自己的后代，螟蛉不过是被衔来给幼虫当粮食罢了。他感慨地说：“人贵自立。不管什么事情，不能人家怎么说就怎么信。最好自己亲自观察，认真弄清事情的真伪，绝不能人云亦云，要打破砂锅问到底。”

陶弘景这种不唯书、不泥古、只求真的可贵品格，是科学精神的精髓。

青少年朋友们，在日常生活和学习中，遇到不懂的问题，你也要多问自己，问他人为什么，秉持这种怀疑批判的精神，你才能做到去伪存真，才能获取真正的知识。

作者链接

亨利克·约翰·易卜生（1828—1906），生于挪威希恩，是一位影响深远的挪威剧作家，被认为是现代现实主义戏剧的创始人。生活在19世纪的他，被人们誉为“现代戏剧之父”。这位北欧文化巨人，以社会化的哲学思想、丰富的人生观，反映了挪威那个特定的时代。他的剧作仍然具有巨大的现实意义，仍在世界各地继续上演。据说，易卜生是继莎士比亚之后其作品在世界上被上演最多的剧作家。

认识到冒险的必要而决心去冒险，才能产生果断

克劳塞维茨说："只有通过智力的这样一种活动，即认识到冒险的必要而决心去冒险，才能产生果断。"的确，人们在思考的时候，可能受到某些情绪的干扰，此时，我们要学会自制。你要知道，每个人都兼具理性与感性，对任何事都要用理智作衡量，大部分的行为要以理性为出发点。跟着感觉走，想做什么就做什么是人类向低等动物的退化。而用理性指导感情，该做什么就做什么，才能避害趋利，干出一番事业来。

犹太人被世界公认是非常精明并且敢于冒险的一族，正是兼备了这两种品质，他们才能解决遇到的危机。

培根曾说："我们要时时注意，勇气常常是盲目的，因为它没有看见隐伏在暗中的危险与困难，因此，勇气不利于思考，但却有利于实干。"所以对于有勇无谋的人，只能让他们做帮手。无论你做什么事，都不妨把方方面面都考虑到，这不仅有助于提高你的综合思考的能力，更能帮你减少事情失败的损失。当然，如果你若想成为一个有勇有谋的人，就必须从现在起学会锻炼自己。

青少年朋友们，无论做什么事，你都不能鲁莽行事，为了冒险而冒险，在决定做某件事情前，一定要挖掘足够的信息，然后才能够准确预测出"有所作为的风险"和"无所作为的风险"，这样的冒险才是最智慧的选择，才能使自己立于不败之地！

作者链接

卡尔·菲利普·戈特弗里德·冯·克劳塞维茨（1780—1831），德国军事理论家和军事历史学家，普鲁士军队少将。

1792年，参加了普鲁士军队。1795年晋升为军官，并自修了战略学、战

术学和军事历史学。1815年秋在科布伦次任莱茵军团参谋长（格乃泽瑙为司令），利用空闲时间总结拿破仑战争的经验，从事战争理论的研究工作。1818年任柏林军官学校校长。在任校长的12年间，致力于《战争论》的著述工作。他先后研究过130多个战例，写了许多评论战史的文章，并整理了亲身经历的几次战争的经验。1830年春调到炮兵部门工作。当时，《战争论》尚未修订完毕，他将3000多页手稿分别包封起来，并在各个包上贴上标签，准备以后修改，但一直没有得到机会。

1831年11月16日他患霍乱逝世。死后，他的妻子玛丽整理出版了《卡尔·冯·克劳塞维茨将军遗著》，共分十卷，《战争论》是其中的第一、第二、第三卷。

为了创造出有形的东西，就有必要将思想表达出来

美国作家哈伯德曾经说过这样一句话：“思维是无形的，但是为了创造出有形的具有时代气息的东西，就有必要将思想表达出来。”这句话的含义是，创意来自于思维，而人们最初的创意都来源于大脑中最基本的形象思维，一个人只有勇敢地表达内心的创意，形象思维才能产生成果。

一个人，只有在敢想的同时还敢说、敢做，将头脑中与众不同的想法表达出来、付诸实施，你才能成为一个真正有创造力的人。

我们都知道，青春期是个追求个性的年纪，很多青少年朋友，无论是穿衣打扮还是行为习惯都力求标新立异，也有一些叛逆的少年为了引起老师、同学的注意，就与别人唱反调，其实，这不是真的有个性，真正的个性是来自于思维。那些在课堂上敢于主动站出来提出意见的人或者那些有

独特想法并付诸实施的人才是有个性的。

的确，每一个青少年朋友的头脑中可能都有一个新奇的想法，但如果你希望美梦成真的话，你就必须要将你的创意表达出来，然后付诸实施。敢想敢做的人才会有一番作为，这就是为什么爱因斯坦说：“想象力比知识更重要，是知识进化的源泉。”追寻你内心的想法，你就能找到人生的目标和奋斗的方向。

有一个六年级的小学生，他对蜜蜂进行了长时间的跟踪观察。他发现，蜜蜂的发音器官并不是科学家们所说的是用翅膀发音的，而是在翅膀的根部有一个发音器官。接下来，他依然带着怀疑的态度，将自己的想法写成了论文，因而，他获得了第18届全国青少年创新大赛优秀科技项目创新银奖和高士其科普专项奖。

这就是一个善于观察并敢于怀疑的青少年。事实上，每个人都有自己的独立思想，对事物有着自己的看法。但一个人的内心无论有什么伟大的想法，如果不付诸行动，那么，它只能胎死腹中。人生就有许多这样的奇迹，看似比登天还难的事，有时轻而易举就可以做到，其中的差别就在于是否行动。100次的心动如果没有一次行动，就是100次的失望，100次的心动不如一次行动。

其实，从另外一个角度看，敢于表达和实施自己的创意也是培养形象思维能力的重要方法。任何重大成果的发现和艺术的创造，都离不开形象思维，而形象思维的成果也只有表达出来才能产生效用。

作者链接

阿尔伯特·哈伯德（1856—1915），美国著名出版家和作家。《菲士利人》《兄弟》杂志的总编辑，罗伊科罗斯特出版社创始人。

1899年，阿尔伯特·哈伯德创作了《把信送给加西亚》，在《菲士利人》杂志上发表后，引起了全世界的轰动，这本小册子在世界各地广为流传，全球销量超过8亿册，成为有史以来世界上最畅销的读物之一，列入全球最畅销图书排行榜第六名。

哈伯德终生致力于出版和写作，除了为自创的两份杂志撰稿外，其主要著作还有《短暂的旅行》《现在的力量》《自己是最大的敌人》《一天》等。

从别人那里汲取思想，在你的模子里铸成你思想的砂型

美国物理学家兰姆曾经说过这样一句话："可以从别人那里汲取某些思想，但必须用你自己的方式加以思考，在你的模子里铸成你思想的砂型。"这句话指出了独立思考对一个人的重要性。我们知道，当今社会是一个创新型社会，那些有独立想法的人才会受到重视，他们的发展潜能更大。相反，那些人云亦云、不敢提出问题的人，不仅仅会失去成功的机会和别人的赏识，更遗憾的是，他们会失去那种让自己的思想自由迸发，最后被别人认可的快乐。青少年朋友们，要想拥有别样的人生，要想创新，就要冲破思维界限，继而发挥年轻人的充沛的想象力和创新能力。

自麦当劳创建以来，几乎集中了全部精力于如何扩张、如何发展壮大上，从董事长到普通员工，无不在为麦当劳实现全国连锁以至全球连锁而奋斗。为此，他们设计了快速服务系统，以保证汉堡包、奶昔、饮料等几个品种的供应，并规定了统一的作业程序，严格控制产品标准。虽然这种快速优质的服务在市场繁荣时期迅速获得了顾客，并深刻影响了美国人的饮食文化，但到了萧条时期这种服务方式暴露了巨大的弊端，那就是麦当劳仅重视自身的发展，而忽略了顾客的需求，处处以大公司自居。这时，

迈克尔·昆兰接任麦当劳的董事长一职，他意识到麦当劳的问题所在，对麦当劳以前的做法提出疑问，他说："公司上下所有的傲慢自大都必须丢弃。我们所坚持的美国价值观已经和现实不符，如此才使顾客弃我们而去。"他认为要用卓越的服务，给顾客一个美好的麦当劳消费体验，就必须改变一下传统的经营观念，不要认为在讲究服务效率的前提下，顾客就只能接受纯麦当劳式的食品。

麦当劳1991年3月的内部刊物《管理通讯》封面是迈克尔·昆兰的照片，他一只手拿麦香鱼，另一只手拿生菜，这张照片看起来似乎没有什么意义，但它在整个系统中传达了一个强有力的信息：如果顾客要吃加生菜的麦香鱼，我们就该照做。"我们最大的一个改变是，我们愿意用顾客的眼光来挑战我们做的每件事，这样我们可以免受传统的束缚，改用策略性的思考。"于是，迈克尔·昆兰进行了大刀阔斧的改革，灌输顾客关怀文化，实施提升服务计划，终于引导麦当劳走出了低谷，重新稳定了其全球快餐业霸主的地位。

固定的思维方式容易把人的思维引入歧途，也会给生活与事业带来消极影响。要改变这种思维定式，需要随着形势的发展不断调整、改变自己的行动。任何一个有创造成就的人，都是战胜常规思维的高手。

青少年朋友们，从现在起，不管是学习还是做事，你都应该努力从僵化的思维方式中走出来，积极倡导创新的思想。如果一味恪守前人的经验，就会使自己的思维陷入僵硬的死框框，从而在固定不变的思维方式中失去机遇，最终给生活与事业带来无法弥补的损失与影响。

作者链接

兰姆（1913—？），美国物理学家，1955年诺贝尔物理学奖获得者。兰姆1913年7月12日出生于美国加利福尼亚州的洛杉矶，父亲是一位电话工程师。1930年兰姆进入伯克利加州大学，1934年获化学学士学位。随后在奥本海默的指导下研究理论物理学，1934年获博士学位，博士论文题目与核系统的电磁特性有关。1938年兰姆来到哥伦比亚大学当物理学教师。1947年任副教授，1948年升教授。从1943年到1951年兰姆在哥伦比亚大学辐射实验室工作，在这里完成了与诺贝尔物理学奖有关的工作。

第12章

思维篇：深思熟虑以致远

我们都知道，思维的力量是巨大的，一个人在思考问题时是否能深思熟虑，也是与其思维能力的强弱分不开的。那些思维能力强的人总是能站在全局的角度，能将每一个烦琐的细节都考虑到，最终能制订详尽的应对问题的方案。青少年朋友们，在生活和学习中，遇事你也要冷静面对，从宏观角度把握问题，并抓住关键问题，长此以往，你的思维能力一定会有所提高。

伟大不只在事业上惊天动地，他时常不声不响地深思熟虑

苏联军事家克雷洛夫曾经说过一句话：“伟大不只在事业上惊天动地，他时常不声不响地深思熟虑。”这句话强调了一个人是否能做成大事的一个必备品质——深思熟虑。的确，大到国家，小到个人，做事的时候都必须要有计划性，只有做到缜密行事、步步为营，才能让成功多一分胜算。大凡要把一件事情做好，一般都要经历资料收集、深入调查、分析研究、最终下结论这样一个过程。布莱德雷将军曾说：“第二次世界大战期间，我们抵达莱茵河的时候，我并不见得知道怎么建造桥梁，但是我知道相关的事情有哪些，我让筑桥的工兵能有足够的时间和补给，这一点是非常有帮助的。”

在日常生活中，我们不难发现，有些人始终改不了粗糙的毛病，思考问题时，思路紊乱，东拉西扯，始终是稀里糊涂，生活中也是粗糙大意。长此以往，也就形成了一些不良的行事习惯。

中国古代有这样一个故事：

很久以前，在黄河岸边，有一座村庄，这座村庄的村民经常受到黄河水患的祸害，于是，为了防治水患，村民们筑起了巍峨的长堤。

一天，一个老农民在大堤上发现有好几个蚂蚁窝，老农民心想，这些蚂蚁窝会不会对黄河大堤产生一些负面影响呢？于是，他把自己的担忧告诉了自己的儿子和村里人，但他们听后不以为然地说：那么坚固的长堤，

还害怕几只小小的蚂蚁吗？于是，老农也放心地耕地去了。

谁知道，当天晚上就下起了大雨，黄河水暴涨。咆哮的河水从蚂蚁窝始而渗透，继而喷射，终于冲决长堤，淹没了沿岸的大片村庄和田野。

这就是“千里之堤，溃于蚁穴”这个成语的来历。在我们生活的周围，我们发现，也经常发生因为细节上的欠缺考虑而导致“满盘皆输”的后果。这给大家一个警示：无论是学习还是做事，都要做到思虑周全，忽略细节容易导致功亏一篑。

的确，思维指导行动，如果思虑不周全，那么，就好比一个机器上的关键零件出了问题，必然导致机器的损坏。青少年朋友，无论是在学习还是做事的过程中，都要做到多思考、勤思考。思维的力量是巨大的，真正的“有头脑”，就是要善思考、勤实践。一个人虽然长着脑袋，但若不善用脑袋，没有思想、智慧、远见、卓识和本领，是不能算是“有头脑”的。

作者链接

尼古拉·伊万诺维奇·克雷洛夫（1903—1972），苏联军事家，苏联元帅（1962），1903年4月16日出生于苏联奔萨州加里亚耶夫卡镇，1919年参加苏联红军，1920年毕业于红色指挥员步兵机枪训练班，苏联国内战争期间在南线参加战斗时为列兵，在北高加索和外高加索作战时任排长、连长，后任外贝加尔第2师直属营营长，参加了解放海参崴的战斗。

国内战争后的1927年，克雷洛夫加入了苏联共产党，1928年从高级步兵学校毕业，先后在西伯利亚军区和红旗远东特别集团军所属兵团担任指挥和参谋职务，后来任多瑙河筑垒地区参谋长。

居安思危，思则有备，有备无患

春秋时期左丘明在《左传·襄公三十一年》提到“居安思危，思则有备，有备无患”，意思是：生活安宁时要考虑危险的到来，考虑到了这一点就要为危险而做准备，事先有了准备，等到事发时就不会造成悲剧了。其实，从这句话中，我们也能得出关于思维的一条规律，考虑问题，站得高就能看得远，从全局出发，就能做到思虑周全。

生活中，人们常说：“真正的赢家必定是笑到最后的。”这句话的意思是，那些真正的智者往往能做到从全局角度思考问题，他们能把握事情的发展脉络，做出正确的抉择。所谓全局思维，就是战略思维，具体说，全局思维就是从实际出发，正确处理全局与局部、未来与现实的关系，并抓住主要矛盾制定相应规划，为实现全局性、长远性目标而进行的思维。很多时候，问题的出现是因为人们局限了自己的思维，如果你能走出思维的死胡同，从全局考虑的话，你就能找到真正的症结所在。

春秋时期，有一次宋、齐、晋、卫等12国联合出兵攻打郑国。郑国国君慌了，急忙向12国中最大的晋国求和，得到了晋国的同意，其余11国也就停止了进攻。郑国为了表示感谢，给晋国送去了大批礼物，其中有：著名乐师三人、配齐甲兵的成套兵车共100辆、歌女16人，还有许多钟磬之类的乐器。

晋国的国君晋悼公见了这么多的礼物，非常高兴，将8个歌女分赠给他的功臣魏绛，说：“你这几年为我出谋划策，事情办得都很顺利，我们好比奏乐一样的和谐合拍，真是太好了。现在让咱俩一同来享受吧！”可是，魏绛谢绝了晋悼公的分赠，并且劝告晋悼公说：“咱们国家的事情之所以办得顺利，首先应归功于您的才能，其次是靠同僚们齐心协力，我个人有什么贡献可言呢？但愿您在享受安乐的同时，能想到国家还有许多事情要办。古人云‘居安思危，思则有备，有备无患。’现谨以此话规劝主公！”

魏绛这番远见卓识而又语重心长的话，使晋悼公听了很受感动，高兴地接受了魏绛的意见，从此对他更加敬重。

这个故事中，魏绛就是个有远见卓识的人。正是因为他懂得从全局考虑，为晋悼公说了一番忠言，才赢得晋悼公的敬重。

当然，对于青少年朋友来说，要做到从全局思考问题，就一定要在日常的生活和学习中多汲取外界信息，这样方可开阔眼界，启发思路，做出具有远见卓识的决策。在当今知识、信息大爆炸的时代，信息已成为最重要的战略资源，它可以被提炼成知识和智慧，因而在战略问题的研究中越来越具有突出作用。

事实证明，无论是谁，了解、掌握的信息量越大，知识面越广，思辨鉴别能力就越强，学习、做事就越来越能得心应手、应对自如，从而真正做到谋大局。

作者链接

左丘明（前556—前451），汉族，春秋末期鲁国都君庄（今山东省肥城市衡鱼村）人。相传为春秋末期曾任鲁国史官，是中国古代伟大的史学家、文学家、思想家、军事家。相传著有中国重要的史书巨著《左氏春秋》（又称《左传》）和《国语》，两书记录了不少西周、春秋的重要史事，保存了具有很高价值的原始资料。由于史料翔实，文笔生动，引起了古今中外学者的重视。被誉为“文宗史圣”“经臣史祖”。

和自己的心进行斗争

古希腊哲学家德谟克利特曾说过这样一句话：“和自己的心进行斗争

是很难堪的，但这种胜利则标志着这是深思熟虑的人。”从这句话中，我们不难理解，一个人要做到思虑深远，首先要做到的就是独立思考，与自己的心进行对话。同样，对于青少年朋友来说，是否敢发出自己的声音，是一个人心智成熟的表现。

每个人都需要有自主意识，这才能成为一个独立的生命个体，青少年朋友也不例外。每个青春期的孩子，自主意识都越来越强，常有一种想要自己做决定的愿望和要求，但长期的家庭教育让他们已经习惯了听从长辈们的意见，久而久之，当他们的这种需求得不到满足时，就有可能导致他们产生消极的自我评价，而这一点可能会深植于他的内心。长大以后，他可能会缺乏判断力和选择的能力，凡事依赖，缺乏主见。

因此，青少年朋友必须要从现在起学会独立思考问题，只有这样，在遇到问题时，你才能沉着冷静，才能找到解决问题的最好办法。

有一只老狮子病了，躲在洞穴中大声呻吟，附近的一些动物听到狮子的呻吟声，纷纷进洞视。

狐狸听到了这消息，也前往探视，走到洞穴前，只听到老狮子呻吟声越来越大，可怜极了，这时原来打算进去的狐狸，忽然竖起耳朵，收回已经跨进洞穴的前脚，在洞穴四周来回踱步。

洞里的老狮子眼见狐狸迟迟没有进洞，忍不住问狐狸：“狐狸啊！你既然来了，为什么不进来呢？”

狐狸回答：“我只见一些往里走的动物脚印，却看不到往外走出来的脚印，我怎么敢进去呢！？”

凡事“进易退难”，因此平时应该训练自己对环境的观察力，提高独立思考的能力。如果狐狸随波逐流，像其他动物一样，贸贸然就进入狮子的洞中，那么它的结局也就是狮子的晚餐罢了。

要学会独立思考，首先要做的就是独立面对各种难题，正如一位名人所说：“所谓成长，就是去接受任何在生命中发生的状况。即使是不幸的、不好的，也要去面对它，解决它，使伤害降至最低。所谓的成长，所谓的智能，所谓的成熟，都不过如此。”这样，你才能独当一面，成为一个自立自强的人。

除此之外，你要敢于否定他人，独立思考是否定他人、提出不同意见的前提，反过来，做到后者，你也就逐渐学会了独立思考。

作者链接

德谟克利特（约前460—前370），古希腊的属地阿布德拉人，古希腊伟大的唯物主义哲学家，原子唯物论学说的创始人之一。

德谟克利特一生勤奋钻研学问，知识渊博，他在哲学、逻辑学、物理、数学、天文、动植物、医学、心理学、伦理学、教育学、修辞学、军事、艺术等方面都有所建树。

在第欧根尼·拉尔修的记载中，他通晓哲学的每一个分支，同时，他还是一个出色的音乐家、画家、雕塑家和诗人。他是古希腊杰出的全才，在古希腊思想史上占有很重要的地位。

趁你还有精神的时候，学习迅速办事

歌德曾经说过这样一句话：“在今天和明天之间有一段很长的时间，趁你还有精神的时候，学习迅速办事。”这句话要告诉我们的不仅仅是要珍惜时间，更要做到做事果断，不犹豫不决，不瞻前顾后。

对于青少年来说，社会经验和人生阅历都不足，在做抉择时会常常恐惧失败而左思右想，但要记住，不要延误时机，否则只会让你永在人后。的确，有时候，思虑周全并不为过，但千万不能瞻前顾后。所谓不要瞻前顾后，就是不要考虑别人如何评价我们、如何看待我们、我们能得到什么回报、得到什么奖励和荣誉。别人的评价是在事情之后，而不可能在行动之前，而且是在事情发生之后很久很久，才会有客观的中肯的评价。瞻前顾后的习惯会使人丧失许多机遇，很多时候，很多事情，如果我们能横下心去做，事情的结果就会大不相同。

《聊斋志异》中有一则故事：

两个调皮的牧童进了深山，看到一个狼窝，发现了两只小狼崽。他们准备带走这两只小狼崽，老狼看到后，心急如焚，就准备抢回小狼崽。

聪明的牧童瞬间就抱着小狼崽分别爬上两棵大树，两树相距数十步。老狼在树下准备救狼崽，但却发现两只狼崽被放在不同的树上。

并且，一个牧童在树上掐小狼的耳朵，弄得小狼嗷叫连天，老狼闻声奔来，气急败坏地在树下乱抓乱咬。此时，另一棵树上的牧童拧小狼的腿，这只小狼也连声嗷叫，老狼又闻声赶去，它不停地奔波于两树之间，终于累得气绝身亡。

这只狼之所以累死，原因就在于它企图救回自己的两只狼崽，一只都不想放弃。实际上，只要它守住其中一棵树，用不了多久就能至少救回一只。

我们没有理由说狼很笨。有时人比狼还笨。古人讲：“用兵之害，犹豫最大；三军之灾，生于狐疑。”就是这个道理。

要想放下这种忧愁思绪，首先要训练自己对真理的判断能力，但最重要的还是要训练自己在判断之后，坚定，勇敢，自信的去把这个判断付诸实行。对一个坚决朝向他目标走着的人，别人一定会为他让路，而对一个踌躇不前，走走停停的人，别人一定抢到他前面去，绝不会让路给他。

同时你还要放下包袱不顾一切，要有一种豁出去的心态。“大不了就是做错了”“大不了就是被人笑话一顿”，而这些又能对你怎么样呢？一旦你有了这样一种意识，肯定就会敢做敢当，优柔寡断的现象肯定会在你身上消失得无影无踪。不要小看了优柔寡断的习惯给我们带来的副作用，许多足以改变命运的契机，都因为我们的优柔寡断而与我们失之交臂，永不再来。

总之，青少年朋友们，你需要明白的是，培养自己的执行力极为重要，因为机会稍纵即逝，并没有留下足够的时间让我们去反复思考，反而要求我们当机立断，迅速决策。如果我们犹豫不决，就会两手空空，一无所获。

约翰·沃尔夫冈·冯·歌德，出生于法兰克福，作为诗人、自然科学家、文艺理论家和政治人物，歌德是魏玛的古典主义最著名的代表；而作为诗歌、戏剧和散文作品的创作者，他是最伟大的德国作家之一，也是世界文学领域的一个出类拔萃的人物。

把意念沉潜得下，何理不可得

明朝文学家吕坤在《呻吟语·补遗》中说：“把意念沉潜得下，何理不可得。”这句话的意思是，如果能静心思考问题，无论什么深奥的道理都能弄明白。从这句话中，我们不难得出一点，在思考问题时，如果一个人能静下心来，那么，他一定能将问题考虑得面面俱到，而焦躁不安带来的难免是有失偏颇。

对于成长期的青少年朋友来说，在生活中，你也会遇到一些难题，此时，你难免会产生一些焦躁的情绪，但焦躁对于事情的解决毫无帮助，你只有静下心来，才能冷静地思考解决的方法。因此，无论发生什么，你都要记住，一定要有个好心态，不到最后一刻都不要放弃思考。

美国人克里斯托弗·里夫因在电影《超人》中扮演超人而一举成名。

但谁能料到，一场大祸会从天而降呢？

1995年5月27日，里夫在弗吉尼亚一个马术比赛中发生了意外事故，以致头部着地，第一及第二颈椎全部折断。5天后，当里夫醒来时，医生说不能够确保里夫活着离开手术室。那段日子，里夫万念俱灰，许多次他甚至想轻生。出院后，为了平缓他肉体和精神上的伤痛，家人便推着轮椅上的他外出旅行。

有一次，他的家人开着小车带他出去游玩，车子在蜿蜒的盘山公路上行走，他望着窗外，什么都没想，但他的眼神突然发生了变化。他发现，每当车子行驶到无路的关头，路边都会出现一块交通指示牌："前方转弯!"或"注意!急转弯"，这些警示文字赫然出现在他的眼前。而只要车子拐过这一道弯，前方就会出现豁然开朗的一道风景。骤然间，"前方转弯"几个大字一次次地冲击着他的眼球，也渐渐叩醒了他的心扉：原来，不是路已到了尽头，而是该转弯了。他幡然醒悟，于是，他对家人大喊一声："我要回去，我还有路要走。"

从此，他彻底改变了以往颓废的生活，他以轮椅代步，当起了导演，他指导的第一部影片就荣获了金球奖。他还尝试着用嘴咬着笔写字，他的第一部书《依然是我》一问世就进入了畅销书排行榜。与此同时，他创立了一所瘫痪病人教育资源中心，并当选为全身瘫痪协会理事长。他还四处奔走，举办演唱会，为残障人的福利事业筹募善款，成了一个著名的社会活动家。美国《时代周刊》还报道了克里斯托弗·里夫的事迹。

他在回顾自己的心路历程时说："以前，我一直以为自己只能做一位演员，没想到今生我还能做导演、当作家，并成了一名慈善大使。原来，不幸降临的时候，并不是路已到了尽头，而是在提醒你：你该转弯了。"

一次偶然的事件，让原本几乎绝望的克里斯托弗·里夫重新选择了一条人生的路。在这条路上，他同样取得了成功甚至是辉煌。

青少年朋友们，你是否曾经也遇到了令你头疼的难题呢？可能你会选择放弃，但是，请想一下，如果选择了真正的绝望，向所谓的命运妥协了，那么，你就真的彻底失败了；而如果你选择另外一种心态，那么，只要你继续思考，你就有可能绝处逢生。

作者链接

吕坤（1536—1618），字叔简，一字心吾、新吾，自号抱独居士，河南宁陵人，明朝文学家、思想家。吕坤刚正不阿，为政清廉，他与沈鲤、郭正域被誉为明万历年间天下“三大贤”，主要作品有《实政录》《夜气铭》《招良心诗》等。除《呻吟语》《实政录》外，还有《去伪斋集》等十余种，内容涉及政治、经济、刑法、军事、水利、教育、音韵、医学等各个方面。吕坤思想对后世有很大影响，其代表作《吕坤全集》是文化典籍整理中的原创性之作。

普通而抽象的思想是人类铸成大错的根源

伟大的哲学家卢梭曾经说过一句话：“普通而抽象的思想是人类铸成大错的根源。”我们把这句话运用到思维过程中不难得知，一个人，要想做到思虑周全，就要在实践中验证，这也就是为什么人们常说“实践是检验真理的唯一标准”了。青少年朋友们，在思考问题的时候，为了减少失误，你应该学会在实践中多方求证。

在我国，一直流传着神农尝百草的故事：

据说，神农一生下来就是个水晶肚子，五脏六腑全都能看得一清二楚。那时候，人们经常因为乱吃东西而生病，甚至丧命。神农决心尝遍所有的东西，好吃的放在身子左边的袋子里，给人吃；不好吃的就放在身子右边的袋子里，作药用。

第一次，神农尝了一片小嫩叶。这叶片一落进肚里，就上上下下地把里面各器官擦洗得清清爽爽，像巡查似的，神农把它叫做“查”，就是后人所称的“茶”。神农将它放进左边袋子里。第二次，神农尝了朵蝴蝶样的淡红小花，甜津津的，香味扑鼻，这是“甘草”。神农把它放进了右边袋子里。就这样，神农辛苦地尝遍百草，每次中毒，都靠茶来解救。后来，他左边的袋子里花草根叶有四万七千种，右边有三十九万八千种。

但有一天，神农尝到了“断肠草”，这种毒草太厉害了，他还来不及吃茶解毒就死了。他是为了拯救人们而牺牲的，人们称他为“药王菩萨”，人间以这个神话故事永远地纪念他。

这个故事虽说是传说，但是，我们从中却可以得到这样的启发：实践出真知，钻研出智慧。同样，对于青少年朋友来说，无论是学习还是生活，都要树立踏实的态度，遇到不能肯定的答案，一定要亲身实践。

当然浮躁的现象在一部分青少年朋友中还是存在的，对于学问，他们常常采取的是浅尝辄止的态度，不愿深究和钻研，更别说实践了。急功近利，只讲速度，不讲质量，试问，这种态度又怎么能做好学问，又怎么能培养自己严谨、全面的思维能力呢？

因此，要做到提高思维的准确性，首先要做到注重理论武装，以丰富的理论修养与知识素养做支撑。而提高理论思维能力的根本途径就是学习，要通过学习强化知识武装。

当然，要想把事情做到最好，还必须在心中为自己设定一个严格的标准，并且，在做事时，一定要按照这个标准来执行，绝不能马虎。另外，在做任何一项决策前，一定要思虑周全，并作广泛的调查论证，广泛征求意见，尽量把可能发生的情况考虑进去，避免出现漏洞，直至达到预期效果。

作者链接

让·雅克·卢梭（Jean-Jacques Rousseau，1712—1778），法国伟大的

启蒙思想家、哲学家、教育家、文学家，18世纪法国大革命的思想先驱，启蒙运动最卓越的代表人物之一。主要著作有《论人类不平等的起源和基础》《社会契约论》《爱弥儿》《忏悔录》《植物学通信》等。

天下大事，必作于细

中国古代思想家老子曾经说过这样一句话：“天下大事，必作于细。”这句话不难理解，无论是做人做事，还是思考问题，我们都不能忽视细节。戴尔·卡耐基曾经根据很多失败的经验得出一个结论：“一些年轻人失败的一个根本原因，就是精力分散，做不到专注。”

拿破仑是一位传奇人物，这位军事天才一生之中都在征战，曾多次创造以少胜多的著名战役，至今仍被各国军校奉为经典。然而，1812年的一场失败却改变了他的命运，从此法兰西第一帝国一蹶不振逐渐走向衰亡。

1812年5月9日，已经在欧洲大陆上取得辉煌成就的拿破仑率领着他的60万精英部队，准备远征俄罗斯。

法军是勇猛的，在短短的几个月内，他们就直捣莫斯科城。当他们进入莫斯科后，却发现市中心发生了火灾，这个城市的四分之一化成了灰烬。俄国沙皇亚历山大借势采取了坚壁清野的措施，使远离本土的法军陷入粮荒之中，在莫斯科，根本找不到干草和粮食，大批军马死亡，而很多军用武器因为无力运送不得不废弃。几周后，寒冷的天气给拿破仑大军带来了致命的诅咒。在饥寒交迫下，1812年冬天，拿破仑大军被迫从莫斯科撤退，沿途大批士兵被活活冻死，到12月初，60万拿破仑大军只剩下了不到1万人。

关于这场战役失败的原因众说纷纭，但谁又能想到是小小的军装纽扣起着关键的作用呢。原来拿破仑征俄大军的制服，采用的都是锡制纽扣，而在寒冷的气候中，锡制纽扣会发生化学变化成为粉末。由于衣服上没有了纽扣，数十万拿破仑大军在寒风暴雪中形同敞胸露怀，许多人被活活冻死，还有一些人得病而死。

拿破仑的失败，正验证了人们说的“成也细节，败也细节”，拿破仑正是因为没有将战争中的细小问题——如何抵御严寒考虑到，而导致了将士们活活被冻死。

有人说，细节就好比是精密仪器上的一个细微的零部件，虽然只是一个细小的组成部分，但是却起着重要的作用，一旦这个“零部件”出错，那就意味着全盘皆输。

对于青少年朋友来说，现阶段最重要的任务就是学习，然而，除了要学习书本上的知识外，还要学习如何培养缜密的思维能力，而反过来，一旦你学会了认真思考问题，这对于你学习书本知识也有极大的帮助。

老子即李耳，字聃，汉族，楚国苦县历乡曲仁里（今河南省鹿邑县太清宫镇）人，约生活于前571年至前471年之间。是我国古代伟大的哲学家和思想家、道家学派创始人，被唐朝帝王追认为李姓始祖。老子是世界百位历史名人之一，存世有《道德经》（又称《老子》），其作品的精华是朴素的辩证法，主张无为而治，其学说对中国哲学发展具有深刻影响。在道教中老子被尊为道教始祖。

凡事预则立，不预则废

战国时子思在《礼记·中庸》中提出：“凡事预则立，不预则废”，这句话的意思是，做任何事情，事先谋虑准备就会成功，否则就要失败。

的确，没有条理、做事没有秩序的人，无论做哪一种事情都没有功效可言。而有条理、有秩序的人即使才能平庸，他的事业也往往有相当的成就。同样，青少年朋友，无论是学习还是做事，也都要重视准备工作的作用，做好规划、思虑周全，事情往往能事半功倍。当然，无论做什么计划，都不能急于求成。

“我曾经是个两百斤的胖子，肥胖带来的苦恼实在太多了，我常常买不到合适的号码的衣服，我上公交车，大家都用异样的目光看着我，而让我印象最深的是，有一次，我得了阑尾炎，疼得厉害，爸妈打了急救电话，来个几个年轻的女护士，她们要把我抬上救护车，但我太胖了，女护士们根本抬不动，我躺在担架上，被折腾了好久……自打这件事后，我告诉自己，无论如何，一定要减肥，这样胖下去实在太苦恼了。我也明白，对于一个两百斤的大胖子来说，立即减成一个苗条的人并不大可能，于是，我给自己订立了一个运动减肥的计划。在第一个月的每天，我运动一个小时，每天不吃零食；第二个月，每天运动一个半小时……刚开始的几天，我觉得每天锻炼一个小时都很吃力，因为我以前是个连走路都会大喘气的人，不过我还是坚持下来了，第一个月结束的时候，我去称了下体重，我居然减了20多斤，这实在太神奇了。就这样，我继续完成了接下来的两个月的锻炼计划。现在，我身上的肥肉已经都不见了，而且，最重要的是，我已经养成了锻炼身体的习惯……”

其实，和锻炼身体一样，养成任何一个好习惯、戒除一个坏习惯，都不能急于求成。我们可以先为自己定一个可以轻易实现的目标，这个目标的实现能增强我们的自信心，帮助我们成功克服更高的难题。

那么，为什么不建立长期计划呢？生活中，有些人说自己能预见未来，这当然是谎言。因为无论我们对于未来的预计多么精细，都无法将一些不可知因素囊括在内，在遇到一些问题时，就不得不改变计划，或者对其进行相应的调整，甚至在某些情况下，我们需要无奈地放弃预期的计划。

在做任何事时，我们都要重视准备工作，也就是计划的重要性，但真正思虑周全的行动并不是长远的计划，是详尽的、可操作的，而不是模糊的、抽象的计划，比如，你不能告诉自己，我要变得勤奋起来，而是要具体化：我要在九月一日之前打扫和整理我的车库。

另外，你的计划还应该是务实的，而不是不切实际的。比如，你不能告诉自己，我绝不再拖拖拉拉，而应该把目标具体化：我会每天花一个小时的时间学习数学。

当然，你还必须要对困难和挫折做好心理准备，这也是你应该做的计划的重要部分。

作者链接

子思（前483—前402），名孔伋，字子思，孔子嫡孙。春秋战国时期著名的思想家。子思受教于孔子的高足曾参，孔子的思想学说由曾参传子思，子思的门人再传孟子。后人把子思、孟子并称为思孟学派，因而子思上承曾参，下启孟子，在孔孟“道统”的传承中有重要地位。

临阵磨枪，不利也光

古希腊哲学家第欧根尼曾经说：“临阵磨枪，不利也光。”意思是说，事到临头才做准备，尽管不会很锋利，但至少比不磨更光亮，激励人们就算到了最后时刻也要努力一下。其实，从这句话中，我们还能得出一点，无论做什么事，事前的计划工作很重要，哪怕是不完备的计划，也能起到一定的作用。

我们不难发现一点，古今中外，那些能做成大事的人，他们的成功都不是偶然的，他们从不打无准备之战。的确，一个人只有做好准备工作，思虑周全，才更易收获成功，否则，我们只能一直在做事与愿违的无用功。

有一个工人在一个伐木厂找到了一份不错的工作，他决定认真做好这份工作，好好表现。上班第一天，老板给了他一把斧子，让他到人工种植林里去砍树，这个工人卖力地干了起来。一天时间，他不停地挥舞着斧子，一共砍倒了19棵大树。老板满意极了，夸他干得不错。工人听了很兴奋，决定工作要更加卖力，以感谢老板对他的赏识。

第二天，工人拼命工作，他的腿站久了又酸又疼，胳膊更是累得抬不起来了，可是这样拼命，却并没有带来更好的结果。他觉得自己比第一天还要累，用的力还要大，可第二天却只砍倒了16棵树。

工人想，也许我还不够卖力，如果我的成绩一直下降，老板一定会以为我在偷懒，所以我要更加卖力才行。第三天，工人投入了双倍的热情去工作，直到把自己累得再也动不了为止。可是，让他失望的是，他只砍倒了12棵树。

工人是个很诚实的人，他觉得太惭愧了，拿着老板给的高薪，工作却越来越差劲。他主动去向老板道歉，说明了自己的工作情况，并检讨说，我真是太没用了，越卖力干得越少。老板问他：“你多久磨一次斧子？”工人一听愣住了，他说：“我把所有的时间都花在砍树上了，哪里有时间去磨斧子啊？”

这就是“磨刀不误砍柴工”的故事。埋头苦干是很好的做事态度，可是，这并不意味着只要我们花上大量的时间，事情自然就会解决。实践告诉我们：不是不做事，也不是只做事，而是要注意做事的方式和方法。

从这个故事中，青少年朋友，你也应该有所启示，努力学习和做事固然值得推崇，但要让你的心更有方向，让努力更有成效，你就应该要有缜密的思维和计划。计划是为实现目标而采取的方法、策略，只有目标，没有计划，往往会顾此失彼，或多费精力和时间。我们只有树立明确的目标，制订出详尽的计划，才能投入实际的行动，才能收获成就感和满足感。

第欧根尼（约前404—前323），古希腊哲学家，出生于一个银行家家庭，犬儒学派的代表人物。活跃于公元前4世纪，生于锡诺帕（现属土耳其），卒于科林斯。他的真实生平难以考据，但古代留下大量有关他的传闻轶事。

他认为除了自然的需要必须满足外，其他的任何东西，包括社会生活和文化生活，都是不自然的、无足轻重的。他强调禁欲主义的自我满足，鼓励放弃舒适环境。作为一个苦行主义的身体力行者，他居住在一只木桶内，过着乞丐一样的生活。每天白天他都会打着灯笼在街上“寻找诚实的人”。

他师承苏格拉底的弟子安提斯泰尼，以身作则发扬了老师的“犬儒哲学”，试图颠覆一切传统价值。他从不介意别人称呼他为“狗”，他甚至高呼“像狗一样活着”。人们把他们的哲学叫做“犬儒主义”。

人的一生是背负重荷涉足远路，不可操之过急

日本政治家德川家康曾经说过：“人的一生是背负重荷涉足远路，不可操之过急。”它的含义是，凡事我们应该持顺其自然的态度。同样，在思维过程中，凡事不可操之过急，越着急越容易出错，百密终有一疏，急功近利必然事故不断。只有心境淡然，只有本着严谨认真的态度，一步一个脚印才能保障一切都有序无误地进行。

从前有一个富翁，他什么都好，就是有个毛病，太过紧张自己的健康问题。

有一天他喉咙发炎，这不过是一个小毛病，但他却很紧张，他一定要找到一个最好的医生来为他诊治。

他花费了无数的金钱，让下人为自己找了全城最好的医生，后来，他觉得这些医生治不好自己，于是，他亲自去请其他地方的名医，因为他认为别的地方一定还有更好的医生，所以他又继续再找。

直到有一天，他路过一个偏僻的小村庄，此时，他的扁桃体早已恶化成脓，病毒变得非常的严重，必须马上开刀，否则性命难保。但是当地却没有一个医生，这个富有的人，居然因为一个小小的扁桃腺发炎而一命呜呼！

一个小病居然要了富翁的命，这是为什么？因为他求好心切，太过在意自己而延误了治疗的时机。

事实上，任何事情的发展都是有规律的，人们的主观愿望与实际生活也总是有差距的。就像自然界的植物，它们的成长需要每天接受光合作用，需要接受甘露的灌溉，才能获得成果。每一个生命的成长也如此，千万不要违背规律，急于求成，否则就是欲速则不达。真正成大事者，都遵循自然的规律，遇事临危不乱、镇定自若，他们都有一份定力，这是一种有长远眼光的表现，只有凡事不急于求成，才能真正有所成就。

凡事顺其自然，确实至为重要。当然，这需要你首先做到冷静机智，有时候，你之所以找不到问题的出口，其实在于你的心态。一个冷静的人在遇到问题时通常都能以最快的速度对问题作出回应。一个自乱阵脚的人又怎么可能理智对待问题进而找到出路呢？因此，我们可以说，一个人的应变能力如何首先取决于他们遇到问题时候的心态。

另外，你要学会从宏观角度把握问题。可能你有过这样的体会：当你演算一道数学题时，你挖空大脑也找不到答案，但当你回过头重新看时，你会发现，原来你走的艰辛的一步已经被其他人解决了。的确，如果你只是着眼于手上的事，并一门心思解决，那么，你很可能陷入到思维的局限中，而只有从宏观角度把握，你也许会发现，借助他人的思维成果往往让自己省去很多烦琐的思维过程。

另外，多角度思维也能帮助你来解决问题，某些情况下，问题的出现可能是我们思维出现了问题，我们常常会被经验和固有知识蒙蔽。因此，当你发现某种方法行不通时，就应懂得变通，通过变通方法来解决问题。

总之，青少年朋友们，在思考问题时，千万不可把自己的主观意愿强加于客观的现实中，而应该学会随时调整主观与客观之间的差距。

作者链接

德川家康，日本战国时代末期杰出的政治家和军事家，江户幕府的第一代将军。生于名古屋附近的冈崎，为冈崎城主松平广忠之子，原姓松平氏，初名元信，后改名家康，1566年奉敕改姓德川。

朋友这种关系，美在锦上添花，贵在雪中送炭

台湾女作家三毛曾说：“朋友这种关系，美在锦上添花，贵在雪中送炭。”这句话的意思是，患难见真情，真正的朋友是能分担你忧愁和痛苦的人，也最能经得起时间和磨难的考验，他们不会大难临头各自飞。

青少年朋友，如果你希望获得友谊，就不能在朋友需要帮助时袖手旁观。因为通常情况下，一个人在落魄的时候，他的内心一般都比较脆弱，他可能比平时更需要别人的安慰和帮助。在这时，如果你能出现，给予对方及时的帮助，那么，他会将你划分到知心朋友那一列。助人为乐乃是人之根本，帮助了别人你会感到快乐，他也会对你心怀感激，更何况对于正

在困境之中的人，那无疑是雪中送炭，对方会更加感激你。

韩信少时父母双亡，日子过得很艰难，常常没处吃饭，只好到城下淮水边钩鱼，钩到了可以卖几个钱，钓不到就饿肚子。淮水边上有一群漂洗丝絮的老大娘，各自带着饭篮在这里干活。其中一位大娘见韩信饿得有气无力，就把自己的饭分给他吃，一连几十天都这样。韩信非常感激，对大娘说："我将来一定要好好报答你。"大娘却生气地说："我是看你可怜才送饭给你吃，哪图什么报答！" 韩信后来受汉高祖刘邦赏识，封为大将，在楚汉战争中为汉高祖得天下立下赫赫战功，与张良、萧何合称"汉兴三杰"，韩信功封楚王。楚地本是韩信的故乡，他知恩图报，设法找到了当年那位漂絮大娘，对她谢了又谢，并送给她1000金作为报答。

漂母当初出自于慈悲心，将自己的饭分给韩信吃，却得到了发达后的韩信的重金酬谢。这就是"一饭之恩"的故事，告知人们要知恩图报。但从另外一个意义上来讲，我们要想得到友谊，首先就要"付出"尤其是对于那些需要他人帮助的人。此时，你伸出援手，他日，对方冲出困境时，必定会对你感恩戴德。如果对别人漠不关心，麻木不仁，小心吝啬，怕招引麻烦，交往很可能因此而中止。

的确，我们每个人都是一个独立的自我，但同时，也是生活在一定的社会集体中，我们的身边，有朋友，还有共事者，还有很多人，我们不可能脱离集体而存在，为此，我们在向社会、他人索取的同时，也要学会奉献、懂得感恩！要明白，有时候，真正的成功，并不是财富的集聚，而是精神世界的富足。懂得付出，懂得为他人和社会牺牲一点个人利益的人，必当是得道多助的。

作者链接

三毛，本名陈平，1943年3月26日生，浙江省定海县人，幼年时期的三毛就表现出对书本的爱好，5岁半时就在看《红楼梦》。初中时几乎看遍了市面上的世界名著。初二那年休学，由父母亲悉心教导，在诗词古文、英文方面，打下了坚实的基础，并先后跟随顾福生、邵幼轩两位画家习画。

三毛曾就读于中国文化大学哲学系，后留学欧洲，婚后定居西属撒哈拉沙漠迦纳利岛，并以当地的生活为背景，写出一连串脍炙人口的作品。1981年回台后，曾在文化大学任教，1984年辞去教职，而以写作、演讲为重心。1991年1月4日去世，享年48岁。

三毛的足迹遍及世界各地，她的作品也在全球的华人社会广为流传，在大陆也有广大的读者，生平著作和译作十分丰富。

不去同情别人，在你遇到困难时也将没有朋友帮忙

波斯诗人萨迪曾说：“你不同情那跌倒的人的痛苦，在你遇到困难时也将没有朋友帮忙。”也就是说，一个富有同情心、在他人需要帮助时伸出援助之手，必然是受人欢迎的，而那些对于他人遭遇冷漠置之、袖手旁观的人也不可能交到真正的朋友。俗话说：种瓜得瓜，种豆得豆。如果你种下善因，获得的当然是善果。青少年朋友们，如果你常常为他人着想，那么，在某个关键时刻，别人也会很自然地为你着想。然而，当自私占据内心的时候，种下的便是恶果。我国画家启功先生就是一个与人为善的人。

一次，他随全国政协到北京琉璃厂视察和调研艺术品市场，当时，有同行者发现这个古玩市场的地摊上，竟摆了并堆摞着大量所谓的启功书法作品。对此，大家都心知肚明是赝品。

有人问道：“启老哇，有何绝招来甄别您作品的真假呢？”

启功先生爽然大笑起来，随后一边缓步走着，一边指着地摊上的“启

功作品”幽默地说：“一百年以后，比我写得好的，就全都是真品了！”

启老的这番话，微言大义，深藏玄机，且只可意会，难以言表。

启功虽然是名人，但他最怕虚度时光，他常常砥砺自己要在有限的生命时光中，做出更多的奉献。然而，常常有人慕名前来上门请求写字作画，以致影响了自己的正常学习和研究，他又不便直接拒绝，因此，他在创作、研究或身体不适的时候，就在门上挂个牌子，上书：“大熊猫病了！”来者看到便禁不住莞尔一笑，虽吃了闭门羹，但也仍感到轻松快乐。

一次，一个朋友出于好心，给他请了一个气功师为他治病，治病前，朋友曾告诉启功说，气功师的功力如何如何的了得，治疗的时候，气功师把手压在启功的膝盖上，运气发功后，朋友问启功有什么感觉，启功并没有感到有什么异常，但他知道朋友是想让他说酸麻胀热之类的话，可是，他没有感觉到啊？他不想拂朋友的好意，就装作挺认真地说：“有感觉！我感觉到有一只大手捅在了我的膝盖上……”听了他的话，大家都乐不可支。

这里，我们看到了一个老艺术家不但在艺术上取得了非凡的成就，而且在心灵上也步入了大彻大悟之境，他的一番话虽然让人捧腹大笑，但表达的却是他处处替人着想的那一份善良。

我们发现，有一些人，他们无论在生活与工作中，似乎能得道多助，如鱼得水。也许我们会惊叹，他们的好人缘来自哪里？其实很简单，因为他们总是那么贴心、总是能替他人着想，也就总能打动他人。

当然，我们不能否认的一点是，人们都会为自己考虑，都会有自私面，但对于那些明显自私的人、势利小人，人们都是拒绝与其交往的，谁愿意在自己的身边放一颗定时炸弹呢？也没有谁愿意被小人暗算。而如果我们能不求回报地帮助他人，那么，就能有所回报，这也是培养友谊的基础。

总之，青少年朋友们，你要明白的是，如果你能对他人付出真心，多为他人着想，在他人需要的时候帮他一把，那么，你何愁交不到朋友呢？

作者链接

萨迪（1208—1291），波斯（现伊朗）诗人。他与菲尔多西、沙姆思·哈菲兹被称为中古波斯的三大诗人。

萨迪一生中游历四方近30年，广泛接触了社会各阶层人物，亲身体验了穷苦大众的悲惨生活，这对他世界观的形成和日后的文学创作产生了深刻影响。萨迪1257年写成第一部诗集《果园》，次年又完成名作《蔷薇园》。散文作品如《论文五篇》《帝王的规劝》《论理智与爱情》等。《果园》《蔷薇园》两部作品内容大同小异，基本上都是自己流浪生活的总结和思考，充满了人道主义精神。

第13章

生活篇：一衣一饭感于心

我们每个人都是一个独立的自我，但同时，也是生活在一定的社会集体中，我们的身边，有朋友，还有家人、师长、共事者，还有很多人，我们不可能脱离集体而存在，为此，我们在向社会、他人索取的同时，也要学会奉献、懂得感恩！你若想获得他人的支持，赢得友谊，就必须从现在起，学会感恩，学会付出，因为一味地索取，只会让你成为一个让人厌恶的自私鬼！

生活需要一颗感恩的心来创造

东汉文学家王符曾说：“生活需要一颗感恩的心来创造。”从这句话中，我们能看到，一个人，如果能以感恩的心面对生活，那么，他看到的就是阳光，他就能感到幸福。

有人说过这样的话，人生的冷暖取决于心灵的温度。可如今这社会就像一个大熔炉，把我们的心也烧得沸腾、喧嚣起来。如若摆脱浮躁的心，我们最需要超越的就是自己心灵的局限。如果能以感恩的心态面对，就能突破心灵的桎梏，所有的痛苦都可以超越，也都可以排解！

为此，我们在向社会、他人索取的同时，也要学会奉献、懂得感恩！

有两个人在沙漠中行走多日，在他们口渴难耐之际碰到一个赶骆驼的老人，骆驼上放着一大袋水。于是他们便向老人讨碗水喝。老人却每人仅给了半碗水。其中一个人在老人走后，一个劲地抱怨老人吝啬，有那么多水，却给半碗，一怒之下，他竟将半碗水泼掉了。而另一个人虽然也知道这半碗水并不能完全解除饥渴，但还是怀着感激之情喝下了这半碗水。他们又往前走了很远也没再碰到水源，而前者因为拒绝喝半碗水死在沙漠中，后者因为喝了这半碗水，终于走出了沙漠。

老人施舍的分明是一种爱心，而后者喝下的也是一种感激，正是这种感激，才支撑着他走出沙漠。生活中我们也应该学会感恩，感激父母给了我们生命，感激国家给了我们和平，感激路人给了我们帮助，感激……生活中需要感恩的事实在是很多。生活中怀有一颗感恩之心，才能体味到人生的幸福。

青少年朋友们，不知道你是否意识到，在你成长的道路上，你无时无刻不再接受他人的帮助，接受他人的恩惠。自打你出生，父母就在孜孜不倦地哺育你们，教你做人做事的道理；跨入校门，我们的老师就无怨无悔地把毕生所学传授给你；遇到难以解答的学习问题，好心的同学也总是帮助你；而国家和社会，为你提供了安定的学习和生活的环境；甚至生活中那些陌生人，也在无形中对你提供帮助……我们需要报答的人太多。如果你有一颗感恩的心，那么，你还会抱怨父母的不理解、老师的严厉吗？那么，我们该如何做到感恩于世呢？

的确，拥有感恩之心的人，即使仰望夜空，也会有一种感动，体会到一丝快乐。正如康德所说："在晴朗之夜，仰望天空，就会获得一种快乐，这种快乐只有高尚的心灵才能体会出来。"生活中确实需要感恩，不懂得感恩，生活便会黯然失色，人生便没有滋味。

然而，感恩不是炫耀，不是停滞不前，而是把所有的拥有看作是一种荣幸，一种鼓励，在深深感激之中产生回报的积极行动，与他人分享自己的拥有。那么，青少年朋友们，你是个懂得感恩的人吗？

作者链接

王符（85—163），东汉政论家、文学家、进步思想家，字节信，汉族，安定临泾（今甘肃镇原）人。

他是庶出之子，舅家无亲，所以在家乡受歧视；又不苟于俗，不求引荐，所以游宦不获升迁。于是愤而隐居著书，终生不仕。

王符一生隐居著书，崇俭戒奢、讥评时政得失。因"不欲章显其名"，故将所著书名之为《潜夫论》。王符思想深刻、观点鲜明、文笔犀利，至今读其作仍给人一种淋漓畅快的感觉。

父母的美德是一笔巨大的财富

古罗马诗人贺拉斯说："父母的美德是一笔巨大的财富。"这句话告诫生活中的每一个人，为人子女，必须要学会感恩于父母。我们每个人的一生中，都会经历友情、爱情、亲情，但唯有亲情是永恒的，尤其是父母对我们的爱，更是一种没有条件、不求回报的阳光沐浴。从婴儿的"呱呱"坠地到哺育他长大成人，父母们花去了多少的心血与汗水，编织了多少个日日夜夜；从上小学到初中，乃至大学，又有多少父母为我们呕心沥血。而只有当我们体验了亲情的深度，才可能领略到友情的广度，拥有了爱情的纯度，这样的人生，才称得上是名副其实的人生。

人们常说，"百事孝为先"，一个人能够孝顺，他就有一颗善良、仁慈的心。

任何父母，都倾其所有地为儿女付出，但他们同样有一个心理：希望孩子懂得感恩，并体会到父母的艰辛。其实，感恩父母，哪怕是一件微不足道的事，只要能让他们感到欣慰，就足矣。

一个大眼睛的小男孩，吃力地端着一盆水，天真地对妈妈说：妈妈，洗脚！很多人为其流泪，不只为了可爱的男孩，也为了那一份至深的爱和发自内心的感恩。

曾经有篇报道，叙述了一个16岁的农村少年，以优异的成绩考取了师范学校，面对着瘫痪在床无人照顾的父亲，无奈之下卖掉了全部家产，背着父亲走进校门，开始了漫长而艰辛的求学之路。

我们不禁会感叹，血浓于水，父母给予我们的爱是我们一辈子的财富。可是生活中，又有多少青少年能和以上案例中的孩子一样读懂细腻的亲情并懂得用心感恩呢？日常生活中，相信很多时候，孩子都曾经抱怨过父母、不理解父母，但如果你用心体会一下，那么，你会发现，无论他们做什么，一切初衷都是为了孩子好。

可能也有些青少年朋友会说："等我长大了、工作了、有钱了，我会给父母买很多好吃的；也有人说，等我有时间了，我会带着父母环游世界！"但"树欲静而风不止，子欲养而亲不待"，父母有这么多时间来等你吗？对父母的孝心或许更应该在平时的生活中完成吧。

不管在世界的哪一个角落，总有父母辛苦的汗水。而我们又何尝回报过他们？即使是在父母的生日送上一张贺卡，一句祝福，即使是在父母生病时，用心去照顾和给予他们温暖；即使是在父母劳累一天后，为他们捶捶背，倒杯水……这些微不足道的付出，对于他们来说，也许比任何东西都珍贵！让我们用一颗感恩的心去对待父母，用一颗真诚的心去与父母交流；用一颗宽容的心去细味父母的唠叨吧！

贺拉斯（前65—前8），古罗马诗人、批评家。生于意大利南部阿普利亚边境小镇维努西亚（今维诺萨），属于中小奴隶主阶层，信奉亚里士多德的中庸人生哲学。其美学思想见于写给皮索父子的诗体长信《诗艺》。

不管一个人取得多么值得骄傲的成绩，都应该饮水思源

居里夫人曾说："不管一个人取得多么值得骄傲的成绩，都应该饮水思源，应该记住是自己的老师为他们的成长播下了最初的种子。"这句话告诉我们，人生路上，永远都应该做到勿忘师恩。

自打我们跨入校门的那一刻起，就在接受老师的教育，他们不仅为我们传授文化知识，还教会我们如何为人处世，每一个老师都希望自己的学生能有一番作为。仔细想来，从上学到结束学生生涯，为我们传道、授

业、解惑的老师为数不少，但我们每个人是不是都记得老师的这一份恩情呢？

也许你记得小学时的某个语文老师，为了让你写对一个生字而罚你写了十几遍；也许你记得老师上课时的“凶恶”样子；也许你曾经在日记本里还诅咒过老师，但你又何曾理解过老师的苦心呢？现在已经长大的你应该学会感恩了，即使你以后离开学校、走入社会，也不要忘记老师是赐予你知识的天使。事实上，自古以来，任何学业有成的人都有一颗感恩于老师的心。

宋朝时，岳武穆王的老师周同的力气很大，可以拉开300斤的弓箭。周同死了之后，每到初一、十五，岳武穆王一定到老师的墓前祭拜，并且痛哭一番。在痛哭后，必定会拿起老师所送的300斤的弓发出三支箭才回去。他这份念念不忘师恩的真情，正是他日后精忠报国的忠心。

桓荣是汉明帝的老师，明帝对老师一向非常尊教。有一次明帝到太常府去，在那里放了老师的桌椅，请老师坐下，又将文武百官都叫来，当场行师生之礼，亲自拜桓荣为老师。明帝能放下自己尊贵的身份来恭敬老师，可见他的用心与风范，值得大家学习。

青少年朋友，可能你会觉得老师太过严厉，但不管老师做什么，他的出发点都是为了你，希望你能成人成才，老师是你的第二个家长，对于老师，你要学会感恩，只有抱着感恩的心，你才能理解他、尊重他，你会收获得更多。

作者链接

玛丽·居里（1867—1934），原名玛丽·斯克沃多夫斯卡，是波兰裔法国籍女物理学家、放射性化学家。与其丈夫共同发现了放射性元素镭，之后又发现了放射性元素钋，两度获得诺贝尔奖，是历史上第一个获得两项诺贝尔奖的人，而且是在两个不同的领域获得诺贝尔奖。

除获诺贝尔奖外，她的各种荣誉称号有：会员56个，会长2个，院士19个，院长1个，博士20个，教授1个，荣誉市民3个；另外获得奖金10项，奖章16枚。爱因斯坦曾说：“在所有世界著名人物中，玛丽·居里是唯一没有被盛名所宠坏的人。”

感恩即是灵魂上的健康

尼采曾说：“感恩即是灵魂上的健康。”我们可以理解为，一个人心灵是否健康，是可以从其是否有感恩之心看出来的。的确，面对人生百态，抱怨的人把精力全集中在对生活的不满之处，而懂得感恩的人把注意力集中在能令他们开心的事情上，所以，他们更多地感受到生命中美好的一面，因为对生活的这份感激，所以他们才感到幸福。

自我意识渐强的青少年朋友们，你要明白一个道理：世间没有绝对公平的事情。的确，每个人都希望生活在公平的世界里，但那永远是不可能的。无论遇到什么，你都应该抱着感恩的态度面对，这样，你就能少一些烦恼，多一些快乐。的确，生活中，我们也总能发现一些喜欢抱怨的青少年，他们抱怨学习太累、父母太唠叨，甚至会抱怨饭菜太差、衣服太难看等。他们之所以经常抱怨，是因为他们缺乏感恩之心。

有一块石头被刻成了神像，抬到庙里去供奉，受到人们的跪拜。后来，人们把庙宇改成了别的用场，这个神像也就用来垫墙脚了。

“我真不幸，怎么会碰上这么倒霉的事！”石像抱怨着，“让我来垫墙脚，真是大材小用！”

而另一块垫墙脚的石头却说：“我很感激能有这样一个位置。要知道，能够踏踏实实地做一些对人们有益的事，比起做一个高高在上、光摆架子，却没有一点用场的偶像来，要有意义得多！”

从这个寓言故事中，我们可以得出启示，只有心怀感恩的人，才能视万物皆为恩赐；也只有当我们心中充满了感恩之情时，压力才会变得不再是压力，世界也才会变得美好无比。而此时无论是怎样的困难，我们都可以满怀激情地去面对。

的确，当一个人受到了不公正的待遇时，自然会感到委屈，也就会产生抱怨的情绪，这再正常不过，适度的抱怨也是一种舒缓内心不满的一种方法，但如果我们开始变得怨天尤人，把周围的每个人都当成我们抱怨的对象的时候，你是否想过，其实，真的问题在你身上？学会感恩，你才是一个快乐的人。

在我们的人生路上，我们需要报答的人太多。如果你有一颗感恩的心，那么，你还会抱怨老师的严厉、父母不能给你充裕的物质生活吗？“不要抱怨玫瑰有刺，要为荆棘中有玫瑰而感恩。”这句话成功地道出了一个深刻的人生哲理。因此，不管遇到什么事情，你都要学会感恩，那样，你内心的个人偏见自然会慢慢减少，烦恼也就会慢慢降低了。

作者链接

弗里德里希·威廉·尼采（1844—1900），德国著名哲学家，西方现代哲学的开创者，同时也是卓越的诗人和散文家。他最早开始批判西方现代社会，然而他的学说在他的时代却没有引起人们重视，直到20 世纪，后来的生命哲学，存在主义，弗洛伊德主义，后现代主义，都以各自的形式回应了尼采的哲学思想。

尼采的著作有《悲剧的诞生》《希腊悲剧时代的哲学》《不合时宜的考察》《自白者和作家大卫·斯特劳斯》等，尼采的著作对后世的影响无疑是巨大的。他的思想具有一种无比强大的冲击力，它颠覆了西方的基督教道德思想和传统的价值，揭示了在上帝死后人类所必须面临的精神危机。

没有对手就没有动力，我永远感谢对手

奥运冠军刘翔曾说过一句话：“没有对手就没有动力，我永远感谢对手。”人类社会，本身就是一个竞争性的社会，知识经济的到来，人们的竞争意识更为强烈，可以说，我们生活的周围，无时无刻不存在着竞争。也就是因为这些竞争对手的存在，我们才更具奋斗力和活力，才会有危机感，才会有竞争力。所谓“狭路相逢勇者胜”，正是由于他们，才使你认识到自己的不足，才使你认识到要发展自我，才使你认识到社会，乃至整个世界都无时无刻地在进步，在前行。

人生路上，对于对手，我们应该抱着感谢的态度，要知道，对手就犹如一面镜子，能照出你自己的特征，也能激励你去不断学习，不断发展。心理学上有个“鲇鱼效应”。关于这一效应，有这样一个由来：

在北欧的挪威，人们都喜欢吃沙丁鱼。

一般来说，活鱼会比死鱼贵得多，沙丁鱼也是如此，所以，当地的渔民为了让沙丁鱼活着回到渔港，想尽了各种方法，但收效甚微。

奇怪的是，在这些渔船中，就是有一条总是能让大部分沙丁鱼活着回到渔港。船长严格保守着秘密。直到船长去世，谜底才揭开。

原来，船长在装满沙丁鱼的鱼槽里放进了一条以鱼为主要食物的鲇鱼。鲇鱼进入周围充满沙丁鱼的鱼槽后，由于环境陌生，便四处游动。沙丁鱼看见陌生的鲇鱼，自然十分紧张，每一条鱼都四处躲避，加速游动。这样沙丁鱼缺氧的问题就迎刃而解了，沙丁鱼也就不会死了。这样一来，一条条沙丁鱼欢蹦乱跳地回到了渔港。

这就是著名的“鲇鱼效应”。“鲇鱼效应”告诉我们，竞争可以激发人们内在的活力。

青少年朋友，相信你在学习上也有一两个劲敌，他们也可以说是你的对手，对此，你是怎样的心理呢？是嫉妒还是欣赏？是大声叫好还是不

屑一顾？尤其是当他的学习成绩超过你的时候，你为他鼓掌，会化解对方对你的不满和成见，改变他对你的态度，他会觉得你慷慨地付出自己的真诚，从此，他也会给予你支持。人都是这样，死结越拧越紧，活结虽复杂，却容易打开。

不少时候，人们面对对手，采取的是打击的方法，其实，这样做还不如化敌为友、化干戈为玉帛。想把对手变成朋友，就要舍得为他“付出”，对方陷入困境的时候，你要保持冷静，不能见机踹他一脚；当你成功的时候，不要在对方面前趾高气扬，流露出得意。做到这些就是“付出”，勇敢的“付出”。

正因为有了对手，我们的生活才不会像白开水一样平淡乏味，而变得美丽、变得七彩斑斓；正因为有了对手，我们才不会像人工养殖的鲜花一样弱质纤纤，而变得越来越坚强；正因为有了对手，我们才能享受到真正的快乐。因为对手的存在，并不仅仅是个威胁，在很多时候，它还是激励你进步的“伙伴”，因此，如果你也能以这样的心态对待对手，那么，对手就不是你的敌人，而是你的朋友了。

作者链接

刘翔，奥运冠军，生于1983年7月13日，中国男子田径队110米跨栏一级运动员。中国人民政治协商会议第十一届全国委员会委员。刘翔是中国田径史上里程碑式人物，在2004年雅典奥运会上以12.91秒的成绩刷新了保持11年的世界纪录； 在瑞士洛桑田径超级大奖赛中，以12秒88打破了保持13年的世界纪录。多次在国际田径赛事中夺冠，是目前男子110米栏最优秀的运动员之一。

世界上没有比友谊更美好，更令人愉快的东西了

古罗马政治学家西塞罗曾说：“世界上没有比友谊更美好，更令人愉快的东西了。”的确，“人生得一知己足矣”。大千世界，茫茫人海，多少人与我们擦肩而过，多少人与我们有过一面之缘，有多少人真正在我们的生命里留下印记，又有多少人真正走进我们的心里呢？在我们的生活里，有这样一些人，也许他们不会像老师那样带我们遨游知识的海洋，也不会像父母那样告诉你人世的真谛。他们会给你讲一些简短却动听的故事，他们也许会教你玩好玩健康的游戏，他们就是你的好朋友、好同学。人生路上，因为有朋友的相帮，我们不再孤单；因为有朋友的相助，我们走得不再艰难。因此，我们需要感恩的人中，除了父母、老师，还有朋友。

春秋时期，楚国有一位赫赫有名的音乐家，叫俞伯牙。从小，俞伯牙就非常喜欢音乐，拜了著名的琴师成连为师，学习琴艺。经过三年的学习，俞伯牙琴艺渐精，成了当地著名的琴师。虽然人们都对俞伯牙的琴艺竖起了大拇指，但是俞伯牙却常常因为自己在艺术上达不到更高的境界而苦恼。因为，没有几个人能真正听懂他所弹奏的曲子。

一日，俞伯牙乘船沿江旅游。船行到一座高山旁时，突然下起了大雨，因此，船停在山边避雨。伯牙耳听着淅沥的雨声，看着雨打江面的景象，不禁琴兴大发，弹起琴来。正当伯牙弹得兴致高涨时，突然感觉到琴弦上有异样的颤抖。伯牙知道，这是琴师的心灵感应，说明此刻附近有人在听琴。伯牙走出船外，果然看到岸上树林边坐着一个打柴人正在侧耳倾听。这个人就是钟子期。

伯牙赶紧把子期请到船上，说：“我为你弹一首曲子听，好吗？”子期马上表示洗耳恭听。伯牙即兴弹了一曲《高山》，子期情不自禁地赞叹道：“多么巍峨的高山啊！”接着，伯牙又弹了一曲《流水》，子期再次

称赞说："多么浩荡的江水啊！"伯牙又钦佩又激动，对子期说："在这个世界上，只有你能听得懂我的心声，你真是我的知音啊！"就这样，两个人结拜为生死之交。

伯牙与子期约定，一旦周游完毕，就会亲自去子期家登门拜访。一日，伯牙如约前来子期家，但是却听闻子期已经不幸因病去世了。得知这个消息后，伯牙伤心欲绝，奔到子期墓前为他弹奏了一首充满悲伤和怀念的曲子，然后站起身来毫不迟疑地把自己珍贵的琴砸碎于子期的墓前。从此，伯牙与琴绝缘，再也没有弹过琴。

自古以来，因为钟子期能够听懂俞伯牙的琴声，所以，人们就把俞伯牙与钟子期的惺惺相惜当成是知己的典范。

青少年朋友们，相信你也有几个这样的死党，他们总是跟你一起学习，他们在你高兴时陪你一起大笑，在你失意时默默守护你，你们互相了解，有太多的共同语言，对于这些朋友，请一定要善待他们，因为他们给你带来了欢乐，因为有他们的相伴，你的青春期才更完整！

作者链接

马库斯·图留斯·西塞罗（Marcus Tullius Cicero，前106—前43）。古罗马著名政治家、演说家、雄辩家、法学家和哲学家。出身于古罗马奴隶主骑士家庭，以善于雄辩而成为罗马政治舞台的显要人物。从事过律师工作，后进入政界。开始时期倾向平民派，以后成为贵族派。公元前63年当选为执政官，在后三头政治联盟成立后，被三头之一的政敌马克·安东尼派人杀害。

在巨富中死去是一种耻辱

美国著名企业家卡耐基有句名言：“在巨富中死去是一种耻辱。”这样一句话，警醒着每一个人，一定要懂得感恩社会，回馈社会。

每个青少年朋友们都在学校接受过这样的教育：努力学习科学文化知识，以后要回馈社会。其实，这就是一种感恩的意识。每个人都是社会人，都在接受社会的馈赠，未来的你更应该成为一个有助于社会的人。因此，每个青少年朋友，都应该立志在长大后要用知识和劳动回馈社会。

生活中，我们常常看到这样一些现象，有些人在功成名就以后，并不是独享财富，而是扶弱济贫，将自己的财富奉献给社会，让那些物质贫乏者能接受自己的帮助，因为他们明白，真正的快乐并不是敛财，而是帮助他人。最终，他们都实现了自己的人生价值。香港首富李嘉诚就是这样做的。

李嘉诚于1980年创立了自己的基金会，为医疗、教育、文化和社区福利项目提供资助，主要针对香港和内地。迄今为止，该基金会已为各项事业捐出及承诺款项约77亿港元，其中，内地约占64%，香港占29%，其他占7%。

另外，李嘉诚基金的管理特色在于，从不动用现有资产，基金用多少，李嘉诚补上多少。李嘉诚曾说过，无论是他的家族成员还是公司董事，都不准从基金会拿出一分钱来，因为基金会是百分之百做贡献的。

李嘉诚基金会集中两方面的发展：教育和医疗。至今，李嘉诚基金会及由李嘉诚成立的其他公益基金会已捐助过很多项目。

李嘉诚说，能够在这个世上对其他需要你帮助的人有贡献，这是内心的财富，是真财富。因为金钱的财富，你今天可能涨了，身价高很多，明天掉下去了，你的财富可以一夜之间变为一半。只有你做出使世人受益的事情，这才是真财富，任何人拿不回来。

正如李嘉诚说的："金钱并不是人生中最重要的因素。"在他看来，所谓的富贵，并不一定要"富"，还要"贵"，真正的"贵"，是看你的社会价值，看看你做出了什么。这才是真财富，任何人都拿不走。因此，他眼中真正的"富贵"，是必须懂得用金钱去回馈社会，如不能做到这样，即使拥有了金钱，也只不过是"富而不贵"。

可能你会认为自己能力有限，还是个学生，无法行善，但真正的回报社会并不只是钱财上的捐赠，作为青少年的你，还有很多方法，比如，经常参加一些慈善活动或者助人的社会实践活动，热心帮助身边的人，只要你不吝啬助人，那么，你就是个有助于社会的人，你的人生财富也就在不断积累！

作者链接

戴尔·卡耐基（1888—1955），美国现代成人教育之父，美国著名的人际关系学大师，西方现代人际关系教育的奠基人，被誉为20世纪最伟大的心灵导师和成功学大师。戴尔·卡耐基利用大量普通人不断努力取得成功的故事，通过演讲和书唤起无数陷入迷惘者的斗志，激励他们取得辉煌的成功。其在1936年出版的著作《人性的弱点》，70年来始终被西方世界视为社交技巧的圣经之一。他在1912年创立卡耐基训练班，以教导人们人际沟通及处理压力的技巧。

人世间最美丽的情景是出现在当我们怀念到母亲的时候

法国大作家莫泊桑曾说："人世间最美丽的情景是出现在当我们怀念到母亲的时候。"母亲可谓这个世界上最伟大的人，母爱是无私的，母爱是伟大的，每个青少年朋友，都应该学会感谢和报答母亲这一份特殊的爱。

的确，母亲给予我们生命，让我们哭着就来到了这个世上，我们的每一次成长，都牵动着母亲的心，第一次看世界、第一声啼哭、第一次笑、第一次翻身…… 这些，也许你都不知道，但在母亲的生命里，却从此又增添了多少鲜活的内容。当你逐渐长大，她又开始不得不为你担忧，害怕你不学无术、害怕你学坏，害怕你一不小心，就走偏了人生的轨道。母亲就像一盏明灯，时刻为我们照亮人生道路上的黑暗；母亲还像马路岔口的路标，指引我们该往哪里前进。

“慈母手中线，游子身上衣；临行密密缝，意恐迟迟归；谁言寸草心，报得三春晖。”你能体会唐朝诗人孟郊这首《游子吟》的真正含义吗？的确，母亲总是对我们无怨无悔地付出。但你是否发现，母亲的两鬓已经出现了丝丝银发？当你发现这点的时候，你的心中是否会掠过一丝酸楚？那么，出于为人子女的本分，从现在开始，不妨学会感恩吧，哪怕只是一句“谢谢”，母亲也会倍感欣慰。

1944年2月15日，朱德的母亲钟太夫人在家乡四川仪陇病逝。朱德万分悲痛，4月5日著《回忆我的母亲》一文，以无限的深情赞颂母亲的优秀品质，寄托哀思。

朱德开篇写道：得到母亲去世的消息，我很悲痛。我爱我母亲，特别是她勤劳一生，很多事情是值得我永远回忆的。

他在一封写给外甥的家信中说：“外祖母大人因人老关系，今年不比往年健康，但仍不辍劳作，尤喜纺棉。”

我应该感谢母亲，她教给我生产的知识和革命的意识，鼓励我以后走上革命的道路。在这条道路上，我一天比一天更加认识：只有这种知识、这种意识，才是世界上最宝贵的财产。

最后，朱德满怀深情地写道：母亲现在离开我而去，我将永远不能再见她一面了，这个哀痛是无法补救的。母亲是一个平凡的人，她只是中国千百万劳动人民中的一员，但是，正是这千百万人创造了和创造着中国的历史。我用什么方法来报答母亲的深恩呢？我将继续尽忠于我们的民族和人民，尽忠于我们的民族和人民的希望——中国共产党，使和母亲同样生活着的人能够快乐的生活。这是我能做到的，一定能做到的。

青少年朋友们，其实，感谢母亲，你可以从小事做起，比如，放学后的一句问候，能使母亲感到温暖；热乎乎的一杯清茶，能清凉母亲的心；面对面的一次闲聊，能够化解母亲的疲劳。你可能认为这些都太微不足道了，根本不能表达什么，没错，这些都是微不足道的小事，但如果持之以恒，这涓涓小流将汇成爱的汪洋大海。

作者链接

居伊·德·莫泊桑（1850—1893），法国19世纪后半期著名的批判现实主义作家，他与契诃夫和欧·亨利并列世界三大短篇小说巨匠，对后世产生极大影响，被誉为“短篇小说之王”。

他继承了法国现实主义文学的传统，又接受了左拉的影响，带有明显的自然主义倾向。他在相当短暂的一生里，取得了令人瞩目的文学成就。他数量巨大的短篇小说所达到的艺术水平，不仅在法国文学中，而且在世界文坛上，都是卓越超群的，具有某种典范的意义，所以人称“短篇小说之王”。

做人就像蜡烛一样，给人以光明，给人以温暖

共产党人萧楚女生前在农讲所和黄埔军校带病工作时曾说：“做人就像蜡烛一样，有一分热，发一分光，给人以光明，给人以温暖。”他形象

地形容自己的人生观是“蜡烛人生观”，并以此自励。他是这样说的，也是这样做的。萧楚女告诉我们，一个人要有对社会奉献的精神。的确，奉献对于我们来说是一种责任也是一种义务。我们生活在社会中，是整个社会集体的一员，我们在享受社会资源的同时也应该懂得感恩，懂得向社会回报，否则，如果大家都只索取不奉献，任何人的幸福都无从谈起。

青少年朋友们，也许你认为自己年纪尚小，奉献社会应该是成人的义务，与自己无关。而事实上，青春期的你们已经有自己的独立意识和行动能力，同时，你也是社会的一分子，也应该从身边的小事做起，为社会贡献一份力量。

鲍尔·海斯德是美国一位研究蛇毒的科学家。他小时候看到全世界每年有成千上万人被毒蛇咬死，就决心研究出一种抗蛇毒药。他从15岁起，就在自己身上注射微量的毒蛇腺体，并逐渐加大剂量与毒性。

这种试验是极其危险和痛苦的，每注射一次，他都要大病一场。各种蛇的蛇毒成分不同，作用方式也不同，每注射一种新的蛇毒，原来的抗毒物质不能胜任，又要经受一种新的抗毒物质折磨。他身上先后注射过28种蛇毒。经过危险与痛苦的试验，终于有了收获。他一共被毒蛇咬过130次，每次都安然无恙。海斯德对自己血液中的抗毒物质进行分析，试制了一些抗蛇毒的药物，已救治了很多被毒蛇咬伤的人。

海斯德“以身试毒”只为救助更多的人，这就是一种伟大的奉献精神，我们不得不被海斯德这种强大的精神力量所折服。的确，没有这样一个高尚的人格，又怎样有这样强烈的社会责任感？又怎么会不顾生命危险，一次又一次地以自己为实验对象？

在一些人看来，对社会奉献是一种付出，而其实，它却会给你带来更多的收获。可能我们失去了暂时的利益，失去了眼前的所得，但是我们在为别人付出的同时也获得了尊敬，这是不能用利益和金钱所衡量的，我们今天的付出将回报更多的收获，造福长远。

因此，我们要学会奉献，学会享受奉献后的满足，体会其中的幸福。要奉献国家，奉献社会，奉献人民，要把这种精神运用到日常生活中，从小事做起，从身边做起，我为人人奉献，收获人人尊敬。

萧楚女，原名树烈，又名萧秋，1891年出生于湖北省汉阳县鹦鹉洲一个小商人家庭。幼年丧父，家贫无以为生，12岁在一家木材行当学徒，不久流浪外乡，做过轮船杂工、街头报童、酱园徒工、排字工人等。1927年4月15日，萧楚女在广州国民党反革命政变中被逮捕，4月22日，牺牲于南京。

用一颗感恩的心去帮助更多比我更困苦之人

2006年感动中国十大人物之一的洪战辉曾说过这样一句话："我只不过是记着别人对我的帮助，用一颗感恩的心去帮助更多比我更困苦之人。"这句话也启发生活中的我们，对于他人的帮助要懂得感恩，更要以一颗感恩的心去帮助更多的人。

洪战辉在年幼时就已失去了笑容，取而代之的是全家生存的重担，他四处求学，虽然饱受沧桑，但他学会了"滴水之恩当涌泉相报"的道理。

他带着自己的妹妹去大学求学，有那么多有爱心者为他伸出援助之手，他却没有接受，面对困境，他毫不退缩，想着世上还有很多像他甚至比他更贫困的人需要帮助，便自筹资金，建立了一个慈善基金会，帮助那些人。

他被评为"2006年感动中国十大人物"之一，在颁奖典礼上，他真诚地说："我只不过是记着别人对我的帮助，用一颗感恩的心去帮助更多比我更困苦之人。”得到了阵阵掌声。

中国人常说“滴水之恩当涌泉相报”，人的本色应该如此，崇尚见义勇为，助人为乐之义举；鄙薄见利忘义，忘恩负义之恶行。

有两位好朋友在一起出游时，一位不小心将另一位的手划破，连忙说对不起，受伤者笑着说没事儿，便在沙漠上用手指记下：“今天我的好朋友将我的手划破。”又一次，当他脚不小心拐了时，他的朋友细心地呵护照顾他，直到他的脚慢慢地康复。他用刀子在石头上刻下：“今天我的朋友帮了我。”他的朋友疑惑不解地问他为什么时，他说：“写在沙漠上是为了让风帮我淡忘昨天的不快，刻在石头上是为了让岁月帮我铭记你对我的帮助。”

这是一段真实的故事。著名歌手丛飞节衣缩食捐赠300万元，资助178名贫困学生。而当他自己病危住院经济困难时，当地几个曾被他资助的人，竟没有一个人来看望他。这事被媒体披露后，有一受助者说，这让他很没面子。而丛飞却说：“不要埋怨他们，我已不需要医疗了。”这样伟大的人，这样坦率，为自己的决定无怨无悔的人，才是真正的智者。

总之，无论是洪战辉还是丛飞，都应该成为青少年朋友学习的榜样。人生路上，只要你抱着一颗感恩的心，你就能感受来自他人的爱，你也能收获满满的幸福！

作者链接

洪战辉，1982年生，河南省西华县人，中南大学教师，先后就读于湖南怀化学院、中南大学。因带着捡来的妹妹艰难求学12年，2006年，被评为感动中国十大人物之一，成为时代偶像。

2006年以来，已成为公众人物的洪战辉，又将爱洒向了社会。为资助贫困学生，他在学校和政府的帮助下建立了教育助学责任基金。为推动青少年思想教育，他应邀在全国各地作了150多场励志报告，并欣然出任“中国宋庆龄基金会青少年生命教育爱心大使”。他还多次到湖南、河南等地贫困山区与困难学生交流，捐赠学习用品。他说：“我要力所能及地帮助需要帮助的人。”

第14章

生活篇：幽默乐观爱生活

有人说，这世界上存在两种人，划分的标准就是他们对待事物的态度，一种是乐观的人，一种是悲观的人。乐观者，他们的脸上总是挂着微笑，似乎没有事情能难倒他们，因此，他们生活得幸福、坦然；而悲观的人，他们似乎总是把眼光盯在事物坏的一面，于是，他们总是感到低迷，整日郁郁寡欢。每一个青少年朋友，都要在这个人生阶段培养自己开朗、乐观、幽默的性格，这样，你的积极不仅会感染他人，让你更有魅力，还能帮你坦然面对未来人生路上的种种困难。

乌云后面依然是灿烂的晴天

美国大诗人朗弗罗曾说："乌云后面依然是灿烂的晴天。"这句话告诉我们，人生路上，不管遇到什么，都要乐观面对，积极阳光的心态会为我们带来好运，才有获取成功的希望。

的确，红尘滚滚，荆棘丛生，人生的道路曲折而漫长。生命之旅不会一帆风顺，总会出现一些羁绊，使我们困惑。如何面对人生的困惑？就是必须要学会历练自己的韧性，在未来荆棘密布的人生道路上，无论命运把你抛向任何险恶的境地，你都能做到积极面对、毫不畏惧！

1985年9月19日清晨7时19分，墨西哥西南岸外太平洋底发生8.1级强震，震波约2分钟到达墨西哥城。顿时，该城整个大地突然剧烈颤动，仅仅90秒钟的时间，市中心30%的建筑物便化为瓦砾。在这次地震前的几小时，可爱的胡安娜·哈斯敏·阿利亚斯出生了，在那场灾难中，她失去了妈妈，但同时她又很幸运，她是当年警察和士兵们从墨西哥城华雷斯医院废墟里救出的第一个孩子。

爸爸因为无法承受失去妻子的痛苦而和年幼的胡安娜疏远。一直以来，她都住在自己的姨妈家中。但当别人问胡安娜"那场灾难让你失去了母亲，你有什么想法？"时，胡安娜并不会觉得又一次被触碰了伤疤，她从没觉得自己和身边的其他人有什么不一样。对她而言，抚养她长大的姨妈给了自己全部的爱，她就和母亲一样。妈妈能给予的，姨妈也毫无保留地给予了她。

长大后，胡安娜接受了墨西哥城成立的一个专门的心理医生小组的治疗，积极的心理治疗让胡安娜跨过了那道艰难的坎。

胡安娜说，正因为知道自己能活下来就是生命的奇迹，所以她要做的就是“朝前看”。现在的胡安娜已经结束了在墨西哥工业技术研究和服务中心的时尚设计课程，她希望在政府专项帮助“奇迹婴儿”的项目资金的支持下，再去学习英语，并上完大学课程。

的确，胡安娜的心态是值得很多人学习的，灾难已经发生，就不要再回首，当你回头看那个绊倒你的坎时，你又会想起以前的不幸经历，之前的伤疤又会被重新揭开，隐隐作痛。把头抬起来，天空依然星光灿烂。苦难有时会置人于死地或让人颓废，但有时也会使人焕发巨大的潜能，快速地成长。

无论你在生活中遇到什么，你都要乐观，抛却那些伤心的往事，抛却那些失败后的懊恼，若想开心地生活，就必须忘却过去的不幸，重新开始新的生活。莎士比亚说过：“聪明的人永远不会坐在那里为自己的损失而哀叹。他们会用情感去寻找办法来弥补自己的损失。”

青少年朋友们，乌云密布的时候，你是怎样看待的呢？如果你也能看到乌云后的太阳，那么，你就是个积极的人。

作者链接

朗弗罗（1807—1882） 美国大诗人。1807年2月27日出生于缅因州波特兰城一个律师家庭。1822年进入博多因学院，与霍桑是同班同学。毕业后去过法国、西班牙、意大利和德国等地，研究这些国家的语言和文学。1836年开始在哈佛大学讲授语言、文学，致力于介绍欧洲文化和浪漫主义作家的作品，成为新英格兰文化中心剑桥文学界和社交界的重要人物。1839年出版第一部诗集《夜吟》，还有著名的《夜的赞歌》、《生命颂》、《群星之光》等音韵优美的抒情诗。1841年出版诗集《歌谣及其他》，其中有故事诗《铠甲骷髅》《金星号遇难》，也有叙事中含有简朴哲理的《乡村铁匠》《向更高处攀登》等。

笑话给我们快乐

弗洛伊德曾言："笑话给我们快乐，是通过把一个充满能量和紧张度的有意识过程转化为一个轻松的无意识过程。"的确，幽默是哈哈镜，能让我们舒心一笑，幽默对于生活的力量是巨大的。心理学的研究表明，幽默不但可以提高人的免疫能力，也会增强个人的主观幸福感与乐观人格。由此，弗洛伊德将幽默视作精神升华的有效手段，并大力提倡人们学会用幽默来宣泄生活烦恼。此外，幽默还可以帮助人们提高人际交往能力，获得更多的人际和谐。更重要的是，幽默感使人富于创新思考和同情心，无时无刻地追求烦恼中的快乐，冲突中的和谐。

青少年朋友们，可能你感叹自己学习成绩不好，或感叹自己没有美丽的外表，但生活依然是生活，快乐的源泉也并非是这些物质资源，而是人的心灵。一个具有幽默感的人，他的内心是充实的，他们总是善于抓住生活中的各个细节、于无意识中制造幽默，让自己和周围的人都能会心一笑。因此，即使物质生活匮乏，他们也总是神采奕奕。我们先来看下面几则小幽默：

（一）

法国总统德斯坦从小很顽皮，经常问一些使他父亲难以回答的问题。一次，他考试成绩不佳，得了个倒数第10名，父亲很不满意。德斯坦问父亲道："1和20，哪一个数值大？"

"自然是20的数值大。"爸爸不假思索地回答。

德斯坦接着问道："那么我考试列第20名，不是比第1名好吗？你为什么不满意？”

（二）

小女儿：爸爸，我给您赚钱了。

爸爸：好女儿，等长大了再赚钱。

小女儿：不，我现在就赚来了。

爸爸：咦，三分钱，哪来的？

小女儿：是我卖牙膏皮赚来的。

爸爸：牙膏呢？

小女儿：挤到垃圾筒里去了。

爸爸：啊.……

看完这两则小故事，你是否会为之一笑呢？ 的确，幽默就是有让人放松心情的奇妙作用。笑具有一种微妙的力量，它能让人放松。当人们使用幽默，自主神经系统就像从高把位上缓缓下来，让心脏得以放松。

在美国的加州大学，曾经有这样一个实验，这个实验表明：笑声不仅能增强免疫系统，还有助于减少三种应激激素：皮质酮、肾上腺素和多巴胺代谢激素，一种多巴胺降解代谢物质。他们研究了16个被试者，这些人被随机分配到控制组和实验组（有幽默性事件发生），血压水平显示这三种应激激素分别被减少到了39%、70%和38%。因此，研究者认为幽默这一积极事件可以减少有害的应激激素。

事实上，我们不难发现，幽默的人是爱笑的，爱笑的人是乐观的，生活中遇到的问题，他们都能以达观的心态面对，自我安慰一番，也就没有什么大不了的。

青少年朋友们，一个人能对他以前的不快记忆或者当前的痛苦事件，以幽默去处理，那么就可以改变你的认知观点，不时地让生活中到处充满微笑，这样人们便可以更有效地去减轻苦难。

总的来说，幽默已经成为衡量一个人知识涵养、文化素质乃至心灵品质的重要方面，我们要善于从会意的笑声中，沟通心灵，道德自省，提升品位，让生活中处处充满幽默、充满智慧！

作者链接

西格蒙德·弗洛伊德（1856—1939），奥地利精神病医生及精神分析学家。精神分析学派的创始人。他认为被压抑的欲望绝大部分是属于性的，性的扰乱是精神病的根本原因。著有《性学三论》《梦的释义》《图腾与禁忌》《日常生活的心理病理学》《精神分析引论》《精神分析引论新编》等。

理解生活而且还要热爱生活

罗曼·罗兰曾说："理解生活而且还要热爱生活。"这句话要告诉我们的是，即使生活不如意，我们也要乐观面对。的确，人生在世，几乎每一人都期望一帆风顺。人们希望的是，哪怕没有鲜花和掌声，也不要荆棘密布，也不要狂风暴雨。其实，这是不可能的。人生，本身就是一场旅途，这场旅途中，既有平坦的大道和迷人的风景，也有荆棘密布的小路，无论是疾病、贫穷还是天灾人祸，我们都必须学会承受。

我们的一生正是因为磨难的出现才精彩。百无聊赖的人生，感受不到成功的喜悦，最终得到的是冰冷的失落。不曾遭遇失意和痛苦，欢乐和幸福只能是表面的，脆弱的；经历磨难，而不能泰然处之，也就永远不会真正地、深沉地实现辉煌的人生。因此，我们应该学会笑着接受生活所赐予的一切，当我们困于这种"不如意"之中，终日惴惴不安时，生活就会索然无味。与之相反，如果我们能以平和的心态面对，把那些磨难当成人生中的小插曲，那么，灿烂的主旋律必定会为你弹奏。

每个青少年朋友都应该始终保持积极向上的生活热情，无论生活给予你什么，你都欣然接受，然后继续往前走。

有一个叫黄美廉的女子，从小就患上了脑性麻痹症。这种病的症状十分特殊，因为肢体失去平衡感，手足会时常乱动，口里也会经常念叨着模糊不清的词语，模样十分怪异。医生根据她的情况，判定她活不过6岁。在常人看来，她已失去了语言表达能力与正常的生活条件，更别谈什么前途与幸福。但她却坚强地活了下来，而且靠顽强的意志和毅力，考上了美国著名的加州大学，并获得了艺术博士学位。她靠手中的画笔，还有很好的听力，抒发着自己的情感。在一次讲演会上，一位学生贸然地这样提问："黄博士，你从小就长成这个样子，请问你怎么看你自己？你有过怨恨吗？"在场的人都暗暗责怪这个学生的不敬，但黄美廉却没有半点不高兴，她十分坦然地在黑板上写下了这么几行字：

我好可爱；

我的腿很长很美；

爸爸妈妈那么爱我；

我会画画，我会写稿；

我有一只可爱的猫……

最后，她以一句话作结论：我只看我所有的，不看我所没有的！

多么坚强又乐观的人，我们不得不被她感染！古人说："哀莫大于心死。"一个人最可怕的莫过于心存放弃。这种灵魂的死亡比起躯体的死亡更为可怕。而唯有激励自我，方可以焕发青春，扬起生命的希望之帆。

我们都知道，十几岁是人生的开始阶段，任何一个青春期的孩子都是朝气蓬勃的，都对生活充满了热情，对未来充满了幻想，然而，我们也发现，有这样一些青少年，他们似乎总有些心事，总是闷闷不乐，他们没有生活的激情、学习的动力，他们总是说："我不快乐。"而实际上，一个人快乐与否，完全取决于个人对人、事、物的看法如何，如果我们想的都是欢乐的念头，我们就能欢乐；如果我们想的都是悲伤的事情，我们就会悲伤。

作者链接

罗曼·罗兰（1866—1944），生于法国中部高原上的小市镇克拉姆西，思想家，文学家，批判现实主义作家，音乐评论家，社会活动家。诺贝尔文学奖得主。一生为争取人类自由、民主与光明进行不屈的斗争，是20世纪上半叶法国著名的人道主义作家。他的小说特点被人们归纳为“用音乐写小说”，也是传记文学的创始人。

幽默和风趣是智慧的内现

莎士比亚说：“幽默和风趣是智慧的闪现。”幽默是调节身心的有力工具，是思想、学识、智慧和灵感在语言中的结晶，是一瞬间闪现的光彩夺目的火花，是生活中不可缺少的甘甜调料。

当你能巧妙运用幽默的时候，你也就成为一个有着乐观这一健康品质的人。

美国哲学家乔治·桑塔亚纳选定4月的某天结束他在哈佛大学的教学生涯。那天。乔治在礼堂讲最后一课，快结束的时候，一只美丽的知更鸟落在窗台上不停地欢叫着，他打量着小鸟，许久，他转向听众轻声地说：“对不起诸位，失陪了。我与春天有一个约会。”说完便匆匆地走了。

这句临别留言，像诗一般美好。不热爱生活的人，无论如何也说不出。

人们在告别自己从事一生的某项事业时，出现伤感情绪是难免的，很多人会从此而失落、悲观。乔治·桑塔亚纳却以一种充满朝气、热爱生活的心态，幽默地面对人生暮年的一幕。

在一个有众多名流出席的晚会上，已失去昔日风采、鬓发斑白的巴基斯坦影坛老将雷利拄着拐杖蹒跚地走上台来就座。主持人开口问道：“您还经常去看医生？”

“是的，常去看。”“为什么？”“因为病人必须常去看医生，医生才能活下去。”

此时，台下爆发出热烈的掌声，人们为老人的乐观精神和机智语言喝彩。

主持人接着问：“您常去药店买药吗？”“是的，常去。因为药店老板也得活下去。” 台下又是一阵掌声。“您常吃药吗？”“不，我常把药扔掉。因为我也要活下去。”台下大笑。

雷利与主持人的对话句句幽默提神，令在场的人对精神常青的雷利肃然起敬。

幽默是一种善意和微笑，这种微笑是一种高雅的会意过程，可以使人达到一种优秀的性格品质。这不是因为幽默体现着一个人的处世哲学和机智聪敏度，而是幽默具有强大的感染力和影响力，能够创造一种轻松自由的环境气氛。

的确，生活是一片片时时散发着七彩阳光的云彩，没有了风雨彩虹和空中飞翔的鸟儿的点缀，就会从此陷入一片黑暗之中。生活是一个能让人们在上上下下，前后左右的转动中，能变幻出各种不同颜色和造型的万花筒，如果没有了七彩颜色的点缀，终不过只是一个没有任何用途的空筒。而这些点缀，就是幽默，没有幽默，生活就不成其为生活。幽默感对我们工作和生活的很多方面都可以起到推动作用，具有重要的意义和价值。

对单调的日子而言，时不时来一些健康积极的幽默，不但能让自己得到快乐舒畅的好心情，还能给所有被这种健康向上的幽默语言感染到好心情的人们，也得到同样的开心和放松。因此，青少年朋友们，如果你想要生活得更开心，想要避免压力带来的痛苦，那么，从现在开始努力，让自己做一个幽默的人吧！

作者链接

列宁（1870—1924）：原名弗拉基米尔·伊里奇·乌里扬诺夫，列宁是他的笔名。列宁是无产阶级革命家、政治家、思想家、理论家，布尔什维克党创立者、苏联缔造者，任苏联人民委员会主席。他继承和发展了马克思主义，形成了列宁主义理论。被全世界共产主义者广泛认同为“全世界无产阶级和劳动人民的伟大革命导师和领袖”。

真正的快乐是内在的

美国政治家布雷默曾说：“真正的快乐是内在的，它只有在人类的心灵里才能发现。”自古以来，人们都在孜孜不倦地追求着快乐，而快乐来自于我们的内心。“其实人活的就是一种心态。心态调整好了，蹬着三轮车也可以哼小调；心态调整不好，开着宝马一样发牢骚。”这是手机上的一条短信，它生动形象地说明了人的心态的重要。然而，我们似乎总是听到这样的声音：“我烦死了”“气死我了”“这个人真讨厌”等。也可以看到一些人虽一言不发，但神情忧郁，精神恍惚。不用问，他们准是碰上令人气愤或烦恼的事情了。其实我们每一个人都或多或少遇到过一些挫折。对此，一般人都能自觉地调整心态，较好地适应，但也有少数人由于持有一些不合理的信念，在遇到挫折时往往会一蹶不振，严重的甚至不能正常工作学习，给自己和亲戚朋友带来很多麻烦。

青少年朋友们，你也希望自己每天都有个好心情，好心情是生活的甜味剂，带给你无穷的快乐。然而，要真正获得快乐，获得好心情，你就要学会自己调节。

米歇尔是个传奇式人物，在他46岁那年，他遇到一次意外事故，被烧得不成人形，四年后又在一次坠机事件中，腰部以下全部瘫痪。当他醒来发现自己在医院时，身体已不能动弹，他周围是一大群跟他同病相怜的人，他们对自己的遭遇自怨自艾：“为什么是我？老天爷为什么如此对我？人生为什么这么不公平？成为这种样子在这社会上还能有什么作为？”然而米歇尔却不像他们那样，他反而这样想：“我幸运地活着，现在还拥有些什么？我要如何重新站起来？此刻我还能做些什么事？”

更有趣的是，米歇尔在住院期间结识了一位名叫安妮的漂亮迷人的女护士，他不顾脸上的伤残和行动不便，竟然异想天开：“我怎样才能和安妮约会呢？”他的同伴都认为他实在有些神志不清，他必然会碰一鼻子灰回来。谁会想到一年半后，两人竟然擦出火花，后来安妮成为他的太太。

米歇尔屹立不倒的精神使他得以在《今天看我秀》及《早安美国》节目中露脸，同时《前进杂志》《时代周刊》《纽约时报》及其他出版物也都有米歇尔的人物特写。

米歇尔为什么能创造奇迹？因为他的心态一直都是正面的、积极的，因此，即使在灾难面前，他依然拥有好心情，他看到的就是希望，于是，他最终战胜了困难。

米歇尔说：“我完全可以掌控我自己的人生之船，我可以选择把目前的状况看成是新的一个起点。”

青少年朋友们，如果你想获得快乐，你就需要从现在起，培养自己调节心态的能力。因为只要有良好的心态，你就能每天保持饱满的热情。心态好，运气就好，学习和生活就会有方向。

保罗·布雷默，美国政治家。早年就读于美国著名的耶鲁大学和哈佛大学商学院，获学士学位和硕士学位，后在巴黎政治学院深造。布雷默曾在美国国务院任职23年，曾任美国前国务卿罗杰斯和基辛格的助手，先后在阿富汗、马拉维和挪威担任外交官。1999年被美国众议院任命为两党反恐委员会主席，曾敦促美国情报机构和国内反恐部门进行改革。曾任美国马什危机咨询公司的董事长兼首席执行官。美国总统布什2003年5月任命布雷默为总统特使，担任负责监管伊拉克战后政治和经济重建的最高文职行政长官。

希望是厄运的忠实的姐妹

俄国诗人普希金曾说：“希望是厄运的忠实的姐妹。”这句话表明了厄运和希望之间的关系。的确，人们常说黑暗尽头就是黎明，身处厄运中的人们，只要我们心存希望，我们就能看到曙光。

每个人的一生中总会经历不同的坎坷与困难，也没有一个人可以保证他是一帆风顺的，生活中的小麻烦、小问题总是此起彼伏，你可能常常会因为处理这些小问题而烦恼不堪，其实，如果你能在心里注满阳光，那么，你看到的就是春光灿烂。

古希腊神话中有一个西齐弗的故事很能说明这个问题。

西齐弗因触犯了天庭之法，被惩罚到人间受苦。他每天必须推一块石头上山。当他将石头推上山顶回家休息时，石头又自动地滚下来，于是西齐弗第二天又得去推。这是天神想让他在“永无止境的失败”中遭受惩罚，以此来折磨他的心灵。

可是，西齐弗偏偏不吃这一套。他不认为这就是受苦受难的命运安排。他一心想，推石头上山是我的责任，至于石头是否滚下来，不是我的失败。因此，心中始终平静异常，从不丧失信心，始终不放弃自己的职责，每天都满怀希望。天神见折磨西齐弗心灵的企图无法奏效，只好放他回了天庭。

用这个故事对照现实生活，我们可以得到有益的启示：“人必自助而后天助。”若连自己都不愿帮助自己，还会有谁帮助你呢？只要始终自我激励，相信自己能行，永不放弃追求，那么我们就是命运的主人。因此，当我们受挫时，一定要告诉自己：“摔倒了还要爬起来。”

青少年朋友们，在你生活的周围，总会有一些消极的人，他们一陷入困境，就变得悲观，甚至一蹶不振，其实，并不是困难打败了他们，而是他们自己打败了自己。而如果你遇到了困难，你应反复暗示自己，困境是另一种希望的开始，它往往预示着明天的好运气。因此，你只要放松自己，告诉自己希望是无所不在的，再大的困难也会变得渺小。这样，你就能摆脱低落情绪了。

莱利斯·格罗夫斯说：“没有人一生一帆风顺，任何人都会遭逢厄运。积极的心态和顽强的努力会让你解决任何难题。”美国联合保险公司董事长克里蒙·史东也说：“真正的成功秘诀是‘肯定人生’四个字，如果你能以坚定而乐观的态度，去面对一切困难险阻，那么，你一定能从其中得到好处。”

总之，快乐的人总会给自己创造快乐，悲伤的人也总让自己变的悲伤，不是生活让你怎么样，而是你使得生活怎么样。我们每个人都有自己的快乐，只是需要你去找到它，那就是幸福了。

作者链接

亚历山大·谢尔盖耶维奇·普希金（1799—1837）是俄国著名的文学

家、伟大的诗人、小说家及现代俄国文学的创始人。19世纪俄国浪漫主义文学主要代表，同时也是现实主义文学的奠基人，现代标准俄语的创始人，被誉为“俄国文学之父”“俄国诗歌的太阳”（高尔基）“青铜骑士”。普希金还被高尔基誉为“一切开端的开端 ”。普希金的主要作品除了诗歌以外，主要还有长篇小说《上尉的女儿》，中篇小说《杜布罗夫斯基》《别尔金小说集》等。

每一天，我们都以每种方式，让自己过得越来越好

《心理暗示术》作者爱米尔曾说过一句流传至今的自我暗示名言：“每一天，我们都以每种方式，让自己过得越来越好。”也就是说，一个人可以运用想象的力量，从身体、精神和心灵上改善自己的生活。在生活与工作中，如果你懂得使用积极的暗示，可能会让生活变得更美好。

那些成功者之所以成功，就是因为他们做到了这点。因为决定人生成败的是态度，积极乐观的人可以在任何时候都快乐，无论道路多么崎岖都会毅然向前走。所以，不管你身处何种地步，一定要保持正面情绪（积极、乐观、不抱怨），你就会变得成熟、自信 。

也许有些青少年朋友会问，该怎样暗示才能获得正能量呢？下面是几点建议：

第一，暗示语言要精练。

暗示的目的是为了调动潜意识的力量。但是，不能用复杂的语言进行描述，因为潜意识不懂得逻辑。应采用“我能行”“我一定能成功”“我会学会的”“我一定能考出好成绩”等简单精练的语言进行暗示。

第二，采用积极的暗示。

面对同样难度的事，有的人对自己充满信心，相信自己“很快就能做

到”，有的人则缺乏信心，怀疑自己“根本做不到”。两种不同的心态，结果就会大相径庭。前者属于积极的暗示，即使遭遇失败，也不当一回事，只把做得好的印象深深印在脑子里，结果可能很快就成功了。而后者则属于消极的暗示，往往把失败的印象留在脑海中，这样做起来就费力费神多了。因此，永远不要对自己说：我很笨；我根本学不会；我真糟糕；我绝对不行，我肯定会失败；我一定赢不了……消极、负面的字眼会让你产生消极的暗示，导致消极的行为。如果你经常对自己进行积极的暗示，诸如“很快就能学会”“我非常棒”“我一定能赢”，这样会让你产生积极的思维和行为。

第三，用肯定句。

你也许有这样的经验，骑车时，看到前面有一棵大树，你不断告诫自己：“千万不要撞上去。”这时你可能就真得会撞上去。也就是说，你努力做到“千万不要撞上去”，反而会由于“相悖意象”的法则而使你遭到失败。正确的想法应该是：“我一定能够绕过去。”这样才能进入你的理想状态。因此，应把你的暗示性语言“我不会失败”“我不能失败”“我不能考砸了”“我不能生病”“我不能自卑”等改为“我一定会成功的”“我一定能考好”“我很健康”“我很自信”等积极性的语言。

总之，青少年朋友，在日常生活中，要养成积极暗示的习惯。要对自己说“我能行”，“太好了”。如果把这两句话变成口头禅，那一定会产生积极的作用!

作者链接

爱米尔·库埃（1857—1926），法国心理学家。1857年2月26日出生于法国奥布地区的特鲁瓦。15岁才进入镇上的一所中学读书，毕业前完成了所有理科课程。19岁时，他成为一家药店学徒，后到巴黎一所医药大学攻读化学专业。1882年返回家乡，开了一家药店。1884年结婚后在妻子的建议下跟随利博尔特博士学习催眠术，后不断实践，开始研究暗示与自我暗示，形成了一套自己的暗示与自我暗示方法。他将这些方法用于病人身上，成功医治了很多医院无法救治的病人。他还和妻子一道创建了南希催眠学院，被尊称为“自我暗示之父”。

应该笑着去面对人生，不管一切如何

捷克作家伏契克曾说：“应该笑着去面对人生，不管一切如何。”这也正如另外一位政治家所说：“要想征服世界，首先要征服自己的悲观。”一个心态积极的人可在茫茫的夜空中读出星光的灿烂，增强自己对生活的自信；一个心态消极的人则让黑暗埋藏了自己，而且越葬越深。

用乐观的态度对待人生就要微笑着对待生活，微笑是乐观击败悲观的最有力武器。无论命运给了我们怎样的“礼物”，都不要忘记用自己的微笑看待一切。微笑着，生命才能将利于自己的局面一点点打开。

试想这样一幅画面，春日里，循着一片清新的气息，你来到溪畔，晨光洒在娇羞的花骨朵儿上，于是，它们忽然热烈的一层一层漾开绯红的面孔，好像被点燃起来的火光，与天空推涌泼洒过来的流霞浑然一体，当阵阵沁人心脾的幽香随风拂面，你的嘴角就会自然而然的拉开一条柔和的弧线，微笑其实还是油然而生的一种对生命发现和感激的欢愉。

在你看来，这是一幅美丽的画面，但你生活的周围，却有这样一些人，他们总把眼光盯在那些偶尔飘零的落叶、清溪上飘零的片片香瓣上，于是，他们不禁伤感起来。这样的人，他们慈心厚爱、心思细腻，但却缺乏宽容、辩证的慧智，欢笑对于他们来说只是一件奢侈品。

可能你会问，该怎样才能具备积极的心态、笑对人生呢？其实，这完全在于我们自身的选择。拿破仑·希尔曾讲过这样一个故事，对我们每个人都极有启发。

塞尔玛陪伴丈夫驻扎在一个沙漠的陆军基地里。丈夫奉命到沙漠里去演习，她一个人留在陆军的小铁皮房子里，天气热得受不了——在仙人掌的阴影下也有华氏125 度。她没有人可谈天——身边只有墨西哥人和印第安人，而他们不会说英语。她非常难过，于是就写信给父母，说要丢开一切回家去。

她父亲的回信只有两行，这两行信却永远留在她心中，完全改变了她的生活：

两个人从牢中的铁窗望出去，一个看到泥土，一个却看到了星星。

塞尔玛一再读这封信，觉得非常惭愧。她决定要在沙漠中找到星星。

塞尔玛开始和当地人交朋友，他们的反应使她非常惊奇，她对他们的纺织、陶器表示兴趣，他们就把最喜欢但舍不得卖给观光客人的纺织品和陶器送给了她。塞尔玛研究那些引人入迷的仙人掌和各种沙漠植物、物态，又学习有关土拨鼠的知识。她观看沙漠日落，还寻找海螺壳，这些海螺壳是几万年前，这沙漠还是海洋时留下来的……原来难以忍受的环境变成了令人兴奋、流连忘返的奇景。

是什么使这位女士内心发生了这么大的转变呢？沙漠没有改变，印第安人也没有改变，但是这位女士的念头改变了，心态改变了。一念之差，使她把原先认为恶劣的情况变为一生中最有意义的冒险。她为发现新世界而兴奋不已，并为此写了一本书，以《快乐的城堡》为书名出版了。她从自己造的牢房里看出去，终于看到了星星。

青少年朋友们，在未来成长的人生路上，无论命运把你抛向任何险恶的境地，你都要毫无畏惧，用你的笑容去对付它！你要从一个新的角度，来看待一些一直让你裹足不前的经历。你可以退一步，想开一点，然后你就有机会说：“或许那也没什么大不了的！”

作者链接

尤利乌斯·伏契克（1903—1943），捷克作家、文艺评论家。生于工人家庭，在俄国十月革命鼓舞下投身革命活动，曾任《创造》和《红色权利报》的编辑。

幽默可以说是能给人以微妙感的调剂生活的佐料

日本政治家大平正芳曾说：“幽默可以说是能给人以微妙感的调剂生活的佐料。还由于某种轻巧的幽默，就可以使当时的气氛为之改观，使陷于僵局的悬案豁然解决。”的确，幽默的语言可以消除内心的紧张，化解生活的压力，它还可以有效地降低人们之间的摩擦，缓和矛盾和冲突，一个人，会幽默就等于掌握了人际交往的钥匙。

在我们身边，什么样的人最受欢迎？就是有幽默感的人。因为有了幽默感，他们更善于与他人沟通，即便表达反对意见也不让人反感；因为有了幽默感，他们总会将他人从负面情绪中解救出来，人人都愿意和他们聊上几句……这就是幽默的作用。美国幽默术专家特诺·赫伯说过：“把幽默当作礼物送给别人，会增强你的吸引力。”因此，如果你希望自己成为一个充满正能量、能给周围的人带来欢愉的人，那么，不妨多一些幽默吧。

一个叫李君的青年结婚时，很多领导前来祝贺，他自觉是受宠若惊。当新娘子被众星捧月一般接进洞房时，贴在吊灯上的大红喜字被震落下来。这在结婚时可是大忌讳，代表着不吉利。洞房内顿时一片寂静。正在这个难堪的关头，新郎急中生智，突然喊道：“喜从天降，太好了，太好了！这老天爷看我娶新娘也来道喜，凑热闹来了！我李君何德何能，竟敢劳驾老天爷您老人家来祝贺呀！”一场尴尬就这样在人们的赞叹声和掌声中化解了，洞房又恢复了喜庆的气氛。

案例中的新郎就是个机智的人，一句自嘲的话，化解了婚礼上的尴尬，不得不让人佩服。开自己玩笑，是从平凡的、趣味的、不甚完美的角度来观看自己，让别人有喘一口气的机会，也让自己从遥不可及的宝座上滚落红尘，与众生同声一笑。

美国哲学家帕克说："幽默的目的是审美的沉思。"也就是说，幽默是以表面上的滑稽和形式上的玩笑，起到实质上的庄重和内容上的严肃的效果。因此，真正的幽默要有意味深长的内涵，它不是简单的插科打诨，不是无聊的玩弄噱头，不是庸俗的油腔滑调，也不是刻薄的冷嘲热讽。作为批评手段之一的幽默批评，更应是智慧的结晶，是启迪的艺术，是热情的开导，是真诚的帮助。很明显，先调侃自己，再幽默批评，则显得我们的批评动机更纯正，批评语言更委婉，也就更能起到指正的作用。

当然，幽默的第一步，就是先学会放开心境，敢于开自己的玩笑。也就是说，如果你希望自己成为一个幽默的人，那么，你就要学会从生活的点滴中发现那些关于自己的一些可笑的话题，当然，反过来，如果你愿意与众生同声一笑，那么，你也就成为一个乐观的人。

作者链接

大平正芳（1910—1980），日本政治家。1936年毕业于东京商科大学。历任大藏省主计局事务官、大藏大臣秘书官、大藏省主计局科长等职。

乐观的心态，就是最强劲的兴奋剂

所罗门曾说："乐观的心态，就是最强劲的兴奋剂。"的确，乐观总是能让我们看到事物积极的一面。也许你的身上曾发生过这样一些事：早上起来，打翻了早餐、挤不上公交车、丢了钱财，这些看起来很倒霉，悲观的人或许会为此懊恼一整天，认为老天对自己不公平，结果心里十分不开心，在生活和学习中带着这种郁闷的情绪，这对自己有什么好处呢？反过来，把这些不顺心当作生活中的一部分调料，乐观地看待，你或许会有另外一番心情……抱着这样的态度，看待生活，还会有什么不开心的事，还会有什么烦恼呢？

卡耐基曾经遇到过这样一个女士：

这位女士一见到卡耐基，就对他抱怨了很长时间，先是抱怨丈夫不好好工作，接着抱怨孩子学习不努力。总之，她有很多不满意的地方。等她抱怨完了，卡耐基对她说："这位女士，您太追求完美了。"当她听到这句话后，非常吃惊地看着卡耐基，过了好一会儿才说："卡耐基先生，您认为我非常追求完美吗？可我并不这样认为啊！而且像我这样相貌不好、学历也不高的女人，根本不会去追求完美的。"

卡耐基说："您刚才跟我说过，您的孩子现在上小学四年级，每次考试都能够考出一个不错的成绩。您想一想，这样已经很不错了，您为什么仍然不满足呢？这难道不是追求完美吗？还有您的丈夫，他现在才35岁，就已经有了属于自己的公司，这也很不错了，可您认为不够好，这不也是在追求完美吗？"听了卡耐基的话后，那位女士很长时间都没有说话，最后接受了卡耐基的说法。

其实，生活中有很多这样的人，对于生活、对于人生，他们总是抱着悲观、失望的态度，他们总觉得自己不幸福，于是，他们的脸上总是愁云密布，其实，如果他们能转个角度，那么，生活中便处处充满美好。就如上文中那位女士一样，在卡耐基的点拨下，她看到了"儿子学习成绩不错"和"丈夫事业有成"这两点。

有句话说得好："乐观者在灾祸中看到机会，悲观者在机会中看到灾祸。"而其实，很多时候，那些让我们悲观失望的事并没有那么糟糕，只要我们转换一下思维，我们就会获得快乐的心情。有一位虔诚的作家，在被人问到该如何抵抗诱惑时回答说："首先，要有乐观的态度；其次，要有乐观的态度；最后，还是要有乐观的态度。"的确，乐观就像心灵的一片沃土，为人类所有的美德提供丰富的养分，使它们健康地成长，使你的心灵更加纯净。

青少年朋友们，如果你希望自己成为一个乐观的人，在日常生活中，你就要学会转换思维，这样，无论命运给了我们怎样的"礼物"，我们都能将利于自己的局面一点点打开。

作者链接

传说所罗门是古代犹太王国的国王，约公元前971至公元前931年在位。《旧约·列王纪》称他有超人的智慧。所罗门在位期间，把首都耶路撒冷建成圣城，成为犹太教的膜拜中心，也为基督教、伊斯兰教奉为圣地。所罗门时代又是古代希伯莱文化发展的重要阶段，许多文学作品都以他的名字命名，并在以后成为《旧约全书》的重要组成部分。《旧约全书》是犹太教的经典，也为基督教全盘接受。

第15章

生活篇：亏己待人享后福

中国人常说：“宽以待人，严于律己。”的确，宽容是人类的美德，更是一种最为宝贵的意识，人类社会的任何组织，小至家庭，大至社会、国家，要和谐共存，都离不开这个“宽容”的意识。这里的“宽容”，指的是我们应该做到包容、大度、愿意吃亏。同样，青少年朋友，在成长的路上，你只有学会亏己待人，宽宏大量，才能与人和睦相处，才会赢得他人的友谊、信任、支持和帮助。

紫罗兰把它的香气留在那踩扁了它的脚踝上

美国作家马克·吐温曾说：“紫罗兰把它的香气留在那踩扁了它的脚踝上，这就是宽恕。”一只脚踩扁了紫罗兰，它却把香味留在那脚跟上，这就是一种胸怀，一种修养，一种坦荡，一种豁达。有人曾说，世界上最宽阔的是海洋，比海洋更宽阔的是天空，比天空更宽阔的是人的胸怀。人与人交往中，难免会产生一些人际冲突，你是心生愤恨，还是一笑而过？一个人是否具有宽广的胸怀，是判断这个人人品的重要标志之一。

也许你曾经受到过某个人的伤害，也许就在昨天，还有个人在你背后诋毁你，你肯定心生不悦，你觉得自己不应该受到这种伤害，甚至怀恨在心，想寻找机会报复。其实你应该明白，这样做毫无益处，而且，不放过他人就是不肯放过自己。在这个世界上，任何人都会受到他人有意无意的伤害。人一旦受到伤害的时候，最容易产生两种不同的反应：一种是怨恨，一种是宽恕。

富兰克林出生在一个世代打铁的工匠家庭，12岁流落到费城。后来，有一个叫凯谋的阴险狡猾的人雇佣富兰克林帮他管理印刷铺子厂。当时富兰克林已经是一个熟练工人，他想，既然答应接受这份工作，就应该尽力做好。于是，他就每天教其他工人一些技术，甚至把自己发明出来的制作字模的方法也传授给了这些人。

过了一段时间，凯谋发现自己廉价雇佣来的工人已经基本掌握了排版印刷技术，于是就开始无缘无故找富兰克林的麻烦，无端克扣他的工资。

富兰克林生气地说："凯谋，别绕弯子了，你可以赶我走，不过，你放心，我富兰克林不会因为你的卑鄙就传授给他们错误的技术，将来你解雇他们的时候，他们凭借自己的手艺也可以很容易地找到工作。"说完，富兰克林收拾行李就离开了铺子。

屡次遭受生活的打击和磨难，而不愤世嫉俗，仍能保持宽容、平和的心态，对别人不斤斤计较，这一点，正是青少年朋友们应该学习的。学着宽恕吧！遇事记恨别人的人，往往不能从被伤害的阴影中平安归来，痛苦总是如影随形，受伤害的反而是自己。因此，你一定要尽己所能地宽恕别人，这样做也正是在宽恕自己。

有句话说："谨慎使你免于灾害，宽容使你免于纠纷。"宽容是种高尚的善意，他能使人换位思考，处理好人际关系。若无宽恕，生命将永远被永无休止的仇恨和报复所控制。只有善于团结，才会得到友善的回报！佛家有云："精明者，不使人无所容。"我们常说的"得饶人处且饶人"，也是这个道理。事实上，宽容并不代表无能，却恰恰是一个人卓识、心胸和人格力量的体现，即所谓"海纳百川，有容乃大"。

总之，青少年朋友，你要记住，我们需要宽容，宽容不仅是给别人机会，更是为自己创造机会。只有忘记仇恨，宽宏大量，才能与人和睦相处，才会赢得他人的友谊、信任、支持和帮助。

作者链接

马克·吐温（1835—1910），美国著名作家、幽默大师、小说家，也是著名演说家，19世纪后期美国现实主义文学的杰出代表。威廉·福克纳称赞马克·吐温为"第一位真正的美国作家，我们都是继承他而来"。

给别人一条路就等于又给自己找了一条出路

著名主持人倪萍曾说过这样一句话："后退的人都是暂时吃亏，给别人一条路就等于又给自己找了一条出路。"这句话的含义是，对于我们的竞争对手或敌人，倘若我们能为对方留一条退路，那么，对方必定能感受到你的宽容，无疑，这是我们种下的善果，他日，对方必定也会为你留一条后路。

每一个青少年朋友，要时刻记住宽容是不可或缺的美德，即使与自己的对手较量，也一定要心胸宽阔，容人之不能忍，才能成就非凡的品质。有时候，吃点亏、包容他人，给别人一次机会，也就是给自己机会。

一次，楚王邀请群臣来喝酒，席间，为了助兴，楚王叫来了自己最宠爱的两位美人许姬和麦姬轮流向各位敬酒。

因为是在室外举办的宴会，所以，当一阵狂风吹来时，在场的所有灯笼和蜡烛都被吹灭了。此时，一个好色的官员趁机摸了许姬的玉手。许姬当然本能地甩了一下手，谁知道，这下子，她一不小心扯掉了这位官员的帽带，然后她匆匆回到座位上并在楚王耳边悄声说："刚才有人乘机调戏我，我扯断了他的帽带，你赶快叫人点起蜡烛来，看谁没有帽带，就知道是谁了。"

楚王听了，并没有责备那位官员，而是立即令人先不要点蜡烛，并对在场的所有人说："我今天晚上一定要与各位一醉方休，来，大家都把帽子脱了痛快饮一场。"

有了楚王的命令，大家也只好脱了帽子，自然也就看不出是谁的帽带断了。后来楚王攻打郑国，有一健将独自率领几百人，为三军开路，斩将过关，直通郑国的首都，而此人就是当年揩许姬油的那一位。他因楚王施恩于他，而发誓毕生孝忠于楚王。

宽容是一种财富，拥有宽容，是拥有一颗善良、真诚的心。这是易于拥有的一笔财富，它在时间推移中升值，它会把精神转化为物质，它是一盏绿灯，帮助我们在工作中通行，选择了宽容，其实便赢得了财富。

最高境界的宽恕，是宽容那些曾经伤害过自己的人。这不是一件容易的事，但是如果你这样做了，就会从中体验到我们的富有和强大。

青少年朋友，不妨宽容一点吧，主动一点吧，主动去拥抱伤害你的人，你的人生境界将会变得更加开阔。

倪萍，山东青岛人，是一位很有影响力的节目主持人、演员和作家。1979年进入山东艺术学院，从而走上了演员的道路。1990年进入中国中央电视台，成功主持了13届春节联欢晚会和各种大型晚会，是主持现场直播文艺晚会最多的中国女主持人之一。

一个伟大的人有两颗心：一颗心流血，一颗心宽容

黎巴嫩诗人纪伯伦曾说：“一个伟大的人有两颗心：一颗心流血，一颗心宽容。”的确，包容是我们中华民族的传统美德，是一种无私的气度和博大的胸怀，是一种智慧和境界。一旦我们具备了这种包容天下的心，那么，任何小事都会显得不足挂齿。

每个人，要想在未来社会生存，就必须拥有多种智慧：工作中要有解决问题的智慧，人际交往要有好人缘的智慧，经商做生意要有抓住商机的智慧，等等。这些智慧对某一方面的成功有着至关重要的影响，甚至不可或缺。但有一种智慧，你一旦拥有了它，就等于为自己的人生插上了翅膀，各个方面都能得到质的提升，这种智慧就叫包容。

我国古代大教育家孔子有个得意门生叫颜回。有一次，颜回看到一个卖布的人和买布的人吵架。

买布的人说："三八二十三，你为什么收我二十四个钱！"

颜回一看，就上前劝说："是三八二十四，你算错啦。别吵了。"

买布的人指着颜回鼻子说："你是谁，我只听孔夫子的。咱还是找他评理去吧。"

颜回问："那如果你错了，怎么办？"

买布的人说："随便你，脑袋给你都行。若你错了呢？"

颜回说："我把帽子输给你。"

最后，两人找到了孔子，对此，孔子说："三八就是二十三。颜回，你输了，把帽子给人家吧。"颜回想，三八二十四才对呀？老师一定是老糊涂了。他只好把帽子给了买布人。那人拿了帽子高兴地走了。

这时孔子告诉颜回："说你输了，只是输一顶帽子，说他输了，那可是一条人命啊！你说帽子重要还是人命重要呢？"

颜回跪在孔子面前说："老师重大义而轻小是非，学生惭愧万分！"

生活中，我们发现，一些青少年因为年轻气盛，争强好斗心较重，常为一点小事争得不相上下，自己做错事，不着重检查自己，而是一劲地找别人的不是，缺乏的就是一种宽容。宽容使事情变得简单，而苛刻会把事情变得复杂。

青少年朋友们，尝试去宽容吧。你的宽容会换来关爱，也会迎来朋友。有朋友的人生路上，才不会有寂寞和孤独；有朋友的生活，才会少一点风雨，多一点温暖和阳光。当然，这里的宽容，并不是让你毫无原则去一味退让，宽容的前提是对那些可宽容的人或事，宽容的内心是爱。宽容，不是去对付，去虚与委蛇，而是以心对心去包容，去化解。

作者链接

纪·哈·纪伯伦，美籍黎巴嫩诗人、作家、画家，被称为"艺术天才"、"黎巴嫩文坛骄子"，是阿拉伯现代小说、艺术和散文的主要奠基人，20世纪阿拉伯新文学道路的开拓者之一。纪伯伦青年时代以创作小说为主。定居美国后以写散文诗为主。著有短篇小说集《草原新娘》《叛逆的灵魂》和长篇小说《折断的翅膀》等。从20世纪20年代起，纪伯伦的创作由小说转向散文和散文诗，后陆续发表散文诗集《先驱者》《先知》《沙与沫》《人之子耶稣》《先知园》《流浪者》等。

只有勇敢的人才懂得如何宽容

英国小说家劳伦斯·斯特恩曾说：“只有勇敢的人才懂得如何宽容，懦夫决不会宽容，这不是他的本性。”的确，很多时候，我们都需要宽容，宽容不仅是给别人机会，更是为自己创造机会。只有忘记仇恨，宽宏大量，才能与人和睦相处，才会重新获得信任和友谊，然而，要走出这一步，确实需要勇气。

“开口便笑，笑古笑今，凡事付诸一笑；大肚能容，容天容地，于人何所不容！”这是一座著名庙宇弥勒佛像两边的楹联，说的是佛祖的气度与胸怀，大度与宽容。青少年朋友，在生活中，对于与你有矛盾的人和对手，如果你主动跨出第一步，如果你能主动伸出和好之手，甚至能以德报怨的话，那么，你一定会获得友谊和支持。

从前，有个村子里住着两户人家，一家人姓李，一家人姓张，他们两家是三代世仇，两户人家一碰面，就闹得不可开交。但经过一次事情之后，两人却化敌为友了。

这天傍晚，老张与老李两个人各自从市集里出来，碰巧在返村的路上遇见了。找不到吵架的理由，两个人就独自走着，但都保持着一定的距离，一前一后。

市集距他们的村子还是有一点距离的，走着走着，天就快黑了，并且，这是一个阴雨天，感觉阴森森的。他们都小心翼翼地走着，突然，老张听见前面的老李“啊呀”一声惊叫，原来是他掉进沟里了。老张看见后，连忙赶了过去，心想：“无论如何总是条人命，怎么能见死不救呢？”

老张看见掉进沟里的老李，什么也没想，也忘记了以前两人的仇恨，赶紧去旁边的树上扯下一根树枝，迅速将枝梢递到老李的手中。

很快，老李就被救上来了，他很感激地向救命恩人说了一声“谢谢”，然而猛一抬头后才发现，原来救自己的人居然是仇家老张。

老李很诧异地问：“你为什么要救我？”

老张说：“报恩。”

老李一听，更为疑惑：“报恩？恩从何来？”

老张说：“因为你救了我啊！”

这下把老李弄糊涂了，他不解地问：“咦？我什么时候救过你啦？”

老张笑着说：“就在刚刚啊，这条小路上，就我们两个人一前一后地走着，换过来想想，如果我走在前面，那么，掉下去的就是我。另外，你掉下去的时候，喊了一声‘啊呀’，若不是这声‘啊呀’，第二个坠入沟里的人肯定是我了。所以，我哪有知恩不报的道理呢？因此，真要说感谢的话后，那理当先由我说啊！”

老张说完这些话后，老李震惊了，原来他昔日曾恨的这个人心胸如此宽阔。他感激地紧握着老张的手，不知道说什么好。

的确，退一步海阔天空，就像故事中的老李与老张一样。有时候，我们发现，当我们的人生陷入低谷时，真正拉我们一把的正是我们曾经误认为的敌人。化敌为友，我们的人生才会变得更宽阔。

青少年朋友们，相信在你的生活中，也有一些曾经与你产生矛盾的同学或朋友，而只要你主动伸出和解之手，化解彼此心中的疙瘩，我们就会减少一个敌人，而增加一个肝胆相照的好朋友。

劳伦斯·斯特恩（1713—1768），18世纪英国最伟大的小说家之一，也是世界文学史上一位罕见的天才。他出生于爱尔兰的科龙梅尔。1759年，他在46岁的时候开始创作小说巨著《项狄传》，共写了九卷。1768年，他的另一部小说《感伤旅行》完成两卷，但之后不久，他染病不治身亡，两部小说的写作也因此中断。

贪图私利的人总是看到自以为吃亏的事情

马克思曾说：“愚蠢庸俗、斤斤计较、贪图私利的人总是看到自以为吃亏的事情。”这句话和中国人常说的“吃亏是福”有异曲同工之妙。的确，包容是善的力量，它能拉近人与人之间的距离，改善彼此间的关系。因为吃亏，你就成了施者，朋友则成了受者，看上去是你吃了亏，他得了益。然而，朋友却欠了你一个情，在友谊、情谊的天平上，你已加了一个筹码，这是比金钱、比财富更值得你珍视的东西。在小事上让别人占便宜，长此以往，我们就能赢得牢固的友谊和良好的人际关系。

如果你能对周围发生的任何事付诸一笑，大度一点，学会吃点小亏，那么，你的生活必当更加美好。而如果一个人总是眼里容不得沙子，锱铢必较，不仅会遭人厌恶，有时还会招来怨恨，因此，常怀一颗宽容之心，你就会赢得人们的尊敬。

从前有两个人，他们是邻居，一个叫纪伯，一个叫陈嚣。

纪伯是个爱占小便宜的人，这天夜里，他偷偷地将隔开两家的竹篱笆，向陈家移了一点，这样，他家的院子就宽多了，但他做的这些都让陈嚣看到了。纪伯走后，陈嚣将篱笆又往自己这边移了一丈，使纪伯的院子更宽敞了。纪伯发现后，很是愧疚，不但还了侵占陈家的地方，而且还将篱笆往自己这边移了一丈。

陈嚣的主动吃亏，让纪伯感到相当内疚，他产生了“以小人之心度君子之腹”的感觉，这就欠下了陈嚣的一个人情，即使他还了这个人情，但是每当他想起时，他还是会内疚，还是会想法报答陈嚣。

表面上是陈嚣吃了点小亏，但实际上因为他会吃亏，反而赢得了纪伯的友谊和尊重。在现实中，我们也要学会吃亏，吃亏，会让我们在对方眼里变得豁达、宽厚，让我们获得更深的友谊，会使对方更心甘情愿帮助我们，为我们做事。

生活中，很多时候，人们常常为一些小事苦恼，其实，过于计较，得失心太重，反而会舍本逐末。吃亏其实也包含了豁达和宽容，而且还要加上理智和自我克制。面对吃亏的豁达，是一种以个人能力为基础的自信，但这种自信并非人人都有。

青少年朋友们，吃点小亏不是昏庸，而是处世豁达大度，拿得起，放得下。对人、对己都放宽去想，做到大事不糊涂，小事不计较，把便宜让给别人，吃点小亏，最后会收获成功、赢得友谊。当然，让步与吃亏也要讲原则，毫无原则的让步与吃亏是一种懦弱的表现。

作者链接

马克思，全名卡尔·海因里希·马克思（1818—1883），早期在中国被译为麦喀士，马克思主义的创始人。犹太裔德国人，近代政治经济学家、哲学家、社会活动家、革命理论家、记者、历史学者、革命社会主义者。

主要要著作有《资本论》《共产党宣言》。他是无产阶级的精神领袖，是当代共产主义运动的先驱。支持他理论的人被视为马克思主义者。马克思最广为人知的哲学理论是他对于人类历史进程中阶级斗争的分析。他认为几千年以来，人类发展史上最大的矛盾与问题就在于不同阶级之间的利益掠夺。依据历史唯物论，马克思曾大胆地假设，资本主义终将被共产主义所取代。

水至清则无鱼，人至察则无徒

东汉班固在《汉书》中曾说：“水至清则无鱼，人至察则无徒。”一般理解为水如果太清了，就没有鱼了，人如果太精明了，就没有同伴了。这句话一直流传至今，主要劝告人们待人少苛求、多宽容。的确，人际交往中，人与人之间，难免会产生一些摩擦，如果我们能做到大肚能容，以一颗真诚宽厚的心对待、宽容对方，那么，你的宽容必定会换来对方对你更大的宽容。

俗话说得好：“人非圣贤，孰能无过，金无足赤，人无完人。”英国谚语也说得形象：“世上没有不生杂草的花园。”阿拉伯人更说得风趣：“月亮的脸上也是有雀斑的。”生活中每个人都有情绪低落的时候，即使再清醒的人在心情烦躁的时候，也会做出一些不太清醒的事，在心情郁闷的时候也难免会说出一些偏激的话。事情过后他们也会为自己的言行后悔不已。对此，如果你耿耿于怀、对朋友苛刻，那么，这就是给你们的友谊拴上了一道沉重的枷锁，不仅是给自己的心灵施压，也会赶走你身边的朋友。

青少年朋友们，在与朋友、同学相处过程中，不妨也宽容一点吧。对待朋友，你应该学会将心比心，学会理解和宽容朋友，“得饶人处且饶人”，对朋友的宽容就是对自己甚至是你们友谊的一种更高层次的升华。

古时候，有个智者，他有一群学生。

一天，有个学生抱怨有人总喜欢跟自己比，已经影响了自己的学业。

智者问这学生，你喜欢吃苹果吗，学生愕然，但还是回答：“不喜欢，但喜欢吃雪梨。”

“你不喜欢吃苹果？”

“对。”

“那有没有人喜欢吃苹果？”

“当然有！”

“那你不喜欢吃苹果是苹果的错吗？

学生笑笑：“当然不是！”

“那你不喜欢他是他的错吗？”学生听完，终于明白了。

从这一段对话中，我们可以发现，其实很多时候，人与人之间交往中，我们会把朋友犯的一些小错误放大，其实，这并不是朋友的错，只因为我们错误的心态。所谓“海纳百川，有容乃大”，宽容是一种仁爱的光芒、无上的福分，是对别人的释怀，也是对自己善待，更是让友谊长久的灵丹妙药。

青少年朋友，对待朋友，一定不能吹毛求疵，否则，久而久之，你的身边会连一个知心的朋友都没有。要知道，只有多一些宽容，友谊才会长久；多一些谅解，友谊才会更加的坚不可摧。

可以说，一个人是否学会了宽容，是其是否已经成熟的标志。宽容是真正的交友之道，宽容待人，才会友谊长久！青少年朋友，如果你与朋友产生了摩擦，不妨多站在对方的立场上来思考一下问题，怒火和怨气也就在你的心中慢慢化解了。

作者链接

班固（32—92），东汉官吏、史学家、文学家。史学家班彪之子，字孟坚，汉族，扶风安陵人（今陕西咸阳东北）。

以恨对恨，恨永远存在，以爱对恨，恨自然消失

释迦牟尼说：“以恨对恨，恨永远存在；以爱对恨，恨自然消失。”这是一种包容忍耐的气度。人生在世，既然存在人际交往，就会产生摩

擦、误解甚至仇恨，而如果我们始终扛着自己给自己编织的“仇恨袋”，心中装着“仇恨袋”，生活只会是如负重登山、举步维艰。人生才刚刚开始的青少年朋友们，也要不断培养自己宽广的胸怀，以包容的心对待生活中的人和事，不让仇恨有机可乘，那么，你不仅能得到他人的认可，更能获得快乐。宰相肚里能撑船的故事就说明了这一人生哲理：

三国时期的蜀国，有一段时间，也就是诸葛亮去世后，是由蒋琬主持朝政的，他很受朝廷和百姓的爱戴。

他的属下有一个叫杨戏的人，性格内向，不善言谈，即使是蒋琬与他谈话，他一般也只是点头不语，对此，很多人看不惯，甚至在蒋琬面前嚼舌根子：“杨戏这人对您如此怠慢，太不像话了！”蒋琬坦然一笑，说：“人嘛，各有秉性，他不喜欢在我面前赞扬我，也不喜欢在我面前让我下不来台，所以沉默应该是最好的选择吧。其实，这不正是他的可贵之处吗？”蒋琬的这种气度被后人赞为“宰相肚里能撑船”。

蒋琬的话是正确的，不同的人，有不同的秉性，真诚地表达自己，才是为人的可贵之处。世界上的任何人和事，都没有绝对的是非善恶，宽容别人，就是尊重别人，即使别人犯了什么错，也不要一棍子将人打死，谁没有犯错的时候？

有句话说：“谨慎使你免于灾害，宽容使你免于纠纷。”宽容是种高尚的善意，它能使人换位思考，处理好人际关系。若无宽恕，生命将被永无休止的仇恨和报复所控制。只有善于团结，才会得到友善的回报！

当然，要想宽恕他人，需要你排解仇恨情绪，这是一个净化心灵的过程。每件事情都有两面性，有好的一面，也就有坏的一面，人之所以仇恨，就是因为人只看见了坏的一面，如果你试着向好的一面看，仇恨也许会消除。

在排解内心仇恨情绪的时候，你可以尝试着说服自己：他之所以这样做，是有一定缘由的，我应该原谅他。然后慢慢地让自己接受现实，从心底理解和原谅他人，进而让仇恨情绪随着时间的推移逐渐淡去。

总之，忘记仇恨，才能提高自己，开阔自己。学会了宽恕自己、宽恕别人，你才会活得更加如意、更加幸福。

释迦牟尼，原名乔达摩·悉达多，古印度迦毗罗卫国（今尼泊尔南部）释迦族人，佛教的创始者。“释迦牟尼”意为释迦族的圣人。成佛后的释迦牟尼，被尊称为佛陀，意思是大彻大悟之人，对宇宙人生真相彻底的了解。民间信仰佛教的人也常称呼佛祖、如来佛祖、我佛如来或释迦佛等。在佛教中记载着农历的四月初八是佛教鼻祖（创立佛教的始祖）释迦牟尼佛诞辰日。

放下架子，放下面子；能吃苦，能吃亏

著名企业家、慈善家陈光标曾说：“人要成功，要做到两吃两放，即放下架子，放下面子；能吃苦，能吃亏。”然而，在一些人眼里，吃亏的老实人成了“傻瓜”、“无能者”的代名词，似乎吃亏是理所应当的，但事实上，那些愿意吃亏、让朋友占便宜的人总是有更好的人际关系。

齐国有一对很要好的朋友，一个叫管仲，另外一个叫鲍叔牙。

年轻的时候，他们俩一起做生意。做生意的时候，管仲没有本钱，于是，鲍叔牙出了所有的本钱，但赚钱后，管仲却拿的比鲍叔牙还多，鲍叔牙的仆人都看不过去了，为鲍叔牙鸣不平，但鲍叔牙却说：“不可以这么说！管仲家里穷又要奉养母亲，多拿一点没有关系的。”

有一次，管仲和鲍叔牙一起去打仗，每次进攻的时候，管仲都躲在最后面，为此，大家都说管仲贪生怕死，鲍叔牙马上替管仲说话：“你们误会管仲了，他不是怕死，他得留着他的命去照顾老母亲呀！”管仲听到之

后说："生我的是父母，了解我的人可是鲍叔牙呀！"

后来，齐国的国王死了，大王子诸当上了国王，诸每天吃喝玩乐不做事，鲍叔牙预感齐国一定会发生内乱，就带着小王子小白逃到莒国，管仲则带着小王子纠逃到鲁国。

再后来，大王子诸被人杀死，齐国真的发生了内乱，管仲想杀掉小白，让纠能顺利当上国王，可惜管仲在暗算小白的时候，把箭射偏了，小白没死，后来，鲍叔牙和小白比管仲和纠还早回到齐国，小白就当上了齐国的国王。小白当上国王以后，决定封鲍叔牙为宰相，鲍叔牙却对小白说："管仲各方面都比我强，应该请他来当宰相才对呀！"小白一听："管仲要杀我，他是我的仇人，你居然叫我请他来当宰相！"鲍叔牙却说："这不能怪他，他是为了帮他的主人纠才这么做的呀！"小白听了鲍叔牙的话，便请管仲回来当了宰相。

后来，大家在称赞朋友之间有很好的友谊时，就会说他们是"管鲍之交"。

鲍叔牙不计较管仲的自私，也能理解管仲的贪生怕死，还向齐桓公推荐管仲做自己的上司。而最终，鲍叔牙也赢得了管仲的友谊，正所谓"生我的是父母，了解我的人可是鲍叔牙呀！"可能现实生活中的人们很难做到这一点，但如果每个人都能做到不为小利小益争来夺去，我们便能化敌为友，壮大自己的力量，成全别人，也能给自己带来心灵的充盈。

其实，生活中有很多事都是我们所无法掌控的。大家都想占便宜，又哪里有那么多的便宜让人来占呢？保持一颗平常心，吃得起亏，也许真的会成为人生的一大幸事。

因此，青少年朋友，在与人打交道的过程中，你也要学会忍耐和包容，即使自己吃点亏，但会让你在对方眼里变得豁达、宽厚，让你获得更深的友谊。

作者链接

陈光标，1968年出生于江苏省泗洪县天岗湖乡，祖籍安徽五河县，先后毕业于南京中医药大学、南京大学，企业家、慈善家，中国致公党党员，江苏黄埔再生资源利用有限公司董事长。1998年开始慈善事业，截至2010年10月累计捐献款物约14亿元人民币。

自私的人，伤心的事情一定比快乐的事情来得多

俄国作家西比利亚克曾说："如果一个人仅仅想到自己，那么他一生里，伤心的事情一定比快乐的事情来得多。"这句话的含义是，自私者无法享受真正的快乐。然而，心理专家认为，自私是人的天性，就像贪吃是人的天性一样。从我们刚出生开始，我们就是自私的，我们不愿把手中的食物和玩具分给其他人。只不过，在逐渐成长的过程中，我们受到了教化，逐渐改正了自私的毛病，而另外一些人，却改不了自私的毛病，总是一味地索取，凡事喜欢从自己的利益考虑，不愿与人合作，必然会遭到别人的鄙视，也不可能有好的前景。

青少年朋友们，你若希望成为一个快乐的人，就一定要在生活中控制自私心理。

从前，在一个深山内，有一个小山村，村里的每一个人都起早贪黑地种植稻谷，但不知为何，每年的收成都很低，根本不能解决温饱问题。

后来，有一个农民走出大山，去寻找优质稻种，终于，他发现了高产量的稻种。果然，第一年试种，就收成很好。村民们看到他成功了，便想着能从他那里换一些稻种。可这个农民却想，如果大家的稻谷产量都提高了，自己不就不能发财了吗？于是，他拒绝了乡亲们的请求。

第二年，他还是用这个新得到的种子播种，并且，他更加勤奋地耕种，谁知道，产量却很差。后来，他才明白，在稻谷授粉时，风将邻家的劣质花粉接种到他家的优质稻子上了。

你肯定会笑话这个自私又愚昧的农夫。是的，自私狭隘是一切善良美好事物身上的毒瘤，是成功与和谐的天敌。与之形成鲜明对比的是一种善于为他人着想的博大、无私的胸怀。

人们常说，种瓜得瓜种豆得豆，的确，很多时候，事情的结果往往就取决于我们的思维方式，而我们的思维是从潜意识里散发出来的，如果我们能从潜意识控制自己的私欲，多为他人着想，那么，我们种出的就是善果；而如果我们在大脑中选择恶意的思维方式，种出的自然也就是恶果，也终将害人害己。

可见，自私者是悲哀的，他们总是渴望拥有，拼命地保护自己的东西，自私者是眼光短浅的，总是在乎眼前的一点点的利益，总是认为什么东西还是抓在手里比较放心。自私者的心灵是生活在地狱中的，他们也感到自私自利的邪恶力量，但他们却不知道如何解救自己。其实，要想改变自己自私的心理，需要先调整自己的意识，就如先哲说的："人生的真谛在于认识自己，而且是正确地认识自己。"

总之，在成长的路上，每个青少年朋友都应该警醒自己，心存善念，多为他人着想，那么，你的人生旅途就会越走越宽。

作者链接

德米特里·纳尔奇索维奇·马明–西比利亚克（1852—1912），俄国作家。作品主要描写俄国农奴制改革后资本主义的发展，以及人民的贫苦生活。著有长篇小说《普里瓦洛夫的百万家私》《矿山里的小朝廷》《黄金》《粮食》《乌拉尔故事集》以及儿童文学作品等。

参考文献

[1] 姜燕娟.让青少年受用一生的名人名言[M].北京：化学工业出版社，2011.

[2] 刘宏侠.哈佛启迪人生的101条名言[M].北京：北京工业大学出版社，2010.

[3] 盛文林.最经典的世界名言[M].北京：台海出版社，2011.